日本近代文学名作鉴赏

谭晶华◎编著

华东理工大学出版社
·上海·

U0965870

图书在版编目(CIP)数据

日本近代文学名作鉴赏：汉、日 / 谭晶华编著.
—上海：华东理工大学出版社，2017.11(2021.4 重印)
ISBN 978-7-5628-5131-8

Ⅰ.①日…　Ⅱ.①谭…　Ⅲ.①日本文学-文学欣赏-近代-汉、日　Ⅳ.①I313.064

中国版本图书馆 CIP 数据核字(2017)第 177068 号

策划编辑 / 王一佼
责任编辑 / 金美玉
装帧设计 / 戚亮轩
出版发行 / 华东理工大学出版社有限公司
地址：上海市梅陇路 130 号，200237
电话：021-64250306
网址：www.ecustpress.cn
邮箱：zongbianban@ecustpress.cn
印　　刷 / 常熟市华顺印刷有限公司
开　　本 / 890mm×1240mm　1/32
印　　张 / 12.125
字　　数 / 336 千字
版　　次 / 2017 年 11 月第 1 版
印　　次 / 2021 年 4 月第 4 次
定　　价 / 38.00 元

版权所有　侵权必究

前言

日本，中国一衣带水的友好邻邦；日本文学，世界文化园艺中的瑰丽奇葩。从她的古典文学名著《源氏物语》到当代诺贝尔文学奖获得者川端康成的《雪国》，源远流长。群星灿烂的日本文学曾对包括中国在内的世界各国的文学发展产生过不同程度的影响，而其中从明治时代到昭和时代以来的日本近现代文学，又是日本文学发展史上一段熠熠生辉的珠链。在大量的日本近现代小说中最杰出的必读作品是哪些？怎样从文学发展史的角度看待日本文学家丰富多彩的创作活动？如何品评日本近现代文学中众多的文学流派？对日本近代名著如何给予实事求是的评价？这些问题正是广大读者迫切需要了解、日本文学研究者应当给以正确解答的。本书编著者基于上述思考，不惮冒昧，从日本近现代文学名家名作中遴选出能够代表并覆盖整个日本近现代文学史的部分作品，采用鸟瞰与显微相结合的方法，既介绍作品作家，又评点作品中精彩、重要的原文章节，以简洁的文字进行述评式的评介与赏析，以期勾勒出日本近现代文学史的大致轮廓，使读者对日本近现代文学发展有一个全景性的了解。

本书共收录80篇，按发表年月排列。每篇文章均由如下三个部分构成：作品梗概、鉴赏评述（包括引用原作精彩、重要的章节，添加适当注释并作扼要的赏析性说明）、作者简介。这样做，旨在使读者了解作家作品之后，借助于注释和提示能亲口品尝到原作原文的风味，因此，本作品的阅读对象是学习日本近现代文学史的日语专业的高年级学生、从事这一专业教学的有关教师及有一定日语基础的日本文学爱好者。此外，精选了10篇文章，以PDF电子版的形式附赠给读者。

编著者在完成此书时曾参考了下列著作：《日本的名作》（小田切进著）、《近代日本文学史》（三好行雄等著）、《现代日本文学史》（吉田精一著）、《日本名作事典》（小田切进监修）、《日本文学鉴赏辞典—近代编》（吉田精一编）、《日本近代文学大事典》（日本近代文学馆编）以及中、日两国专家们的其他著作和研究成果，在此谨致谢忱。

日本文学是一片深广的海洋，对这片海洋中一掬浪花、一串珠玑的采撷和鉴赏，编著者限于学力曾经颇费斟酌。好在有众多前辈和同行的不吝赐教，本书就权当作引凤之箫吧。

谭晶华

2017年9月

目录

1 浮云/浮雲

二叶亭四迷

【作品梗概】

主人公内海文三出身于静冈县的旧武士家庭，他告别了乡下的老母，独自一人来到东京，寄宿在叔父园田孙兵卫家。完成学业之后，在机关里当上了一名小官吏。文三的叔父经常外出经商，家里只有婶母阿政和两个孩子（一个寄宿学校）。阿政是孙兵卫的后妻，一个典型的功利主义者、势利小人，开始她觉得文三颇有出息，意将比文三小5岁的女儿阿势许给文三。阿势长得很俊俏，自幼是母亲的掌上明珠，长大后成了一个骄纵任性的姑娘，她受到当时所谓的“文明开化”的社会风气的影响，接受了明治初期的资本主义新时代的教育，洋气十足。她靠着天生的小聪明，看上去学、艺兼优，实际上却很浅薄，并不很看重为人正直的文三。文三爱上了阿势，但始终没有勇气向她表明自己的爱慕之心，心情很抑郁。

两年后，机关进行行政改革时，生来不擅溜须拍马、巴结上司的文三被免职了。阿政对文三的态度顿时一落千丈。文三被免职的第二天，她口出污言，骂了文三，以后经常指桑骂槐。阿势当时虽然为文三辩护了几句，但很快和文三的同僚本田升亲热起来。本田升是精于世故、善于蝇营狗苟的人，行政改革中非但没被免职，反倒官升一级，当上了科长。11月2日那天，本田邀请阿政一家去团子坂观菊，阿势居然欣然前往，这使文三苦恼万分。

这以后，本田与阿政母女的来往日益亲密，对文三则竭尽嘲弄之能事。阿势劝文三去求本田为其复职出一臂之力，然而，文三根本不愿与只知对上级献媚求宠的庸俗之辈本田一谈。为此，文三和阿势发生了争吵，他觉得自己在园田家已经无法住下去，便决定对阿势进行一次忠告，然后坚决离开她家。

【作品鉴赏】

《浮云》发表于 1887 年，是日本近代文学史上的第一部杰出的长篇小说，共由三编组成，因为当时作者还是无名文学青年，所以第一、第二编是以坪内逍遥的名义发表的。

作品成功地塑造了四个栩栩如生、呼之欲出的人物形象。如果我们把阿政的功利主义看作是封建时代的旧思想的代表，而把文三鄙视虚伪、憎恶谄谀看作是资本主义初期的新思想的代表，那么，本田就是一个貌似具有新思想、实为地道的旧思想的卫道士，而阿势则是游弋在这几者之间的一朵浮云。作品通过明治初期的一个小人物文三丢了工作、失去恋人，小小的愿望被无情粉碎后成为社会上多余的人的遭遇，反映了明治初期日本知识分子的苦恼，揭露了明治时代官场的黑暗和世态的炎凉，批判了当时社会中单纯模仿西方社会的种种浅薄的所谓“文明开化”的现象。日本文学界高度评价这部名垂于文学史的现实主义杰作。中村光夫等人编写的《近代日本文学史》中说：“文体采用日本最早出现的清新的言文一致体，并熟练地运用从俄国小说里学来的现实主义手法，准确地、写实性地描写了近代社会及其人物。”这部小说给之后的日本文学的创作和近代文学的发展带来了极大的影响，从而使作者成为日本近代文学的先驱者之一。

选文一[①]

「ですがネ、教育(きょういく)のない者(もの)ばかりを責(せ)めるわけにもいけませんヨネー。 私(わたくし)の朋友(ほうゆう)なんぞは、教育(きょういく)の有(あ)ると言(い)う程(ほど)有(あ)りゃアしませんがネ、それでもマア普通(ふつう)の教育(きょういく)は享(う)けているんですよ、それでいて貴君(あなた)、西洋主義(せいようしゅぎ)のわかるものは、二十五人(にじゅうごにん)の内(うち)にたった四人(よったり)しかないの。その四人(よったり)もネ、塾(じゅく)にいるうちだけで、ほかへ出(で)てからはネ、口(くち)ほどにもなく両親(りょうしん)に圧制(あっせい)せられて、みんなお嫁(よめ)に往(い)ッたりお婿(むこ)を取(と)ッたりしてしまいましたの。だから今(いま)までこんなことを言(い)ッてるものは私(わたくし)ばッかりだとおもうと、何(なん)だか心細(こころぼそ)くッて心細(こころぼそ)くッてなりません。でしたがネ、この頃(ごろ)は貴君(あなた)という親友(しんゆう)が出来(でき)たから、アノー大変気丈夫(たいへんきじょうぶ)②になりましたわ(略)。それでも私(わたくし)には貴君(あなた)はよく解(わか)ッている積(つも)りですよ。貴君(あなた)の学識(がくしき)が有(あ)ッて、品行(ひんこう)が方正(ほうせい)で、親(おや)に孝行(こうこう)で…」

「だからあなたには私(わたくし)が解(わか)らないというのです。あなたは私(わたくし)を親(おや)に孝行(こうこう)だとおっしゃるけれども、孝行(こうこう)じゃアありません。私(わたくし)には…親(おや)より…大切(たいせつ)な者(もの)があります…」ト吃(ども)りながら③言(い)ッて文三(ぶんぞう)は差(さ)し俯向(うつむ)い④て仕舞(しま)う。お勢(せい)は不思議(ふしぎ)そうに文三(ぶんぞう)の容子(ようす)を眺(なが)めながら

「親(おや)より大切(たいせつ)な者(もの)…親(おや)より…大切(たいせつ)な…者(もの)…親(おや)より大切(たいせつ)な者(もの)は私(わたくし)にもありますワ」

文三(ぶんぞう)はうな垂(だ)れた頸(くび)を振(ふ)り揚(あ)げて⑤

「エ、貴嬢(あなた)にもありますと」

「ハアありますワ」

「誰(だ)…誰(だ)れが」

「人(ひと)じゃアないの、アノ真理(しんり)」

「真理(しんり)」

ト文三(ぶんぞう)は慄然(ぶるぶる)と胴震(どうぶる)いをして⑥唇(くちびる)を喰(く)いしめた⑦ままましばらく無言(だんまり)(略)

【选文注释】

①本段引自《浮云》第三章“异常奇特的初恋(下)”。仲夏之夜,文三散步回来,阿政外出未归,只有阿势在家。阿势主动邀请文三进屋闲聊解闷,言谈中她若无其事地告诉文三,母亲说,你和文哥要好,不如趁早结婚。文三听后心旌飘摇,很想就势道出对阿势的爱情,但又不敢启齿。这个场面生动地描写了文三的忠厚、诚恳和阿势的轻浮、浅薄。

②大変気丈夫：有了主心骨，很有信心。

③吃りながら：结结巴巴地。

④差し俯向く：低下头去。

⑤うな垂れた頸を振り揚げて：抬起低垂的头。

⑥慄然と胴震いをする：浑身颤抖。

⑦唇を喰いしめる：咬紧嘴唇。

选文二[1]

お勢母子の者の出向いた後、文三は漸く些し沈着て、徒然と机の辺に蹲踞ッた儘、腕を拱み顎を襟に埋めて懊悩たる物思いに沈んだ。

どうも気に懸る、お勢の事が気に懸る。こんな区々たる事は苦に病むだけが損だ損だと思いながら、ツイどうも気に懸ってならぬ。

凡そ相愛する二ツの心は、一体分身[2]で孤立する者でもなく、又仕ようとて出来るものでもない故に、一方の心が歓ぶ時には他方の心も共に歓び、一方の心が悲しむ時には他方の心も共に悲しみ、一方の心が楽しむ時には他方の心も共に楽しみ、一方の心が苦しむ時には他方の心も共に苦しみ、嬉笑にも相感じ怒罵にも相感じ、愉快適悦[3]、不平煩悶にも相感じ、気が気に通じ心が心を喚起し決して齟齬し扞格する[4]者で無い、と今日が日まで[5]文三は思っていたに[6]、今文三の痛痒をお勢の感ぜぬは如何したものだろう。

どうも気が知れぬ、文三には平気で澄ましているお勢の心意気が呑込めぬ。

【选文注释】

①本段引自《浮云》第八章"团子坂赏菊（下）"。阿政、阿势和本田升去团子坂赏菊后，文三独自左思右想，揣测阿势的心情，异常烦恼。文三虽然受到邀请，但是失业后心境不佳，所以没有同行。他从阿势的眼神和动作上确信她是爱

着自己的，但却不为自己分忧，竟毫不在乎地和自己憎恨的本田一起外出赏菊。这使文三切实感到了她的冷淡和不可捉摸。像这样深入细致地描写人物内心活动的手法，正是《浮云》的新鲜之处。文章中除了“今日が日”和“思っていたに”等两三处文语外，均为口语体，读来明快流畅。

②一体分身：指相爱的人应两个身躯一条心。

③適悦：心满意足。

④齟齬し扞格する：龃龉扞格，相互不容、冲突。

⑤今日が日まで：文语残余，相当于“今日まで”。

⑥に：文语接续助词，表示后项的事实与前项的预想结果完全相反，即表示逆接，相当于现代语中“のに”或“けれども”之意。

【作者简介】

二葉亭四迷（1864—1909）原名长谷川辰之助。明治时代的小说家和翻译家。他很早提出“小说家的职责是要道出人生真谛”的主张，在文学反映现实、反映时代精神、指导读者认识人生、认识社会方面作出了可贵的努力。二叶亭四迷这一笔名是“你给我死掉算了”一语的谐音，表明作者对当时社会现实的怀疑、不满和愤慨。他的主要作品还有文艺评论《小说总论》、小说《面影》和《平凡》等，并有用现代口语翻译的屠格涅夫的《幽会》《邂逅》等小说。二叶亭四迷 1908 年赴俄国彼得堡出任《朝日新闻》特派记者，不幸染上肺病，翌年回国途中客死于印度洋上。

2 舞姬/舞姫（まいひめ）

森鸥外

【作品梗概】

主人公太田丰太郎早年丧父，全靠母亲抚养成人。他聪明伶俐，自幼受到严格的家教，成绩优异，被誉为天才。从东京大学毕业后，丰太郎成了政府机关的一名官员。正当他兢兢业业地工作时，上级派他去德国留学深造。丰太郎来到光怪陆离、眼花缭乱的欧洲大都市柏林，一边学法律，一边钻研艺术。他怀着模糊的功名心，一开始曾暗暗发誓："无论身处怎样的花花世界，我的心决不为之所动。"然而，转眼三年过去了，他接触到西方资本主义社会中的"自由"的空气，开始对迄今为止在日本的生活进行反省，并意识到潜藏在内心深处的"真我"好似在反抗往日那个虚伪的旧我。他把这种感受写成文章，寄回国内发表。以后便自觉逐渐具备了"独立的思想"。有一次，丰太郎在一座旧教堂前，见一位十六七岁的美丽少女正在哭泣，询问后得知，这个姑娘名叫爱丽丝，是个舞女，她的父亲刚死，无钱安葬，她向剧场老板借，没想到老板乘人之危竟对姑娘不怀好意。丰太郎出于同情，把自己的怀表连同口袋里仅有的两三个马克一起给了爱丽丝。从此，两人关系日渐密切，他们相爱了。不久，有个日本留学生在上司那儿对丰太郎谗言诽谤，说他经常出入剧院，结交舞女。上司本来就认为他的学问已走入歧途，听说如此，便通知公使馆将其免官撤职，命他立即回国。同时，丰太郎得到了母亲病故的噩耗。这时，身陷绝境的丰太郎和爱丽丝的感情反而炽热起来，他们开始同居了。

然而,丰太郎并没有忘记祖国和功名,心情总很抑郁。正好这时天方大臣来柏林访问,陪同伯爵前来的是丰太郎的好友相泽谦吉,他劝告丰太郎,为了恢复名誉和今后在事业上有所作为,必须与爱丽丝断绝关系。丰太郎的思乡之情和功名之心终于压倒了儿女之情,他接受了朋友的忠告,不情愿地舍弃了她,答应和伯爵一起回国。这一选择使丰太郎良心受到责备,他一病不起,而怀孕的爱丽丝得知这一消息后,精神失常了。丰太郎给爱丽丝的母亲留下了一笔赡养费,委托她照料爱丽丝的一切。在回国的轮船上,丰太郎感慨道:"唉,世上难得有像相泽谦吉这样的良朋益友,可是,我心里对他至今仍留着一点怨恨之情。"

这篇小说以丰太郎在回国途中回忆的形式,用第一人称告白式的手法写成。

【作品鉴赏】

《舞姬》是作者的处女作,也是日本近代文学中的著名短篇小说,发表于 1890 年。这个爱情悲剧告诉读者:一个自我觉醒的明治时代的青年是如何追求纯洁的爱情和个性的解放的。但是,在现实生活中,他的这种追求与社会观念又是矛盾的。经历了资产阶级革命的明治时代,封建残余势力仍很猖獗,封建专制压抑着一切个性的发展,在官僚制度和封建道德的压力下,主人公不得不向现实妥协,在忠于爱情还是追求功名的问题上选择了后者,并因此引起了深刻的反省和苦恼,他的自我觉醒最终还是遭到了挫折。可以认为,这是一篇作者把自己深刻的体验和心境加以艺术化了的作品,一定程度上反映了时代的风气。

《舞姬》是日本早期浪漫主义文学的先驱之作。日本的浪漫主义文学,一般缺少欧洲浪漫派那种勇于反抗的叛逆精神和热烈奔放的激情。可是,《舞姬》对人应如何相爱,主人公违背良心、屈从现实、被迫抛弃情人时的悲痛心境以及异国情调的描写,还是很富有浪漫、抒情色彩的。

《舞姬》发表后，一度在日本遭到非难，尽管如此，它还是吸引了许多读者，影响甚大，被誉为“名作中的名作”，许多人至今十分爱读。其中，一个主要的原因在于作品本身的艺术性。作者兼收并蓄，既采用日本传统的优雅文体，又吸收了西方的新文体，同时巧妙地缀上许多精炼的汉语词汇，使之融为和谐的一体，因而，文章流畅而又华美。日本文艺评论家小田切进赞扬这种写法“给明治时期的文坛吹进了一股清新的风”。

选文[①]

かくて三年ばかりは夢の如くにたちしが、時来れば包みても包みがたきは人の好尚なるらむ[②]、余は父の遺言を守り、母の教に従ひ、人の神童[③]なりなど褒むるが嬉しさに怠らず学びし時より、官長の善き働き手を得たりと奨ますが喜ばしさにたゆみなく勤めし時まで、ただ所動的、器械的の人物[④]になりて自ら悟らざりし[⑤]が、今二十五歳になりて、既に久しくこの自由なる大学の風に当りたればにや、心の中なにとなく妥ならず、奥深く潜みたりしまことの我[⑥]は、やうやう表にあらはれて、きのふまでの我ならぬ我[⑦]を攻むるに似たり。余は我身の今の世に雄飛すべき政治家になるにも宜しからず、また善く法典を諳じ[⑧]て獄を断ずる法律家になるにもふさはしからざるを悟りたりと思ひぬ[⑨]。

余は私に思ふやう、我母は余を活きたる辞書となさんとし、我官長は余を活きたる法律[⑩]となさんとやしけん[⑪]。辞書たらむは猶ほ堪ふべけれど、法律たらんは忍ぶべからず。今までは瑣々たる問題にも、極めて丁寧にいらへしつる余が、この頃より官長に寄する書には連りに法制の細目に拘ふべきにあらぬを論じて、一たび法の精神をだに得たらんには、紛々たる万事は破竹の如くなるべしなどなど広言しつ。又大学にては法科の講筵[⑫]を余所にして、歴史文学に心を寄せ、漸く蔗を嚼む[⑬]境に入りぬ。

【选文注释】

①本段引自《舞姬》开头部分。它描写了主人公太田丰太郎在三年留学生活中，呼吸到西欧社会的“自由”空气，发现了“真我”，人的自由和生活的美使他觉醒，进而把该学的课程抛置脑后，把兴趣转到文史方面，并感觉自己渐渐进入了佳境。作者笔法老练，语汇丰富。

②好尚なるらむ:“好尚”意为“秉性”，“らむ”是表示推断的文语助动词。

③神童:指丰太郎才华出众，自幼学习成绩优秀。小说中有一处交代:“无论是在旧藩的学馆，抑或是上东京大学的预科，即便进了法律系之后，我丰太郎的大名始终是名列前茅的。”

④所動的、器械的の人物:指行动不是靠自己的意志，而是专门按别人的命令像机器一样工作的人。

⑤悟らざりし:未意识到，未醒悟。“ざり”是文语否定助动词“ず”的连用形，“し”是表示过去的文语助动词。

⑥奥深く潜みたりしまことの我:潜藏在内心深处的真我。“まことの我”意即近代人在精神上的一种摆脱封建意识束缚、希冀自由的要求。

⑦我ならぬ我:虚假的旧我。这是对过去拨一拨动一动的精神生活的反省。

⑧諳ず:背熟。这句话意为:我恍然大悟，自己既不适于当个叱咤风云的政治家，也不宜做个通晓法典、善于断狱的大法官。

⑨ぬ:表示“过去”的文语助动词，相当于现代语的“た”。

⑩活きたる法律:活法典。与上面“活词典”一词对应。

⑪なさんとやしけん:相当于现代语“なそうとはするでしょう”。“けん”是表示推量的文语助动词，上接用言连用形。

⑫講筵:听课席。

⑬蔗を嚼む:佳境。相传中国晋代画家顾恺之食甘蔗时总是从尾部往根头部咬，理由是这样方可渐入佳境。

【作者简介】

森鷗外（もりおうがい）(1862—1922)出身于岛根县一藩主侍臣家庭，从小受到良好的国学、汉语和兰学(江户时代由荷兰人传入的西方学问)教育。毕业于东京大学。留学德国四年，除了在医学上深造之外，还大量涉猎了欧美文学名著，深受唯心主义哲学家叔本华和哈特曼美学思想的影响。终身担任官职。代表作还有《雁》《青年》《妄想》和历史小说《阿部一族》《涩江抽斋》《高濑舟》等。(作者介绍请参看《雁》《涩江抽斋》)

温馨提示：本作品提供日文版 PDF 电子书。
关注“华东理工大学出版社”官方微信，发送“ryxs”免费获取本作品电子书。

3 五重塔/五重塔

幸田露伴

【作品梗概】

十兵卫是个艺精胆大又不会处世的木匠，人们给他送了个“老牛”的绰号，他在较长一段时间里境遇不佳。有一年，他听说谷中的感应寺要造一座五重塔，寺庙方面想请已为该寺造过正殿和僧人生活用房的十兵卫的师傅源太来承建。十兵卫觉得这是展示自己手艺的千载难逢的良机，于是想把这项已决定让师傅干的工程揽过来。尽管内心觉得对不起师傅，但他还是毅然直接向寺庙大和尚郎丹上人提出了要求。上人被十兵卫的热情感动，又看到他设计的五重塔模型，便让源太和十兵卫当面商量后决定。源太虽然生气，可还是让了一步，提出由两人共造。十兵卫不肯，最后与人为善的源太退了出来，工程决定由十兵卫承包。这件事引起了其他师兄弟的反感，他们骂他“忘恩负义”。有一次，十兵卫遭到袭击，被打得半死。但是，他排除一切干扰，克服种种困难，兢兢业业，笃行而不倦，终于建成了一座宏大、美观的宝塔。然而，就在举行落成仪式佛典的头天夜里，一场大风暴袭击了东京(江户)。十兵卫登上第五层塔，手握六分木工凿，凭栏望天，做好了万一塔毁时自戕的准备。可是，五重塔在狂风暴雨中纹丝不动。在五重塔落成仪式结束后，郎丹上人陪十兵卫和源太一起登上宝塔，高兴地亲笔题词道：十兵卫造塔，源太促成。此时，只见师徒两人相对无言，只是互相跪拜。

【作品鉴赏】

《五重塔》发表于 1891 年至 1892 年。据说作者在谷中居住时，每每看到五重塔，总是为它庄严、宏伟的气势所感动，于是构思了这部小说。这部中篇小说共由三十五段组成。其中第三十二段对大暴风雨的描写，赢得了日本文学评论界名家的赞赏。

作者笔下的十兵卫的形象是“平时木讷愚钝，不起眼儿，脾气刚强执拗，有顽强的信念”，他认为生活的意义就在于超越一切障碍来发挥个人的才能。显然，作者是想以其独特的表现力，塑造出一个竭尽全力完成杰作的艺术家形象，从而说明一个看似普通的人所深藏着的不为人知的优秀品质和才能以及人心深处蕴藏的巨大的热情和意欲。许多读者从这个为了追求最高艺术而不顾一切的能工巧匠十兵卫的形象上受到激励和教益。

日本文艺评论家吉田精一指出：“露伴与其说是作家，不如说是一位知识极为广博的豪杰，那些甜蜜蜜的爱情小说是不合他的胃口的。”在小说创作方面，作者爱写充满神秘、幽玄色彩和以能工巧匠以超人意志达到理想境界为主题的作品。他的作品往往表现东方男性的刚毅，包含渊博的儒学和佛教知识，具有独特的浪漫主义和理想主义风格。写作手法则受到江户时代前期的作家井原西鹤的影响，语言绚烂瑰丽、劲健有力，是拟古典主义的。他和注重写实的尾崎红叶一起，成为明治 20 年代“红露时代”的两位引人注目的大作家。作家作为一个悟“道”的、达观的人，在当时的知识分子中颇受尊重。

当然，也有些人对主人公十兵卫要么一切都有，要么一无所有的独自自尊的性格持有异议，批评作者赞美这种过分执拗、狂妄的性格是“浪漫主义者、精神主义者的妄想”，还有人认为作者这种神秘的艺术至上主义的创作倾向与明治 20 年代鼓吹自我觉醒的文学主流相距甚远，因此，作者在正确地把握近代人物方面做得还不够。不过，作者 24 岁写下的这部名作至今仍然很受欢迎。

选文一[①]

長夜の夢を覚まされて江戸四里四方の老若男女、悪風来りと驚き騒ぎ、雨戸の横柄子[②]緊乎と挿せ、辛張棒を強く張れと家家ごとに狼狽ゆるを、可愍とも見ぬ飛天夜叉王、怒号の声音たけだけしく。汝等人を憚るな、汝等人に憚られよ、人間は我等を軽んじたり、久しく我等を賤みたり、我等に捧ぐべき筈の定めの牲を忘れたり、這う代りとして立って行く狗、驕奢の塒巣作れる禽、尻尾なき猿、物言う蛇、露誠実なき[③]狐の子、汚穢を知らざる豕の女、彼等に長く侮られて遂に何時まで忍び得む、我等を長く侮らせて彼等を何時まで誇らすべき、忍ぶべきだけ忍びたり誇らすべきだけ誇らしたり、六十四年は既に過ぎたり、我等を縛せし機運の鉄鎖、我等を囚えし慈忍[④]の岩窟は我が神力扯断り棄てたり崩潰さしたり、汝等[⑤]暴れよ今こそ暴れよ、何十年の恨の毒気を彼等に返せ一時に返せ、彼等が驕慢の気の臭さを鉄囲山[⑥]外に攫んで捨てよ…

【选文注释】

①本节引自《五重塔》第三十二段。作者住在谷中天王寺附近创作这本小说时曾经遇到过暴风雨袭击,他根据自己的体验、观察和想象,用拟人的手法对暴风雨作了描绘。这节文字不仅体现了作者汉文和佛典方面的极深的造诣和功力,而且还反映了作者的人生观、宗教观以及文明批评的精神。

②横柄子:套窗或大门上的横木插梢。

③露誠実なき:虚伪的,狡诈的。

④慈忍:慈悲和忍辱。佛教用语,为佛教中必须遵守的道德。

⑤汝ら:你的。指同辈以下的人,这儿指拟人化了的暴风雨。

⑥鉄囲山:为"てついせん"的音变,佛教用语。是包围须弥山的九山八海的最外面的铁山。

选文二[①]

上りつめたる第五層の戸を押明けて今しもぬっと十兵衛半身あ

らはせば、礫を投ぐるが如き暴雨の眼も明けさせず面を打ち、一ツ残りし耳②までも扯断らむばかり③に猛風の呼吸さへ為せず吹きかくるに、思わず一足退きしが屈せず奮って立出でつ、欄を握むで屹と睥めば天は五月の闇より黒く、ただ囂々たる風の音のみ宇宙に充ちて物騒がしく、さしも堅固の塔なれど虚空に高く聳えたれば、どうどうどっと風の来る度ゆらめき動きて、荒浪の上に揉まるる棚無し小舟④のあはや傾覆らむ風情、流石覚悟を極めたりしも又今さらにおもはれて、一期の大事死生の岐路⑤と八万四千の身の毛竪たせ牙咬定めて眼をみはり、いざ其時⑥はと手にして来し六分鑿の柄忘るるばかり引っ握んでぞ、天命を静かに待つとも知るや知らずや、風雨いとはず塔の周囲を幾度となく徘徊する、怪しの男一人⑦ありけり⑧。

【选文注释】

①本节引自《五重塔》结尾部分的第三十四段，叙述宝塔完工后，适逢暴风雨袭击，十兵卫顶风冒雨登上五重塔的顶层，心中做好了万一宝塔损坏时自戕的准备。此时，十兵卫的师傅也正在为他担心，徘徊于五重塔周围。

②一ツ残りし耳：十兵卫硬是把兴建五重塔的计划从师傅源太手里夺来后，源太的另一徒弟清吉为了帮师傅雪恨，袭击了十兵卫，还割掉了他的左耳，所以这时十兵卫只有一只右耳。

③ちぎらんばかり：像要被（狂风）揪掉似的。动词未然形加上“んばかり”意为“几乎要……”。

④棚無し小舟：两舷没有踏板的小船。

⑤一期の大事死生の岐路：“一期”意为“一生”；“歧路”意为“岔道”。万一塔毁，十兵卫就要自杀，所以，此刻成了他一生的关键时刻，也可以说他正站在生死的岔道口上。

⑥その時：指塔毁自杀之时。

⑦怪しの男一人：指正在塔边不顾风吹雨淋焦急徘徊的师傅源太。这一笔既反映了源太的人品，又写出了崇尚艺术的师徒两人的共同志向。

⑧けり：表示过去的文语助动词，上接用言连用形。

【作者简介】

幸田露伴(1867—1947)原名幸田成行。父亲是幕臣。毕业于电讯修理技术学校,在北海道余市做过电讯技师工作。1887年回到东京开始从事文学创作,除了小说创作之外,在随笔、评传和古典研究方面也有许多建树。主要作品还有《露珠圆圆》《风流佛》《一口剑》《滔天浪》。1937年获得了日本政府颁发的“文化勋章”。晚年还写了小说《幻谈》《连环记》,并完成了松尾芭蕉俳谐七部的评释工作,是日本近代文学史上的功臣。

4 青梅竹马/たけくらべ

樋口一叶

【作品梗概】

故事发生在明治时代东京浅草的吉原妓馆区大音寺前。当时，江户虽然已经改名为东京，但是，江户时代的不少旧风俗依然完整地保留着。美登利是妓院大黑屋中收的养女，虚岁十四，花容月貌，聪慧好胜，加上姐姐是这一带出名的艺妓，所以她成了附近一带孩子里的女王。她的好友有放高利贷的田中家的孩子正太郎、人力车夫三五郎。与美登利一帮孩子对立的是消防队员的儿子长吉和龙华寺住持的儿子信如。美登利在众多的孩子中，偏偏对信如颇有好感。有一次学校运动会上，信如摔倒后弄脏了衣服，美登利用自己的手帕为他擦去泥土，为此，信如引起伙伴们的讥笑，以后便有意躲着美登利。夏季庙会之夜，由于无法无天的淘气鬼长吉的挑衅，两派孩子发生了冲突。长吉趁美登利的“大将”正太郎不在之时打了三五郎，并用污言秽语骂了美登利，还用沾满泥巴的草屐打了保护三五郎的美登利，她被激怒了，误认为这一切都是信如唆使的，因而深深地憎恨他。信如这天外出，并不知道美登利她们挨打的事。他聪明伶俐，性格内向，平时隐约感受到美登利对自己的好意，却不知如何报答。夏去秋来，一个下雨天，信如走过美登利家门口时，突然木屐带断了，站在那儿进退两难。乐于助人的美登利拿来布条帮忙，见是信如，平时对他的怨恨之言一句也没说出口，反而羞得满面通红，遂将布条扔下。信如正在为难之际，长吉帮他解了围。不久，每年一度的十月酉市庙会来临了。美登利首次梳起了成年妇女的发型，打扮得漂漂亮亮地出现在庙会上，不知怎么，昔日天真活泼的美登利这天变得羞涩了，她告别了孩子们的世界，步入了成年人的社会。在一个下霜的早晨，美登利看到家门口有一枝不知何人插的人造水仙花，倍感亲切，同时十分爱怜它的纯洁。翌日早晨，信如进了僧侣学校，离开了这个街区。

【作品鉴赏】

《青梅竹马》是女作家樋口一叶的代表作，发表于1895年，曾受到田冈岑云、森鸥外和幸田露伴等人的高度评价，他们一致认为这部写于日本近代文学草创期的杰作，对于日本近代文学的确立有着划时代的意义。吉田精一说："如果没有这样一部作品，那么一叶这个名字也许不会在明治文坛上大放光彩。……它不仅在日本文学史上，甚至在世界文学史上也是罕见的。"

作者21岁那年，在小说的舞台——吉原下谷龙泉寺町的大音寺前开过一家经营杂货点心的小铺子，因而对资产阶级腐化和罪恶、城市贫民的凄苦境况以及当地的人情风俗了如指掌，小说中的人物在当时的现实生活中都有他们的原型。作者还把自己少女时代的体验和心情都融进了这部小说，把那些贫苦的少男少女不可避免的悲惨命运、他们从少年转为成人过程中的微妙心理变化以及他们在青春期初次萌发的淡淡的恋情写得十分生动感人。美登利根本逃脱不了沦为雏妓的命运，信如则最终跨进了佛门，两人都曾在心里爱慕对方，然而，却只能默默地分手，唯有怀着悲哀回忆过去青梅竹马时的友情。作品向读者展现了明治20年代后期的社会状况，表现了作者对生活在社会下层的贫苦人民的同情以及对把女性作为蹂躏对象的不合理社会的抗议。

本作品艺术上的独特之处表明作者具有卓越的艺术才华。作品题名引自《伊势物语》的筒井筒和歌，拟古典主义的井原西鹤式文体雅俗适中，文笔清丽，充溢着浪漫情趣，情景交融，富有诗意。作为日本近代文学中不多见的青春文学，这篇名作一直深受读者喜爱。

选文一[1]

廻れば大門の見返り柳いと長けれど、お歯ぐろ溝[2]に燈火うつる三階[3]の騒ぎも手に取る如く、明けくれなしの車[4]の行来にはかり知られぬ全盛をうらなひて、大音寺前と名は仏くさけれど、さりとは陽気の町[5]と住みたる人の申き、三嶋神社の角をまがりてより是れぞと見ゆる大厦もなく、かたぶく軒端の十軒長屋二十軒長や[6]、商ひはかつふつ利かぬ処[7]とて半さしたる雨戸の外に、あやしき形に紙を切りなして[8]、胡粉ぬりくり彩色のある田楽みるやう、裏にはりたる串のさまもをかし、一軒ならず二軒ならず、朝日に干して夕日に仕舞う手当ことごとしく、一家内これにかかりて夫れは何ぞと問ふに、知らずや霜月酉の日[9]例の神社に欲深様のかつぎ給ふ是れぞ熊手の下ごしらへ[10]といふ。正月門松とりすつるよりかかりて、一年うち通しの夫れは誠の商買人、片手わざにも夏より手足を色どりて、新年着の支度もこれをば当てぞかし、南無や大鳥大明神、買ふ人にさへ大福をあたへ給へば製造もとの我等万倍の利益をと人ごとに言ふめれど、さりとは思ひのほかなるもの、このあたりに大長者[11]のうわさも聞かざりき[12]…

【选文注释】

①本节引自《青梅竹马》第一章开头处。文章介绍了吉原妓馆区及其周围贫苦市民的住宅、生活情况。这儿的居民过了新年就开始拼命做剪纸画，希望能在秋季庙会上卖给那些来求福的人可赚上一笔钱，但是，从来也没听说这儿有谁发财致富过。这个一边是有钱人寻欢作乐、一边是贫穷者痛苦呻吟的地方就是主人公美登利、信如生活的舞台。

②お歯ぐろ溝：吉原妓馆区周围挖的沟，沟宽3.5米，目的在于防止妓女逃跑并与周围民居隔绝。明治20年代，沿沟的路上通常云集着人力车。

③燈火うつる三階：指吉原大妓院三楼灯火通明。

④明けくれなしの車：不分昼夜拉客的人力车。

⑤陽気の町：热闹的街区。这里指花街柳巷吉原。

⑥これぞと…二十軒長や：没有一幢像样的房子，只有成排屋檐歪斜的简陋杂院。

⑦かつふつ利かぬ処：完全不能（做生意）的地方。

⑧あやしき形に紙を切りなして：指把纸剪成稀奇的形状。

⑨霜月酉の日："霜月"是十一月，"酉の日"是当地庙会日。

⑩熊手の下ごしらえ：赚大钱的准备。

⑪大長者：有钱人；发财致富者。

⑫き：表示过去的文语助动词，上接用言连用形。

选文二①

見るに気の毒なるは雨の中の傘なし、途中に鼻緒を踏み切りたるばかりは無し、美登利は障子の中ながら硝子ごしに遠く眺めて、あれ誰れか鼻緒を切つた人がある、母さん切れを遣つても宜う御座んすか②と尋ねて、針箱の引出しから友仙ちりめん③の切れ端をつかみ出し、庭下駄はくも鈍かしきやうに、馳せ出でて椽先の洋傘さすより早く、庭石の上を伝ふて急ぎ足に来たりぬ。

それと見る④より美登利の顔は赤う成りて、どのやうの大事にでも逢ひしやうに、胸の動悸の早くうつを、人の見るかと背後の見られて⑤、恐る恐る門の傍へ寄れば、信如もふつと振返りて、これも無言に脇を流るる冷汗、跣足になりて逃げ出したき思ひ⑥なり。

【选文注释】

①本节引自《青梅竹马》第十二章，是这部作品的高潮处，描写信如在美登利家门口断了木屐带，美登利取了绸布条给他时的情景。作者的全部作品均用格调高雅的文语写成，会话部分不用引号，但用的是口语体。本节中"あれ…御座んすか"就是一例。

②宜う御座んすか：是"よろしゅうございますか"的缩音。

③友仙ちりめん：一般写成"友禅"，指染上花鸟、草木、山水等色彩艳丽的花纹的一种绸缎，为京都特产。

④それと見る:"それ"指断了展带进退两难的信如。
⑤見られて:"られ"是表示自发意思的助动词,意为自然地看。
⑥跣足になりて逃げ出したき思ひ:真想光着脚逃走。信如虽然对美登利怀有好感,但很怕被朋友看到后又要遭到四月运动会后那样的奚落。这儿把一对有着淡淡恋情的少男少女的心理刻画得细腻入微。

【作者简介】

樋口一葉(ひぐちいちよう)(1872—1896)原名樋口夏子。生于东京。由于家境贫寒,从小挑起家庭生活的重担。14岁时在中岛歌子门下学习和歌和和文,16岁父亲去世后,为了生计,开始写小说。1894年,小说《暗夜》《大年夜》的发表引起文坛注目,翌年又写出《浊流》《十三夜》等作品。此外,《一叶日记》也是日本日记文学中的名作。1896年11月23日因结核病去世,年仅24岁,生前不曾出版过一本完整的作品集。

5 金色夜叉/金色夜叉

尾崎红叶

【作品梗概】

间贯一自幼父母双亡。他在第一高中读书时寄宿在曾得到父亲恩惠的鸭泽隆三家。鸭泽的女儿阿宫绮年玉貌,和贯一订了婚。可是,在一次新年纸牌会上,腰缠万贯的富豪富山唯继对阿宫一见钟情。鸭泽夫妇利令智昏,见财忘义,阿宫也接受了富山的求婚。贯一知情后怎么也不信阿宫会变心,他尾随阿宫,一直追到热海,在洒满银色月光的海岸边面对大海流下热泪,他恳求阿宫回心转意,但未能遂愿。贯一发誓:"我的泪水定会使明年此时此刻的月亮失去光辉!"他愤然踢倒阿宫离去。四年以后,失恋后深感绝望的贯一当上了高利贷者鳄渊直行的代理人,他以无情地收取高利贷的方法来向社会报复,然而,心中的苦闷并未因此得到减轻。再说阿宫婚后方知自己爱贯一其实爱得很深,良心受到谴责,同样陷入了苦恼之中。她写信给贯一,请求他宽恕,贯一却对她不屑一顾。之后,招人怨恨的贯一遭到袭击,鳄渊家也被人放火烧成灰烬。女高利贷者赤樫满枝又倾心于贯一,但他没有理会。一次,贯一梦见阿宫和赤樫发生冲突,阿宫为了求得他的宽恕,请求贯一允许她自杀,他原谅了她,对自己迄今为止的所作所为亦有所悔悟。做过这个梦后,贯一在盐原救下一对殉情的男女青年,从那个叫阿静的艺妓口中了解到富山的残忍和阿宫婚后的不幸遭遇,终于同情起阿宫来,过去,他对阿宫的来信一概弃之不阅,现在,他认真地读了。

【作品鉴赏】

《金色夜叉》这一恋爱悲剧，曾使不少日本读者为之洒下同情的眼泪，它成了明治时代日本家喻户晓的代表性名作。几十年来，一次又一次地被改编成戏剧、电影和广播剧上演，受到民众的喜爱。

中日甲午战争后，作者的一些年轻弟子在文坛上异常活跃，而红叶本人在创作上却一度一蹶不振，人们断言红叶已老，从此写不出什么好作品。可是，他就在晚年，连续发表了《多情多恨》(1896)和毕生的大作《金色夜叉》(1897—1903)。

作者在谈到这部作品的创作意图时说，他想通过贯一这个人物具体表现人生中的两大势力——爱情和金钱的抗争，还想通过阿宫写出明治时代新女性的形象。作者的前一个意图在作品中得到了较充分的体现，小说告诉读者，金钱的力量是一时的，而爱情的力量才是永恒的。后一个意图由于作者辞世，作品中断而没能得到较好的体现。阿宫在作品中始终处于不能自由决定自己命运的受欺压状态，最终成了一个受人怜悯的悲剧人物。尽管这部作品在构思上存在不少破绽，作者还无法正确挖掘金钱主宰一切的资本主义社会的本质，尚未完全摆脱言情小说的羁绊，但是，比起作者其他一些言情小说来，本作品在较大范围内反映社会生活及其矛盾方面显然进了一步，因此，对这部明治时代最畅销的书还应作出肯定的评价。

在艺术上，作者特别注意文章本身的表现技巧，在这方面下了不少苦功，他用汉和相间的文体精心写作，文句光彩艳丽，历历如绘。

这部因作者去世而尚未写完的小说，后来由其弟子小栗风叶续写。据说，作者原来打算让阿宫带着富山的财产与贯一结合，而小栗风叶写阿宫最后精神失常，使故事成为一个地道的悲剧。这一创造性的续作也获得好评。

选文[1]

宮(みや)はわれを棄(す)てたるよ。我(われ)は我妻(わがつま)を人(ひと)に奪(うば)はれたるよ。我(わが)

命にも換へて最愛みし人は芥の如くわれを悪めるよ。恨は彼の骨に徹し、憤は彼の胸を劈きて、ほとほと身も世も忘れたる貫一は、あはれ奸婦②の肉を啖ひて、この熱腸を冷さんとも思へり。忽ち彼は頭脳の裂けんとするを覚えて、苦痛に得堪へずして尻居にたふれたり。

宮は見るより驚く遑もあらず、諸共に砂に塗れて掻き抱けば、閉じたる眼より乱落つる涙に浸れる灰色の頬を、月の光は悲しげに彷徨ひて、迫れる息は凄く波打つ胸の響きを伝ふ。宮は彼の背後より取縋り、抱緊め、撼動して、戦く声を励せば、励す声はさらに戦きぬ。

「どうして、貫一さん、どうしたのよう！」

貫一は力無げに宮の手を執れり。宮は涙に汚れたる男の顔をいと懇に拭ひたり。

「吁、宮さんかうして二人が一処に居るのも今夜ぎりだ。お前が僕の介抱をしてくれるのも今夜ぎり、僕がお前に物を言ふのも今夜ぎりだよ。一月の十七日、宮さん、善く覚えてお置き。来年の今月今夜は、貫一は何処でこの月を見るのだか！再来年の今月今夜…十年後の今月今夜は…一生を通して僕は今月今夜を忘れん、忘れるものか、死んでも僕は忘れんよ！可いか、宮さん、一月の十七日だ。来年今月今夜になつたならば、僕の涙で必ず月は曇らして見せるから、月が…月が…月が…曇つたらば、宮さん、貫一は何処かでお前を恨んで、今夜のやうに泣いていると思つてくれ」

宮は挫ぐばかりに貫一に取付きて、物狂う咽入りぬ。

「そんな悲しいことをいはずに、ねえ貫一さん、私も考えたことがあるのだから、それは腹も立たう③けれど、どうぞ堪忍して、少し辛抱してゐて下さいな。私はお肚の中には言ひたいことが沢山あるのだけれど、余り言難いことばかりだから、口へは出さないけれど、唯一言いひたいのは、私はあなたの事は忘れはしないわ——私は生涯忘れはしないわ」

【选文注释】

①本段引自《金色夜叉》前编第八章，是整部小说中最脍炙人口的场面。贯一不在时，阿宫和母亲去了热海。贯一从阿宫父亲那儿听说，待他大学毕业后将送他出国深造，作为交换条件，要贯一解除与阿宫的婚约，同意阿宫嫁给富山。贯一听后大吃一惊，继而苦恼万分。为了知道阿宫的真心，他追到热海，两人漫步海岸，交谈中贯一发现阿宫果然变心，他怒不可遏。引用文是贯一流泪斥责阿宫的场面。这部作品的叙述部分采用文语，会话部分则是口语，这种文白相间的文本在本作品中得到了成功的运用。

②あはれ奸婦：可怜的奸妇。这儿描写贯一对阿宫背叛两人之间的爱情的深恶痛绝的心境，在痛斥了阿宫之后，贯一又咒骂她是“奸妇”，然后离她而去。

③腹も立たう：相当于“腹も立つだろう”，表示推量。

【作者简介】

尾崎紅葉（おざきこうよう）(1868—1903)原名尾崎德太郎。1885年与山田美妙等人创立“砚友社”，并发行《我乐多文库》，这是日本近代文学史上第一本纯文学同人杂志。红叶对创作事业不仅抱有热情，而且一丝不苟，曾深入地研究过井原西鹤的作品，在文体和构思方面受其影响，是明治20年代至30年代中期日本最有声望的作家。泉镜花、德田秋声、小栗风叶等不少著名作家都出自他的门下。红叶的主要作品还有《两个比丘尼爱情忏悔》《伽罗枕》《两个老婆》《三个妻子》等。因患胃癌病故，临终前他还念念不忘抓紧时间提高自己的文学水平。《金色夜叉》的续本有几种，其中以小栗风叶的最为有名。

6 不如归/不如帰（ほととぎす）

德富芦花

【作品梗概】

陆军中将片冈毅的大女儿浪子8岁时生母去世，后由严厉的继母抚养成人。继母好胜，总以说得父亲哑口无言为后快，对浪子也很冷淡。父亲却很爱她。18岁时，她出落成一个如花似玉的大姑娘，柔美忧悒，凄楚动人。她与海军少尉川岛武男结了婚，生活得很幸福。可是，不久浪子染上了结核病。武男的母亲害怕自家断后，乘武男出海远航之时，单方面强迫浪子离了婚，待武男回家后得知此事，已经无可挽回。中日甲午战争爆发后，武男又上前线，在战斗中负伤被送到佐世保。这时，浪子怀着真挚的爱情给武男寄出了匿名的包裹。战争结束后，片冈中将送浪子去关西疗养。在山科车站，浪子和伤愈重返战场的武男擦身而过，她发疯似的把自己的手帕扔向武男，两人各自叫了对方的名字便分开了，这是他们最后一次偶遇。浪子心中一直思念着武男，从关西回来后，她的疾患日渐严重，临终前，父亲守在她跟前，度过了一个又一个不眠之夜。昏迷中的浪子一直呼唤着武男的名字。她的脸烧得通红，呼吸急促，清醒时热泪夺眶而出。她悲愤地疾呼："啊，难受，难受！再也别生女孩子啦！——啊……"浪子在病痛中饮恨死去。四个月后，武男从前线回国后去浪子的墓地拜扫，他在那儿遇到了浪子的父亲片冈，两位失去了同一亲人的男子在墓前互相安慰，以沫相濡。

【作品鉴赏】

1899年夏季，居住在逗子的作者夫妇从曾经当过元帅大山岩的副官福家中佐的遗孀那儿，听到元帅女儿信子的一段悲伤的故事。信子与子爵三岛弥太郎（后为日本银行总裁）结婚，因患肺结核离婚，死前曾悲愤地呼喊过。这个信子就是小说女主人公浪子的原型。因此，这部小说也称作"原型小说"或"家庭小说"。

小说1901年由"民友社"出版后，立即引起了强烈的反响，据说其销售量超过《金色夜叉》，是明治时代的又一部畅销书。之后，小说一再被改编成戏剧上演，成为新派戏剧中的一根顶梁柱。其影响之大固然和当时元帅之女的真人真事有关，但更重要的原因是浪子那悲痛欲绝的呼唤震动了明治时代在封建的家族制度下深受压迫和摧残的广大日本妇女的心。浪子和武男相亲相爱，至死不渝。浪子曾表示："即便死了，我也是你的妻子。……将来无论到什么时候，我都是你的妻子！"然而，封建的家族制度及其权力硬是拆散了这对鸳鸯。浪子是当时上流社会中的名媛，因而，她的悲剧更有典型意义，对当时的一般民众来说，她的死不仅令人同情，而且令人羡慕，因为她对爱情无限忠贞，她最后的悲呼可以说是明治时代全体日本妇女绝望的呼声，也是她们要求摆脱封建桎梏的自我觉醒的开始。此外，小说中浪子的话"人为什么要死呢？我要活，我要千年万年地活下去。"一度成了日本老孺皆知的"流行语"。歌颂浪子的流行歌曲除了在日本流行之外，还被译成英、德、法、波兰语并在那些国家广为流传，这些情况都引起了日本文学界的注目。

作品的艺术特色是朴素、通俗、清新，同时也保留着作者在随笔《自然与人生》中已形成的流畅和精美的风格。

吉田精一认为：这部作品还揭露了明治时代军人社会的内幕、军部御用商人与海陆将校的勾结和行贿以及他们之间的对立和矛盾。特别值得一提的是作者当时就掌握了那些靠发战争财的军火商的本质，可是这些都没有引起当时评论家们足够的重视。当然，作者把片冈中将和川岛少尉写成不分战争性质，把所谓的国家利益放在个人利益之上的"凯旋英雄"，这是具有信奉皇室思想的作者的局限。

选文一①

ほろほろとこぼす涙を拭いやりつつ、加藤子爵夫人は、さらに眼鏡の下よりはふり落つる涙を拭いて、その書をしかと懐におさめ、

「届けるよ、きっとわたしが武男さんに手渡すよ」

「それから——この指環は」

左手を伯母の膝にのせつ。その第四指に燦然と照るは一昨年の春、新婚の時武男が贈りしなり。去年去られし時、かの家に属するものをばことごとく送りしも、ひとりこれのみ愛しみて手離すに忍びざりき。

「これは——持って——行きますよ」②

新たに湧き来る涙を抑えて、加藤夫人はただ頷きたり。浪子は目を閉じぬ。ややありてまた開きつ。

「どうしていらッしゃる——でしょう?」

「武男さんはもう台湾に着いて、きっといろいろこっちを思いやっていなさるでしょう。近くにさえいなされば、どうともして、ね、——そうおとうさまもおっしゃっておいでたけれども——浪さん、あなたの心尽くしはきっと私が——手紙も確かに届けるから」

ほのかなる笑みは浪子の唇に上りしが、たちまち色なき頬のあたり紅をさし来たり、胸は波うち、燃ゆばかり熱き涙はらはらと苦しき息をつき、

「ああ辛い! 辛い! もう——もう婦人なんぞに——生まれはしませんよ。——あああ!」③

【选文注释】

①本段引自《不如归》下编第九章“二”。浪子父亲带着患病的女儿去关西,回来后浪子病重,朝不虑夕的浪子自知病危,给心爱的武男写了诀别信,托加藤子

爵夫人转交武男。这里写出了浪子临终前病痛和悲愤对她的折磨,是本小说的高潮。

②これは…行きますよ:这句话表现了浪子生前对封建家族制度的最后的反抗。尽管患病后她在形式上屈服了川岛家,与武男离了婚,但是在心底却至死深爱着武男,浪子要带着武男送她的结婚戒指离开人世的决心说明了她的忠贞。

③ああ辛い! …:浪子这句悲愤的疾呼可视作本小说的主题。

选文二[1]

武男は墓標の前に立ちわれを忘れてややひさしく哭したり。

三年の幻影はかわるがわる涙の狭霧のうちに浮みつ[2]。新婚の日、伊香保[3]の遊、不動祠[4]畔の誓い、逗子の別墅に別れし夕べ、最後に山科に相見しその日、これらは電光のごとくしだいに心に現われぬ。「早く帰ってちょうだい!」と言いしことばは耳にあれど、一たび帰れば彼女はすでにわが家の妻ならず、二たび帰りし今日はすでにこの世の人ならず。

「ああ、浪さん、なぜ死んでしまった!」

われ知らず言いて、涙は新たに泉と湧きぬ。

【选文注释】

①本段引自《不如归》第十章"二",是作品的结尾部分。武男五个月前在山科遇见浪子,之后在战舰上得知她去世的噩耗。战争结束后,武男一回家就从子爵夫人处得到了浪子的信。现在,他站在浪子墓前,往事历历在目,悲戚之情油然而生。接着在萧瑟秋风中他又拿出沾满浪子斑斑泪迹的信重读。作者擅长以自然写生的技法创作,文章情真意切,不见夸张和浮华的痕迹。

②浮みつ:相当于现代语"浮んだ"。"つ"是表示过去的文语助动词,上接用言连用形,该词原形为"浮む"。

③伊香保:群马县群马郡地名,古时候起就是有名的温泉地。

④不動祠:群马县甘乐郡南牧村中的黄檗宗古寺,曾是嵯峨天皇的敕愿寺。

【作者简介】

德富蘆花（とくとみろか）(1868—1927)原名德富健次郎。明治时代的浪漫主义小说家。少年时代在母亲的感化下受基督教的影响，后在其兄德富苏峰主办的改良民主主义杂志《国民之友》上发表翻译小说和散文诗。1897年起开始创作小说，作品大都富有浪漫气息，赞美自然，清新地描写自然。其主要作品还有小说《回忆录》《黑潮》和随笔《自然与人生》。曾上书天皇，抗议政府判处幸德秋水等人死刑。

7 高野山圣僧/高野聖（こうやひじり）

泉镜花

【作品梗概】

“我”在旅行途中认识了高野山的高僧宗朝，当晚在敦贺的客栈里，这位圣僧给“我”讲了一个传奇故事。宗朝年轻时，从越前修行至信州，途中翻越了飞驿山。在山里岔道口，一个药贩告诉他小路是条近道。宗朝步入小路后又听农夫说，这条路五十年前有人通行，现在则很少有人问津。宗朝决心继续沿小路往前闯，只见山路越走越陡，树上时有蛇和山蚂蟥落到脖子上，他好不容易才出了可怕的森林，发现一幢民房，里面住着一个白痴和一名天资玉质的美女。宗朝请求住宿，美女热情接待，还带他去山间溪水边沐浴，为他擦背，洗净旅途上的风尘。这时，两人周围出现了许多癞蛤蟆、大蝙蝠和猴子，在美女呵斥之后，它们才悄然离去。洗完澡，美女把宗朝领到他的寝室，自己则睡在隔壁屋里。虽然旅途的辛劳使宗朝疲惫不堪，可是深夜屋前房顶处传来的牛、马、羊、鼯鼠和鸡的鸣叫仍使他无法入眠，隔壁的美女也发出“嗯嗯”之声，仿佛受到什么袭击似的。宗朝感到这儿的气氛异样，他只好专心地念起“陀罗尼经”，等待天明。

次日，宗朝辞别令人心醉神迷的美女下了山，一度又想折回。在一瀑布处，他又遇到了昨晚到美女家牵马去卖的老汉。老汉告诉宗朝，那美女原是川下一医生之女，有很精湛的医术。十三年前，下了整整八天的大雨毁灭了整个村庄，姑娘、白痴和老汉成了仅有的幸存者。后来那美女的医术越来越神奇。凡经她摸过的男子全都变成了牛马猴羊等动物，老汉牵去卖掉的马就是为宗朝指路的药贩变成的。只因宗朝修行笃志不倦，所以才幸免于难。宗朝这才明白了昨夜令人奇怪的一切，他谢过老汉后很快下山去了。

【作品鉴赏】

《高野山圣僧》1900年2月发表于《新小说》杂志，1908年由左久良书房出版单行本，并附有镝木清方的卷头插图。据作者本人在《创作苦心谈》一文中说，他是听到一位朋友诉说在飞驒山中遇到美丽的山中姑娘的经历后才创作本作品的。对于这篇小说的创作起因，存在着各种看法。有人认为，在东西方的古典作品中，像这类漂泊旅行者遇上妖怪变成野兽的故事并不鲜见；也有人认为，作者的这一创作是明显受到中国小说《板桥店三娘子》的影响的；再说作者故乡金泽地区亦流传着妖怪把旅行者变成马的传说；甚至还有人认为这部作品表现了作者对亡母的怀念之情。其实，这部作品可以说既有同于上述见解的地方，又是与它们无关的一个独特的故事。

以创作“观念小说”成名的作者在这篇代表作中充分地表达了自己的女性观和恋爱观——他历来鄙视赤裸裸的、丑陋、不道德的情欲，崇尚精神恋爱。在这个奇妙的故事中，那么多男性之所以被美女变成动物，是因为他们对美女起了歹念，而圣僧宗朝能够安全下山，也因为他对美女的爱完全是一种精神上的爱的缘故。

作品以高野山圣僧回忆往事，并不时插入听众“我”的观察叙述的手法，努力把读者引到一个神秘、怪诞而又充满浪漫气息的境地，这种写作手法吸取了日本古老的能乐表演时声情并茂地讲述的长处，对于制造并烘托使读者身临其境的气氛起到很大的作用。作者把高超的叙述表达技巧和极其丰富的想象力融为一体，勾勒出一幅绝妙的、具有浪漫色彩的图画。这部作品获得成功的另一个关键是作者能够自如地运用丰富的语汇，尽情地写出了日本人所罕见的粗犷热情，因此它在从写实主义步入自然主义的日本近代文学史上占有独特的位置，成为明治30年代日本文坛上一部有代表性的“畸形的杰作”，因为它“把纯洁的爱情的美，或是把能够掌握最高艺术技巧

的异常超凡入圣的境地等有节奏地堆砌在一起了”。(吉田精一)

选文一①

心細さ②は申すまでもなかったが、卑怯な様でも修行の積まぬ身には、こういう暗い処の方が却って観念③に便がよい。何しろ体が凌ぎよくなったために足の弱も忘れたので、道も大きに捗取って、まずこれで七分は森の中を越したろうと思う処で五六尺天窓の上らしかった樹の枝から、ぼたりと笠の上へ落ち留まったものがある。

鉛の錘④かとおもう心持、何か木の実ででもあるかしらんと、二三度振ってみたが附着いていてそのままには取れないから、何心なく手をやって掴むと、滑らかに冷りと来た。

見ると海鼠を裂いたような目も口もないものじゃ⑤が、動物には違いない。不気味で投出そうとするとずるずると辷って指の尖へ吸ついてぶらりと下った、その放れた指の尖から真赤な美しい血が垂々と出たから、吃驚して目の下へ指をつけてじっと見ると、今折曲げた肱の処へつるりと垂懸っているのは同形をした、幅が五分、丈が三寸ばかりの山海鼠⑥。

【选文注释】

①本段引自《高野山圣僧》“八”开头处,描写宗朝在去信州途中遭到山蚂蟥侵袭的经历。在到达魔女居住的地方之前,先写了这段经历,对制造奇妙神秘的气氛起到了很大的作用。

②心細さ:指圣僧独自一人穿越白昼如黑夜般的大森林时的惊慌和不安。

③観念:断念,听天由命。

④鉛の錘:把从树上掉下来的山蚂蟥比作铅锤,形象地描写出山蚂蟥之大。

⑤じゃ:即“である”,断定助动词。“である”的略写为“であ”,又转写成“じゃ”。

⑥山海鼠:即山蚂蟥,为茶褐色,日本本州以南的山岭中常见,一种栖息在树上,另一种栖息在山间湿地之中,以吸取人畜的鲜血为生。

选文二①

（何をしてござる、ご修行の身が、このくらいの暑で、岸に休んでいさっしゃる分ではあんめえ、一生懸命に歩行かっしゃりや②、昨夜の泊からここまではたった五里、もう里へ行って地蔵様を拝まっしゃる時刻じゃ。

何じゃの、己が嬢様に念が懸って煩悩が起きたのじゃの。うんにゃ、秘さっしゃるな③、おらが目は赤くッても、白いか黒いかはちゃんと見える。

地体並のものならば、嬢様の手が触ってあの水を振舞われて、今まで人間でいよう筈がない。

牛か馬か、猿か、蟇か、蝙蝠か、何にせい飛んだか跳ねたかせねばならぬ。谷川から上って来さしった時、手足も顔も人じゃから、おらあ魂消たくらい、お前様それでも感心に志が堅固じゃから助かったものよ④。…）

【选文注释】

①本段引自作品“二十五”。圣僧宗朝下山途中，回想起美女的亲热妩媚，不由心旌飘摇，正当他想回去和美女结成夫妻共同生活时，昨夜遇见的老汉在其背后击了一掌，将美女的来历及真面目和盘托出。此处成了本作品的高潮。

②歩行かっしゃりや：即“歩いていらっしゃれば”的音变。同样，前句中“休んでいさっしゃる”即“休んでいらっしゃる”，后句中的“拝まっしゃる”即“拝んでいらっしゃる”。

③秘さっしゃるな：不要隐瞒。老汉已一眼看穿了宗朝的心思，由此提出忠告。

④…助かったものよ：作者通过老汉之口道出宗朝幸免于难的原因，紧扣主题，接下来老汉所说的药贩被美女变成马后出卖的原委与宗朝的结局形成了强烈的对比。

【作者简介】

泉鏡花(1873—1939) 原名泉镜太郎，生于金泽市。17 岁时拜尾崎红叶为师学写小说。写出《冠弥左卫门》和《义血侠血》等作品后又发表了《夜巡警》和《外科室》等“观念小说”，坚决反对封建社会伦理无视人性及其一成不变的僵化模式，因而引起文坛的注目。1896年《照叶狂言》发表后，开始注重描绘人的悲哀命运及其具有浪漫色彩的反抗，通过幻想来追求超现实的美和纯洁。一生共留下三百多篇小说，代表作还有《妇系图》和《和歌罩灯》等。

8 少年的悲哀/少年(こども)の悲哀(かなしみ)

国木田独步

【作品梗概】

这是一位男子少年时代的经历。在“我”8至15岁间，曾寄养在叔父家中，当时是名门望族的叔父家有大片的山林土地，还雇着七八个佣人。12岁那年，一位名叫德二郎的佣人要带“我”去一个有趣的地方，他身强力壮、精力充沛、性情温和，当地人对他有口皆碑。那是一个月光皎洁的夜晚，“我”和德二郎上了一条小船，驶向靠海的江湾，下了船，“我”又跟着他来到与他相好的妓女家。在这儿凭栏远眺，海港下游、田野边缘都可饱览无遗。在六铺席陈旧的屋子里，女人备好了酒菜。女人耷拉着脑袋，黯然神伤，接着又面带笑容，目不转睛地盯着“我”看。

原来这个女人的爹妈很早就死了，只剩下她和弟弟相依为命，但是弟弟12岁那年与姐姐分别后，就再也没能见面，女人不知弟弟现在是死是活。她很快将被人带去朝鲜，不知这辈子是否还能见到弟弟。因此，当看到她弟弟照片的德二郎说照片中的人很像东家少爷时，女人就求他无论如何要把“我”带来不可。那女人见到“我”开始就像见到她弟弟那样高兴，接着眼泪顺着她的腮边流下，进而双肩颤抖，呜咽抽泣，痛苦万状。“我望着远方的陆地，默不作声地听着。万家灯火辉映水面，摇曳不定。”“这时，在我幼小的心灵上，也涌起了一股不可名状的悲哀。”

从那一晚到现在已经十七年过去了，“我”已长大成人，德二郎也成了两个孩子的父亲，但那晚的情景却还历历如昨天，与她告别时，她久久地、一再地叮咛"我"不要忘记她，那声音让"我"永远不能忘怀。时至今日，她那张可怜的面庞仍在眼前，只要一想起，就会泛起"难以忍受的、深沉的、寂静的、郁闷不乐的悲哀"。

【作品鉴赏】

本短篇小说1902年8月发表在《小天地》上，生动地表现了初次体验人生悲哀的一位少年的心情。作者原本是个诗人和散文家，其创作在风格和表现手法上受英国诗人华兹华斯的影响，在反映自然美和描写技巧上有其相当的成就。华兹华斯的诗句"人情的幽音悲调"成了作者的座右铭，因此，这个短篇也可看作作者将其座右铭小说化的成果。

国木田独步的小说创作开始于明治30年代，初期作品主要描写自然与人类的交错，是抒情的、田园的；中期创作把注意力集中在被命运摆布的不幸的人身上，逐渐转向现实的、城市的、社会的方向；后期写下了不少对生活在社会底层人们深表同情的作品，但这些作品大部分只是停留在深表同情而挥泪写作，并未达到对强迫人们过这种不幸生活的社会进行批判或反抗的程度。由于作者在本质上是一位浪漫主义者，因此，他的根本思想决定他不是一位从历史、社会的变化中观察事物的作家，而是一位越过社会、使个人直接与永恒的事物结合，从中细察人类生存意义的文人。

日本文坛称作者是明治时代日本最优秀的短篇小说家，本作品很好地说明了这一点。他擅长把一些日本人难懂的汉文体掺和到断断续续、短小的西方文脉中形成一种独特的文体。文笔质朴却又击中要害。他的小说很多都像本篇一样写了在生活中感到难以忍受孤独而需要爱情的人物，把一些难忘的人放在难忘的环境中去描写，从人生平凡的事情中去观察不平凡的意义和人生的神秘，使读者能真切地领悟到比字面更为深远的意境。

本作品在低沉感伤的哀音中，准确地表现了对被侮辱、受损害的社会底层妇女命运的同情，同时，作者以平铺直叙、色彩清丽的笔触描写的盛夏月夜景色相当凄迷、含蓄、蕴藉，渲染了人物变化起伏的情感，富有诗意，亦形成一大特色。

选文一[1]

ころは夏の最中、月影さやかなる夜であった。僕は徳二郎のあとについて田んぼにいで、稲の香高き畦路を走って川の堤に出た。堤は一段高く、ここに上れば広々とした野づら一面を見渡されるのである。まだ宵ながら月は高く澄んで、さえた光を野にも山にもみなぎらし、野末には靄かかりて夢のごとく、林は煙をこめて浮かぶがごとく、背の低い川やなぎの葉末に置く露は玉のように輝いている。小川の末はまもなく入り江、汐に満ちふくらんでいる[2]。船板をつぎ合わしてかけた橋の急に低くなったように見ゆるのは水面の高くなったので、川楊は半ば水に沈んでいる。

堤の上はそよ吹く風あれど、川づらはさざ波だに立たず、澄み渡る大空の影を映して水の面は鏡のよう[3]。徳二郎は堤をおり、橋の下につないである小舟のもやいを解いて、ひらりと乗ると、今まで静まりかえっていた水面がにわかに波紋を起こす。

【选文注释】

①本节选自作品的开头部分，少年随仆人外出。盛夏月光皎洁的夜晚，薄雾缭绕的山野小河，如同诗画、梦境中一样。致力于表现从社会生活压力中解脱出来，到大自然中去感受“永远的呼吸”是作者常用的手法，显示了对砚友社都市文学的排斥，引发出对日本风土美的再认识的风潮。

②汐に満ちふくらんでいる：潮水涨满；满潮。

③此句意为河面没有一丝涟漪，波平如镜，万里晴空交映水中。

选文二[1]

舟はしばらく大船小船六七艘の間を縫いて進んで居たが間も

なく広々とした沖合に出た。月はますますさえて秋の夜かと思われるばかり、女はこぐ手をとどめて僕のそばにすわった。そしてまた月を仰ぎまた四邊を見回しながら、

「坊様、あなたはおいくつ？」とたずねた。

「十二。」

「わたしの弟の写真も十二の時ですよ、今は十六……、そうだ、十六だけれど、十二の時に別れたぎり会わないのだから、今でも坊様と同じような氣がするのですよ。」と言って僕の顔をじっと見ていたがたちまち涙ぐんだ。月の光を受けてその顔はなおさら蒼ざめて見えた。

「死んだの？」

「いいえ、死んだのならかえってあきらめがつきますが、別れたぎり、如何なったのか行き方が知れないのですよ。両親に早く死に別れて、たった二人の姉弟ですから、互いに力にして居たのが、今では別れ別れになつて、生き死にさえ分らんようになりました。それに、私も近いうち朝鮮につれて行かれるのだから、もうこの世で会うことができないか分りません。」と言って、涙がほおをつとうて流れるのをふきもしないで僕の顔を見たままますすり泣きに泣いた。

僕は陸の方を見ながら默ってこの話を聞いていた。家々のともし火は水に映ってきらきらとゆらいでいる。櫓の音をゆるやかにきしらせながら大船の傳馬をこいで行く②男は、澄んだ声で船歌を流す。僕はこの時、少年ごころにも言い知れぬ悲哀を感じた。

【选文注释】

①本节引自作品的近尾部，道出了女人去朝鲜前把少爷当作弟弟告别的原委，引发了少年的不可名状的悲哀，也表现了作者对生活在明治社会底层妇女的深切同情。

②傳馬をこいで行く："傳馬"是大舢板，此句意为：大舢板上(的男子)缓慢地摇

着双橹，发出咯吱咯吱的声响。

【作者简介】

国木田独歩（くにきだどっぽ）(1871—1908) 原名国木田哲夫。到东京后出入于德富苏峰的“民友社”，作为《青年文学》的同人经常发表评论。中日甲午战争时期在《国民新闻》报开出“爱弟通信”专栏，其文笔受到广泛注目。诗歌创作受英国诗人华兹华斯的影响，反映自然美，诗歌代表作是《独步行》。散文集《武藏野》大体反映了作者的浪漫主义情怀，是精美而带有诗意的杰作。后转写小说，代表作有《酒中日记》《穷死》《牛肉与马铃薯》《命运论者》《源叔父》等，被誉为明治时代短篇作家的“第一人”。

温馨提示：本作品提供日文版 PDF 电子书。

关注“华东理工大学出版社”官方微信，发送“ryxs”免费获取本作品电子书。

9 破戒/破戒（はかい）

岛崎藤村

【作品梗概】

信州（今长野县）下水内郡饭山町的小学教员濑川丑松突然搬到古老的寺庙莲花寺来居住了，他原来借宿的旅馆中发生了一件令人义愤填膺的事。有位叫大日向的青年是备受歧视的部落民，他的出身公开后，竟被人从旅馆里赶出门去。丑松本人也是部落民，他隐瞒了自己的出身，从师范学校毕业，来到饭山町的小学任教已有多年，如今是学校的首席教员。父亲早就告诫丑松，在这因循守旧、对部落民抱有成见的城镇，为了保住工作，必须隐瞒自己的出身。然而，隐瞒出身的虚伪做法使丑松非常苦恼。每当他读到部落民出身的思想家猪子莲太郎的著作或听到他的讲演，总是深深地怀疑自己的生活方式。莲太郎因他的出身，被师范学校开除，但他并不颓唐，而是公开承认自己的出身，并勇敢地大声疾呼，与社会的偏见进行坚决的斗争。丑松也痛恨社会的不合理，却没有起来斗争的勇气，只是沉溺在向现实妥协而求生存的深深的苦闷之中。他的好友银之助的真挚友情，莲花寺的养女志保的不为人知的爱情都不能解脱丑松精神上的痛苦。

父亲去世了，丑松回家奔丧。路上正与高柳利三郎同行。高柳这次是去和部落民地区的一个富豪的女儿结婚的。他看中她的陪嫁钱，目的是为参加议员选举而筹集资金。他得知丑松的出身底细后，就想趁机敲诈丑松，失败后，便暗中散布丑松出身的秘密，迫使丑松陷入窘境。小学校长开始设法将丑松撵出学校。另一方面，猪子莲太郎了解了高柳和部落民姑娘结婚的真正目的后，怒不可遏，认为这是对部落民的极大的侮辱。他的无情揭露，招致高柳派的痛恨，在一次讲演时被暴徒暗杀了。丑松敬爱的莲太郎的牺牲，震撼了他的心，他决定破除父亲给他的戒律，在学生面前公开了自己的出身并和他们惜别，去投奔在美国得克萨斯州办农场的大日向，临行时银之助、志保及学生们来为他送行，不久，志保也离开日本，去和丑松共同生活。

【作品鉴赏】

《破戒》是作者创作的第一部长篇小说，于 1906 年自费出版。作者从长野县部落民教师遭到排挤的现实事件中得到启发，也受到陀思妥耶夫斯基的名作《罪与罚》的主题和情节的影响，共费时两年写成。执笔期间，作者贫困交加，三名幼女先后病故，但是，作者不屈不挠，在租借的铁皮屋顶房子里挥汗写完了最后一个字。本作品出版后，影响很广，一再重印，成为当时纯文学中少见的畅销书。夏目漱石在给森田草平的信中盛赞这是部"明治小说中可以传世的名作"。出版后多次被搬上银幕和舞台，拥有众多青年读者。

《破戒》通过主人公的不幸遭遇，深刻揭露了明治社会中野蛮的身份制度和各种不合理现象，反映了受歧视的人们的不幸和他们对封建残余以及资本主义恶势力的愤恨和反抗，体现了作者对当时社会问题的极大关切和对受歧视的人们的深切同情。因而，这部作品具有比较深刻的现实意义。这部作品的缺憾是作者把主人公向不平等的社会妥协、逃避现实作为结局，而且主人公本身也认为自己的出身"贱"，对长期隐瞒出身持有一种谢罪和忏悔的心情，这些描写一定程度上削弱了主人公的形象，反映了作者思想的局限性。尽管如此，《破戒》仍不失为一部批判现实主义的佳作。日本文学界对这部作品一直存在着两种对立的意见，一种认为它是揭露社会中的不平等现象、向社会表示抗议的现实主义作品；另一种认为作者通过主人公来表达自己的怯懦和忏悔，是典型的自然主义的告白文学。但他们一致认为《破戒》是评价作者的一部关键之作。作者原是诗人，因此，这部小说中对信州地区的地方色彩、大自然的精细的诗情画意般的描写，以及纯口语的文体，都使当时的文坛感到十分清新。

选文一①

蓮華寺では下宿を兼ねた②。瀬川丑松が急に転宿を思ひ立つて、借りることにした部屋といふのは、其蔵裏つづきにある二階の角のところ。寺は信州下水内郡飯山町③二十何ヶ寺の一つ、真宗④に附属する古刹で、丁度其二階の窓に倚凭つて眺めると、銀杏の大木を経てて飯山の町の一部分も見える。さすが信州第一の仏教の地、古代を眼前に見るやうな小都会、奇異な北国風の屋造、板葺の屋根、または冬期の雪除として使用する特別の軒庇⑤から、ところどころに高く顕れた寺院と樹木の梢まで——すべて旧めかしい町の光景が香の烟の中に包まれて見える。ただ一際目立つて此窓から望まれるものと言へば、現に丑松が奉職して居る其小学校の白く塗った建築物であつた。

丑松が転宿を思ひ立つたのは、実は甚だ不快に感ずることが今の下宿に起つたからで、尤も賄でも⑥安くなければ、誰も斯様部屋に満足するものは無からう。

【选文注释】

①本段为《破戒》第一章的开头，叙述主人公瀬川丑松从原先借住的民宿处搬到莲华寺，交代了该寺周围的环境以及搬迁的原因。

②蓮華寺では下宿を兼ねた：反映了莲华寺的寒碜，作品中把该寺写成饭山市上町的一座真宗寺。

③飯山町：今长野县饭山市，以古代诸侯居城为中心发展起来的城市，是长野县繁华的政治、经济中心，城西的高地建有许多寺院。

④真宗：由净土宗的法然门派生出来的佛教一派，亲鸾为祖师。

⑤軒庇：即檐廊顶。在多雪的山城，为了在下雪时不影响通行，把住房的屋檐造得伸向路中，形成沿屋的回廊。

⑥賄でも：这里的“でも”是副助词，意为例示极端，暗示一般。伙食便宜是主人公迁居的重要原因之一。

选文二[①]

寂しい晩秋の空に響いて、また蓮華寺の鐘の音が起つた。それは多くの農夫の為に、一日の疲労を犒ふやうにも、楽しい休息を促すようにも聞える。まだ野に残つて働いて居る人々は、いづれも仕事を急ぎ初めた。今は夕靄の群が千曲川の対岸を籠めて、高社山一帯の山脈も暗く沈んだ。西の空は急に深い焦茶色に変つたかと思ふと、やがて落ちて行く秋の日が最後の反射を田の面に投げた。向ふに見える杜も、村落も、遠く暮色に包まれて了つたのである。ああ、何の煩ひも思ひ傷むことも無くて、其ういふ田園の景色を賞することが出来たなら、どんなにか青春の時代も楽しいものであらう。丑松が胸の中に戦ふ懊悩を感ずれば感ずる程、余計に他界の自然は活々として、身に染みるやうに思はるる[②]。南の空には星一つ顕れた。その青々とした美しい姿は、一層夕暮の眺望を森厳にしてみせる。丑松は眺め入り乍ら、自分の一生を考へて歩いた。

【选文注释】

①本节引自第四章“三”的结尾部分。当丑松得知自己的亲密朋友也不信猪子莲太郎具有那么美好的思想时，无法控制自己激动的情绪。对于莲太郎的崇拜和因搬家招致他人白眼的不安使他心情异常烦闷，他带着这种心情到农夫们忙着收割的田野去散步。本节形象地表现了丑松内心的痛苦以及他以充满伤感的眼神所观察到的景色。以诗人淡淡的感伤笔触出色地描绘北信地区的大自然正是《破戒》的一大特色。

②思はるる：为文语下二段动词“思はる”的连体形，以这一形式结句，表示一种“余韵”。

【作者简介】

島崎藤村（しまざきとうそん）（1872—1943）原名岛崎春树。毕业于明治学院，求学期间一度接受过基督教的洗礼，不久便放弃信仰，立志创作。深受北村透谷的影响，1893 年与透谷一起创办《文学界》杂志。1897 年出版日本最早的近代诗集《嫩菜集》，所收五十一首诗反映了青春忧郁的心境。创作小说后其创作手法由浪漫主义转向现实主义，亦具有当时流行的自然主义的特点。代表作有《春》《家》等。（作者介绍请参看《黎明前》）

10 哥儿/坊(ぼ)っちゃん

夏目漱石

【作品梗概】

主人公的绰号叫"哥儿",生性鲁莽,遇事总吃亏。双亲看到他头疼,哥哥与他的关系也不融洽,唯有女佣人阿清特别疼爱他,称赞他有"耿直的好气质"。父母去世后,他离开哥哥去物理学校学习。毕业后,又告别了阿清,去四国的一所中学任教。他给这所中学的教师起了绰号:校长—狐狸、副校长—红衬衫、数学教师堀田—豪猪、绘画教师吉川—帮闲、英语教师古贺—夹生瓜等。在这所乡村中学,主人公的一举一动都成了学生注意的目标,并在黑板上写上"油炸面拖""圆子"先生等恶作剧的词句。在教职工中,为人正直的"豪猪"和专搞阴谋诡计的"红衬衫"水火不容。刚刚工作涉世不深的单纯的主人公一开始不了解情况,轻信了"红衬衫"的谗言,误把"豪猪"当成坏人,两人差点儿绝交,后来发现"夹生瓜"在"红衬衫"的阴谋下调离学校一事,才发现了"豪猪"刚正不阿、热情助人的品格。他拒绝了"红衬衫"给他加工资的引诱,和"豪猪"成了好朋友。在一次战争祝捷会上,两人卷入了该校学生与师范学校学生的争斗,在"红衬衫"的授意下,次日报纸上竟说是"豪猪"和主人公策划的。校长因此迫使"豪猪"辞职。其实,像主人公和"豪猪"这样正直的人在这所学校是待不下去的。最后,主人公和"豪猪"截住去妓院狎妓的"红衬衫"和"帮闲",狠揍了他们一顿,然后愤然寄出辞职信,回东京去了。以后,他和阿清住在一起,令阿清十分高兴,她临终前说,今后希望能同"哥儿”埋在同一个寺庙之中。

【作品鉴赏】

中篇小说《哥儿》是日本近代文学作品中影响很大、读者众多的一部小说，发表在 1906 年 4 月的《杜鹃》杂志上。当时，这家杂志上正在连载作者的另一部长篇小说《我是猫》，据说，作者当时正患神经衰弱，心情郁闷，面对严酷的生活现实，作者是怀着抨击社会以泄心头之愤的心情将这部杰作一气呵成的。

作品中塑造了一个鲁莽、不够机灵、经常把事情弄糟却又十分正直、纯粹、可爱的青年形象，他信奉“为人正直”的处世原则，还带着一点大城市东京人的自傲。但是，社会上又偏偏有许多一切以个人利益为重、处处斤斤计较、损人利己的“聪明人”，所以他屡遭失败。作者用夸张的手法，深刻地揭露了当时靠正直寸步难行的社会现实。由于“红衬衫”的阴谋，“哥儿”最终还是失败了，但这些生活在黑暗年代的小人物却使那些阴谋家感到惶恐，尤其是最后狠揍“红衬衫”和用鸡蛋砸“帮闲”鼻子的情节使读者非常解恨、痛快。在这里，作者满腔热忱地赞扬和肯定了诚实、直爽的品格，使读者从疾恶如仇、有义侠式正义感的主人公身上受到鼓舞，进而对大千世界中的美与丑，对人生、人格等问题发起深思，因此，这部作品的寓意是深刻的。虽然也有人认为小说把“好人”和“坏人”分得太清，而且把四国一带的学生写成愚不可及的淘气鬼，因而使作品缺乏深度，但是，大多数人的感觉是，主人公身上反映的质朴和正义感能使少年读者树立人生的理想，能使成年读者追怀逝去的青春、摆脱人生的郁闷感到痛快，可以说这是本作品拥有大量读者的原因。另外，作品中关于主人公和阿清关系的描写也很成功，这两个带着旧时代主仆关系的人物之间充满着纯洁素朴的感情，读起来令人感到清新。本作品结构严谨、生动有趣，寓教益于诙谐幽默之中。主人公的东京话与四国地区方言并存，对人物个性起到了烘托作用，很有特色。井上百合子评价这部作品：“真可以说是一部描写日本人的日本式的小说。”

选文一[1]

親譲りの無鉄砲[2]で小供の時から損ばかりしている。小学校にいる時分学校の二階から飛び降りて一週間程腰を抜かした事がある。なぜそんな無闇をしたと聞く人があるかも知れぬ。別段深い理由でもない。新築の二階から首を出していたら、同級生の一人が冗談に、いくら威張っても、そこから飛び降りる事は出来まい。弱虫やーい[3]。と囃したからである。小使に負ぶさって帰って来た時、おやじが大きな眼をして二階ぐらいから飛び降りて腰を抜かす奴があるかと云ったから、この次は抜かさずに飛んで見せますと答えた。

親類のものから西洋製のナイフを貰って奇麗な刃を日に翳して、友達に見せていたら、一人が光る事は光るが切れそうもないと云った。切れぬ事があるか、何でも切ってみせると受け合った。そんなら君の指を切ってみろと注文したから、何だ指ぐらいこの通りだと右の手の親指の甲をはすに切り込んだ。幸ナイフが小さいのと、親指の骨が堅かったので、今だに親指が手に付いている。しかし創痕は死ぬまで消えぬ。

【选文注释】

①本段引自《哥儿》"一"开头，作者通过跳楼和削指两件事，把主人公耿直、犟憨的形象活脱脱地表现出来，笔法极其简练、生动，给人留有深刻的印象。

②親譲りの無鉄砲：天生做事鲁莽、不考虑后果的人。

③弱虫やーい：胆小鬼！

选文二[1]

おれが玉子をたたきつけているうち、山嵐と赤シャツはまだ談判最中である。

「芸者をつれて僕が宿屋へ泊ったと云う証拠がありますか」

「宵に貴様のなじみの芸者が角屋へはいったのを見て云う事だ。胡魔化せるものか」

「胡魔化す必要はない。僕は吉川君と二人で泊ったのである。芸者が宵にはいろうが、はいるまいが②、僕の知った事ではない」

「だまれ」と山嵐は拳骨を食わらした。赤シャツはよろよろしたが、「これは乱暴だ、狼藉である。理非を弁じないで腕力に訴えるのは無法だ」

「無法で沢山だ③」とまたぽかりと撲ぐる。「貴様のような奸物はなぐらなくっちゃ、答えないんだ」とぽかぽかなぐる。おれも同時に野だを散々に擲き据えた。仕舞いには二人とも杉の根方にうずくまって動けないのか、眼がちらちらするのか逃げようともしない。

「もう沢山か、沢山でなけりゃ、まだ撲ってやる」とぽかんぽかんと両人でなぐったら「もう沢山だ」と云った。野だに「貴様も沢山か」と聞いたら「無論沢山だ」と答えた。

「貴様等は奸物だから、こうやって天誅を加えるんだ。これに懲りて以来つつしむがいい。いくら言葉巧みに弁解が立っても正義は許さんぞ」と山嵐が云ったら両人共だまっていた。ことによると口をきくのが退儀なのかも知れない。

【选文注释】

①本段引自《哥儿》"十一"的结尾部分，是"豪猪"和主人公狠揍"红衬衫"和"帮闲"的场面。"豪猪"和主人公发现他俩嫖妓，便进行质问，道貌岸然的"红衬衫"百般抵赖，直到挨了揍以后才老实。这一令人解气的场面鲜明地表现了"豪猪"和主人公的凛然正气和"红衬衫"他们猥陋、可鄙的形象。

②…が…が：是惯用型，意为"也好……也好……"。通常上接"う、よう、まい"。

③沢山だ：形容动词，意为"足够""太多"。

【作者简介】

夏目漱石(1867—1916)原名夏目金之助。日本近代文学的巨匠。1893 年毕业于东京大学英文科。在旧制第一高等学校受到同学正冈子规的影响,一边担任英语教学工作,一边从事英国文学研究,后来又先后执教于松山中学和熊本五高。1900 年去英国留学,回国后任旧制第一高等学校和东京大学讲师。1905 年 1 月发表了《我是猫》第一章,颇受好评,以后又接连发表许多优秀的短篇。(作者介绍请参看《心》《明暗》)

11 向何处去/何処へ

正宗白鸟

【作品梗概】

主人公菅沼健次27岁，未婚，大学毕业后，做过一段时间的教员，现在在一家杂志社当记者，有时写写文学评论。他是个“不溺主义、不醉酒、不贪女色、不迷自我才智”的清醒的虚无主义者，对世上的一切都感到倦怠和孤独。挚友织田常吉为了一家的生计呕心沥血，消耗着自己的才智，对此，菅沼健次持一种轻蔑的批判态度。他一家五口，除父母外，还有两个妹妹。老朽官吏的父亲是有资格直接晋见幕府将军的旗本武士家出身，十分强调祖先的家世，注重光宗耀祖，健次作为长子，父亲对他寄予厚望。然而健次却不愿成为家庭的牺牲品，拒绝成婚，时时企图从家族的重负、家庭的束缚中摆脱出来。恩师桂田夫妇、朋友们对他的期待也成了他思想上的负担，他热衷追求的竟是“热血沸腾、荡气回肠”的强烈道德，但这种东西哪儿也不存在。织田的妹妹鹤子、小饭馆的雪子对他抱有好感，织田也想让他与自己妹妹成亲，而他却让诗人箕浦与她结合，自己抽身逃避。周围人对他的爱更使健次感到孤独，朋友们的好意成了他嘲笑的对象，对于人类的不信、对人生意义的怀疑，使之对人们日常平凡的生活深感嫌恶，却又无法满足自己虚无的精神生活。他始终在追求“新生命的发起”，追寻“向何处去”，却怎么也找不到可以激发热情的对象，觅不到前进的方向。以极其倦怠的状态想从根岸迁到可以看见房总半岛群山的月岛去居住，但回到家中，母亲和妹妹告诉他的一天中的大事却是猫和鱼。

【作品鉴赏】

本中篇小说1908年1月至4月在《早稻田文学》杂志上连载，同年10月由易风社出版单行本。主人公菅沼健次就是作者本人。作者25岁（1903）时作为《读卖新闻》的文艺记者，写过不少无情地抨击封建传统和权威的评论，对于明治社会中家庭的重压和封建家长制的权力以及整个社会环境中处处可见的封建的形式主义持完全否定的态度。只是在现实生活中，他又难以找到解决这些问题的办法，因而日益显现出一种怀疑和虚无的倾向。1904年，在他的处女作《寂寞》中作者已表现出这种作风。有人评论说，他的创作在明确表示自己的人生观的同时，“并不将其艺术化，而是以露骨的议论方式来表达”，这种写作方法与同时代的田山花袋和德田秋声的自然主义有所不同。因此，正宗白鸟的创作中几乎没有直接描写作者自身情况的。而让人感到意外的是，本作品主人公菅沼健次却赤裸裸地表现了作者的性格，这或许是田山花袋的《棉被》（1907）发表后好评如潮对白鸟产生影响的缘故。

本作品的主人公由于生活在封建的家族制度中，因而具有浓厚的虚无主义的人生观。他是一个不迷政治、宗教、恋情、女色的冷酷旁观者，看透了人的本质。他对于封建主义残渣余孽彻底否定，却又没有任何可以解决问题的现实方法，因而产生的怀疑和虚无成了主人公生活的基调。他是一种社会的随心所欲者，也是社会中可有可无的多余的人。这一点，成了日本谋求发展近代化进程中的一类知识分子的典型，完全能和二叶亭四迷小说《浮云》中的内海文三相比较，从而凸显出生活在闭塞的明治社会中的作者本人的形象。这一通过作家自身来表现明治社会知识分子苦恼的创作被认为是自然主义文学的代表作，确立了正宗白鸟作为自然主义作家的地位。

这部作品的结尾部分多少有点令人难以接受的感觉，据说那时作者在创作过程中失去了兴趣，因而硬是仓促结束。有趣的是，这个结尾反倒与自然主义文学“无理想无解决”的一贯表现吻合，因而受到好评。

选文[1]

彼は孤独の感に堪えぬ、淋しく心細くてならぬ。少年時代に自分より強い奴、背の高い奴にぶっ付かって喧嘩していた頃は、身体中に生命が満ちて、張合のある日を送っていたのだ。近松[2]や透谷[3]の作を読んで泣き、華々しいナポレオン[4]の生涯に胸を躍らせた時分は、星は優しい音楽を奏し、鳥は愛の歌でも読んでいたのだ。しかし不幸にも世が変わった。何が動機か幾つの歳にか、自分にも更に分からぬが、星も音楽を止め、鳥も歌を止め、先祖伝来の星冑も白金作りの太刀も、威光が失せて、自分には古道具屋の売り物と変わらなくなった。今から思うと、子供の折によく自分に喧嘩を吹きかけた隣の鉄蔵なんかが懐かしい。彼奴のお陰でどのくらい元気よく力んでいたことか。今の自分はどちらかと云えば愛されて日を送っている。箕浦[5]も織田も桂田も、いやそればかりじゃない、桂田夫人にも織田の妹にも桜木の雪にも愛せられてこそいれ、さして嫌われてはいない。何処にも鉄蔵がいないのだ。「愛せらるるは幸なり、愛する者も幸なり。」聖人だの詩人だのは勝手な定義を云ってやがる。少なくもおれにゃ適用できぬことだ。愛せられれば愛せられる程、自分には寂しくて力が抜けて孤独の感に堪えぬ。いっそのこと、四方から自分を憎んで攻めてくれば、少しは張合が出来て面白いが、撫でられて舐められて、そして生命のない生涯、それが何になろう。「迫害される者は幸なり。」っていう此奴は当たってる言葉だ。苦しめられようと泣かされようと、傷を受けて倒れようと、生命に満ちた生涯、自分はそれが欲しいのだ[6]。

健次は立上るのも物憂そうに、こう考えている中に、酒が醒めて夜風が冷くなった。彼は主義に酔えず、読書に酔えず、酒に酔えず、女に酔えず、己れの才智にも酔えぬ身を、独りで哀れに感じた。自分で自分の身が不憫になって、睫毛に一点の涙を堪えた。

静かな風が足元の落ち葉を吹きころがし、樹上よりも二片三片頭を掠めて飛ぶ。

巡査が横目で健次を見返りながら、悠然として歩いている。

健次は無意識にベンチを離れ、帽子を被り直して、暗闇の道を辿って新坂へ出た。

「結婚？」と、思わず口へ出したが、その瞬間口元に皮肉な笑いを洩らした。

「ノンセンス⑦！ 結婚して家庭を造る、開闢以来億万人の人間が為古したことだ、桂田の家庭、織田の家庭、家庭の実例はもう見飽いている。」と胸の底から答える。

【选文注释】

①本段引自作品“八”的末尾部分，道出了主人公性格形成的由来，对于现实的见解及其精神上的苦闷。

②近松：即近松门左卫门(1653—1724)，江户时代的净琉璃·歌舞伎狂言作家。一些描写社会生活的代表作写出了封建时代情义、金钱的矛盾，结局为悲剧殉情的作品深受日本读者欢迎。

③透谷：即北村透谷(1868—1894)，明治时代浪漫主义的文学评论家。

④ナポレオン：即拿破仑(1769—1821)，法国皇帝。

⑤箕浦も：均为作品中人物，箕浦是诗人；织田是健次的好朋友；桂田是恩师。

⑥主人公追求的是“热血沸腾、荡气回肠”的道德观，但并不存在。

⑦ノンセンス：没有意义；荒谬。

【作者简介】

正宗白鳥(1879—1962) 原名正宗忠夫。冈山县人。日本近代小说家、剧作家、评论家。大学时代接受基督教洗礼。1901年早稻田大学毕业后进入读卖新闻社写戏剧评论，《寂寞》《尘埃》和本作品发表后，确立了自然主义作家的地位。1910年起成为专业作家。其创作有别于其他日本自然主义作家，对一切现象持怀疑态度并具有强烈的批判精神，描绘出社会的倦怠和幻灭形态。其主要创作还有《微笑》《入江江畔》《毒妇般的女人》等。另有《逃离日本》《自然主义盛衰史》等评论。1950年获日本文化勋章。

12 乡村教师/田舎教師

田山花袋

【作品梗概】

林清三中学毕业后到埼玉县羽生的弥勒小学当代课教师。他眺望着平原尽头的远山，心里充满了哀愁。他的父亲足利原来是开绸缎店的富商，在清三7岁那年家境开始破落。小时候他有很多兄弟，可如今只剩下他孤身一人，因此，每每想到自己的贫穷和不幸，他心里就十分难受。

清三看到自己的同学到东京去升学，想到他们鹏程万里的将来，心中羡慕不已，可自己却因为家里穷，想去也去不了。他在日记里哀叹："哎，我这辈子就要当一名乡村教师了。他立志搞文学，并向同人杂志投稿。经邮电局工作的荻生秀之助的熟人——成愿寺住持的介绍，清三认识了诗人山形古城，诗人安慰并鼓励了他。以后，清三就寄宿在成愿寺中。到了暑假，清三深居简出，埋头创作，结果却令人大失所望，落到只能靠给朋友写信或写日记来聊以自慰的地步。

清三悄悄爱上了朋友的妹妹北川美穗子，当时她正在浦和女中学习，可是，清三中学时代的好友加藤郁治偏偏也爱上了美穗子，郁治考上高等师范学校后，清三只能眼看着他和美穗子的感情不断升温，自己却无能为力。过于平淡的乡村生活使清三感到疲倦，绝望和孤独使清三开始沉沦。他的兴趣从文学到音乐，从音乐到植物采集，渐渐地失去了光彩。他常去酒馆和妓院，把妓女静枝幻想成美穗子去追求，还把"无言、沉默、实行"当作座右铭，决意听凭命运的安排。

他每月的工资微薄，终于落到负债累累的境地，又染上了结核病，身体一天比一天衰弱。最后，他躺在病床上，听到日俄战争中日军攻占了辽阳的消息后，默默地把战死者和在绝望的病床上苟延残喘的自己做比较。就在人们庆祝战胜的祝捷会进行之时，清三死了。

【作品鉴赏】

长篇小说《乡村教师》是1909年出版的。作者到埼玉县羽生福建寺当住持的表兄太田玉名（小说中的山形古城）处去时，看到曾在这个寺庙中寄宿的小林秀三（小说中的林清三）留下的日记，读后很激动。以后，作者又多次进行实地调查，体验生活，并经过长时间的构思才写成。

当时，日本在日俄战争中取得了胜利，正处在国家兴盛、资本主义垄断经济发展的时期。然而，一些中小商人却受到种种压迫，遭到破产的厄运。本作品客观、真实地描写了这一时代背景下一个破产商人家庭出身的青年教师由于贫困、孤独而死去的悲剧。通过这一悲剧，作者把日本资本主义的飞跃及国家主义的发展和受到压抑的个人生活及穷困潦倒的青年人的命运做了鲜明的对比，因此，小说一出版就受到好评。人们说它"以忠实和生动的描写，逼真地写出了鲜活的人生"。在日本北关东平原美丽的自然景色的衬托下，一个踌躇满志的青年因贫困而失意、失恋、沉沦，最后凄凉死去的悲惨故事曾感动过不少日本读者，这是因为作者用了平易、印象的手法进行描写，使作品具有一种单纯和朴素的美。尽管清三这个人物形象显得很软弱，似乎还有点过于多愁善感——这是小说的不足之处，也是当代日本青年颇不以为然的，但是，本作品仍然不失为近代日本文学作品中一部富有现实意义的名作。值得一提的是，作者本人也很贫穷，踏入文坛后一度在坎坷的道路上挣扎前行，所以，清三身上有着作者本人的身影，作品中不少情节正是作者本人体验的再现。评论家小田切进说，这是"主人公和作者的同化"，对作品的真实性给予了较高的评价。

选文[1]

全都国旗をもって埋まるという記事があった。人民の万歳の声が宮城の奥まで聞こえたということが書いてあった。夜は提灯行列が日比谷公園から上野公園まで[2]続いて、桜田門付近馬場先門付近はほとんど人で埋めらるるくらいであったという。京橋日本橋の大通りには、数万燭の電燈が昼のように輝きわたって、花電車[3]が通るたびに万歳の声が終夜聞こえたという。

清三はもう十分に起き上がることができなかった。容体は日一日に悪くなった。昨日は便所からはうようにしてかろうじて床にはいった。でも、その枕もとには、国民新聞と東京朝日新聞とが置かれてあって、やせこけて骨立った手が時々それを取り上げて見る。

遼陽の占領が始めて知れた時、かれは限りない喜びを顔に湛えて、

「母さん！ 遼陽が取れた！」

とさもさもうれしそうに言った。

それからいろいろな話を母親にしてきかせた。二千何人という死傷者の話をもしてきかせた。戦争の話をする時は、病気などは忘れたようであった。蒼白いやせた顔にもほのかに血が上った。医師が来て、新聞などは読まないほうがいいと言った。病人自身にしても、細かい活字を辿るのはずいぶん難儀であった。手に取っても五分と持っていられない。疲れてじきそばに置いてしまった。時には半分読みかけた頁を、鬚の生えたやせた顔の上に落として、しばらくじっとしていることなどもある。

(略)

屍となって野に横たわる苦痛、その身になったら、名誉でもなんでもないだろう。父母が恋しいだろう。祖国が恋しいだろう。故郷が恋しいだろう。しかしそれらの人たちも私よりは幸福だ——こうして希望もなしに病の床に横たわっているよりは…。こう思って、清三ははるかに満州のさびしい平野に横た

わった同胞(どうほう)を思(おも)った[④]。

【选文注释】

①本段引自《乡村教师》第六十一章，叙述主人公林清三在病危时刻听日俄战争中日军攻占辽阳的消息时的心情。由于日本和沙俄帝国的这场战争旷日持久，许多日本人卷入了战争，所以当辽阳战斗打响时，日本国民普遍十分关心战况，连病入膏肓的清三也不例外。他一面为战争胜利而高兴，一面又可怜那些陈尸疆场的同胞，可是他更可怜的是自己。迅速走向军国主义的日本帝国的穷兵黩武和贫病交加、在死亡线上挣扎的青年的命运在这里形成鲜明对比，从而生动地体现了本作品的现实主义意义。

②日比谷公園から上野公園まで：日比谷公园是位于东京市中心千代田区的一个西式公园，有日比谷公会堂和露天音乐堂等设施。1903 年开园前是练兵场，明治、大正时代民众常在这儿举行各种集会。上野公园位于东京台东区。

③花電車：即用电车做的花车。

④清三此时进入昏迷状态，一小时后，他就死了。

【作者简介】

田山花袋(たやまかたい)(1872—1930)原名田山录弥。日本自然主义小说家。15 岁时随全家一起迁到东京，曾学过桂圆派和歌，后又拜尾崎红叶为师发表小说习作。早期作品平板单调、技巧拙劣、词汇贫乏。后又当编辑、随军记者等，此间认真研究了福楼拜、莫泊桑、龚古尔等人的作品。1904 年受左拉影响发表评论《露骨的描写》，提倡自然主义文学，开始引起文坛注目，成为该文学流派的代表作家。主要作品还有《棉被》和三部曲作品《生》《妻》《缘》等。

13 土地/土（つち）

长冢节

【作品梗概】

主人公勘次是家住鬼怒川的贫穷雇农，他和妻子阿品的养父——曾经是自耕农的卯平关系一直不好。勘次干活很卖力，但仍然很穷，只能把租来的土地上的农活交给妻子阿品，自己去利根川的工厂打短工挣些钱来贴补生活。为了生活，年方十五的女儿阿继也外出给人当佣工，卯平则在野田酱油店仓库值夜班。妻子阿品怀孕后因为无知，用茄科植物酸浆根堕胎，不幸害破伤风突然去世。母亲死后，女儿阿继挑起家庭生活重担，她拼命干活，照看弟弟与吉，给父亲很大的帮助。女儿渐渐长大成人，十分温柔可爱，引得村里的青年们爱慕不已。勘次非常疼爱自己的掌上明珠，不让任何人靠近她。

由于生活所迫，勘次不时从别人地里偷点东西，竟养成盗癖。有一次因此发生纠纷，多亏东首邻居调解才算平息事态。卯平与勘次的关系越闹越僵，他带着外孙与吉住进一间小破屋，阿继只得既用心照顾外公又处处体贴父亲。

初冬的一天，勘次和阿继去杂树林中垦荒。年逾古稀、手脚不便的卯平和与吉在灶前用枯叶烧开水，不慎引起火灾，大火无情地将邻居家也一起烧了，卯平烧伤严重，与吉的头部亦被灼伤。卯平想一个人承担责任，在一个大雪天的夜晚打算悬梁自尽。目睹这一切，勘次对养父开始改变了看法，对以往卑劣的行为有所悔悟。在阿继的精心照料下，卯平脱离了危险，一家人终于迎来了和睦共处的一天。

【作品鉴赏】

作者唯一的长篇小说《土地》，经夏目漱石推荐，于 1909 年 6 月至 11 月在《东京朝日新闻》上连载。据说，当时作者还是无名的新作家，原先预定连载四十回，但是因为作品节奏较慢，加上作品中有大量的田园风景描写，所以一直连载到一百五十一回才告终结。刊到六十回时，报社内外都有要作者停止续写的呼声，但是报社主笔池边三山认为应该让作者按自己的思路写下去。连载完毕后，春阳堂于 1912 年出版了单行本，夏目漱石为单行本作了序。

本作品没有什么精彩的情节，它只是用现实主义的手法，极其精细地描写了贫苦农民的不幸生活以及与他们生活密切相关的自然风俗、季节变化和各种节日。就像书名“土地”所象征的含义那样，农民们“在土地强大的牵引力”控制下，肩负着“与土地风雨同舟的命运”，不得不按自然的命令忍受贫穷的生活。应该说整个作品的气氛是很压抑、痛苦的，然而，却又处处体现出农民质朴、温厚的仁爱。在人物塑造方面，主人公勘次的形象写得比较饱满，既写了他贪欲、狡猾、自私等缺陷，又写了他对妻子女儿的爱，最后他在感受到周围人们的温情后还有了悔悟；卯平表面上冷若冰霜，心地却很善良；而阿继的淳朴和纯真更是给一家人阴郁的生活平添了许多生气，这些人物都写得有声有色，给人以深刻的印象。

最初，小说家森田草平约作者创作此书时，作者感到力不从心未能答应，后来，在森田的恳求下才应允下来。作者以认真严谨的创作态度去家乡进行实地调查和采访，把那里的雇农当作创作原型，在白描写生上下了很大的功夫。当时，日本文坛正好是自然主义文学盛行的时候，作者用现实主义的手法如实描绘人生不幸，确实与自然主义文学有相同之处，但是不同的是作者并没有采取自然主义文学随意、冷漠地暴露表面现象的态度，而是怀着深切的爱和同情心深入地描写了贫苦农民的物质生活和精神世界。正像夏目漱石在序文中所说，这部作品细致入微地直叙了“诞生在土地之上又与土地共同成长的如同蛆虫一般可怜的农民生活”，具有艺术感染力。本作品虽然发表当初反应不佳，但是随着时间的推移，越来越多的人认识到它真正的价值，以后，本作品获得了日本农民文学的先驱之作和最高杰作的定评。

选文[1]

お品は自分の手で自分の身を殺したのである。お品は十九の暮におつぎを産んでから、其次の年にも亦妊娠した。其の時は彼等は窮迫の極度に達して居たので其の胎児は死んだお袋の手で七月目に堕胎して畢った。それはまだ秋の暑い頃であった。強健なお品は四五日経つと林の中で草刈をして居た。それでも無理をした爲に其後大煩いはなかったが恢復するまでには暫くぶらぶらして居た。それからというものはどういふものかお品は妊娠しなかった。おつぎが十三の時與吉が生まれた。此の時は勘次もお品も腹の子を大切にした。女の子が十三というともう役に立つので、與吉を育てながら夫婦は十分に働くことが出来た。與吉が三つになったのでおつぎは他へ奉公に出すことに夫婦の間には決定された。其の頃十五の女の子では一年の給料は精々十円位のものであった。それでもそれ丈の收入の外に食料の減ずることが貧乏な世帯には非常な影響なのである。それが稲の穂首の垂れる頃からお品は思案の首を傾げるようになった。身体の容子が変に成ったことを心付いたからである。十年余も保たなかった腹は與吉が止ってから癖が附いたものと見えて[2]又妊娠したのである。お品も勘次もそれには當惑した。おつぎを奉公[3]に出して畢えば、二人の子を抱いてお品は從來のように働くことが出来ない、僅な稼でもそれが停止されることは彼等の生活の爲には非常な打撃でなければならぬ。其の内に稲を刈ったり、籾を干したり忙しい收穫の季節が来て、冴えた空の下に夫婦は毎日埃を浴びて居た。有繫に罪なような心持もするので夫婦は只困って其の日を過して居た。それも夜に成って疲れた身体を横にし甘睡に陥るまでの少時間彼等は互に決し難い思案を交換するのであった。從來も夫婦の間は孰れが本位であるか④分らぬ程勘次には決断の力が欠乏して居た。

【选文注释】

①本节引自《土地》第五章的开头部分。在丈夫勘次外出打短工时，妻子阿品堕胎失败死亡，这是在丧事办完之后对阿品生平的一段回顾，它浓缩了贫农之妻阿品苦难的一生。《土地》第一章至第四章细致地描写了阿品发病到死亡的过程，在这之后再做这一叙述，使文章显得更加完整、生动。文中看不到堆砌的华丽辞藻，作者用的是现实主义的朴素无华的白描手法。

②十年余も…と見えて：这句话意为：十多年未怀孕的阿品自从怀了与吉之后好像又变得易于受孕了。

③奉公：佣人、佣工。

④孰れが本位であるか：勘次遇事缺少决断力，所以他们家以往作出的决定搞不清是丈夫还是妻子决断的。

【作者简介】

長塚節(1879—1915)出身于茨城县一土豪家庭。因病在中学求学时辍学，后成为正冈子规的门生，学习写作短歌和写生文。子规逝世后，他和伊藤左千夫一起成为当时最引人注目的和歌新秀。新创作的美丽的和歌集《羁旅杂咏》和《忆乘鞍岳》显示了其和歌大家的风格。1907年起开始对创作小说、写生文感兴趣起来，发表过《烧炭的姑娘》《挖芋》《太十和他的狗》等优秀的短篇小说。1901年诊断得了喉头结核病之后再次潜心于和歌创作。1914年发表优秀和歌诗231首。1915年病逝，年仅36岁。

14 文身/刺青（しせい）

谷崎润一郎

【作品梗概】

故事发生在江户时代末期，那时人们以“愚昧”为贵德，认为美是强者，丑为弱者。年轻的文身师清吉技术了得，其作品因“奇异的构图和妖艳的线条”而闻名，在文身会得到众多好评。原先清吉只是一位浮士绘画工，当了文身师后，画匠的意识和敏锐性依存，他要求文身对象的皮肤和骨骼必须令其满意，此外构图和价格均由他说了算，此外被文身者还得忍受一两个月的皮肉之苦。

清吉的内心潜藏着无人知晓的快乐和夙愿。每当他给别人文身时，皮肉渗出殷红的鲜血并肿胀起来，大部分男子都会难以忍受剧痛而发出呻吟，这种呻吟越响，清吉越能感受到一种不可思议的愉悦。他多年的夙愿是要找到一名肤色光洁的美女，在她身上文入“自己的灵魂”，却总也找不到这样的对象。

第五年的春天，清吉迎来了去年夏天在门帘处看到双脚的女子，给她看了封王的宠妃末喜高兴地观看残忍行刑的怪画，画名为“肥料”。画中末喜头戴琉璃珊瑚的镶嵌金冠，将年轻的肉体倚在樱树树干上，绫罗绸缎的衣服下摆翻卷在阶梯上，右手持大杯喝着酒，注视着庭前将被行刑的男子。他垂着头，四肢被铁链缚在铜柱上，等待着最后的命运，边上还有男人们的累累死尸。女子看后两眼渐渐发亮，嘴唇也颤抖起来，仿佛找到了真正的“自我”。

清吉用麻醉药使她入睡，在她洁净的背上刺上了一个巨大的女郎蜘蛛。次日早晨，为上颜色而入浴的姑娘实在忍受不了剧痛而在铺地板的浴室里扭动身子折腾，但是，此时的她已经有了一身的豪侠气概。从浴室整装出现在清吉面前的姑娘与昨日完全不同，眼睛发射出锐利的目光对清吉说："你最先成了我的肥料"。清吉请她再让自己看看文身，姑娘默默点头，宽衣裸身，此时，正值朝阳射入房内，文身沐浴着阳光，"女子背上一片灿烂"。

【作品鉴赏】

短篇小说《文身》1910 年 10 月发表在第二次《新思潮》杂志上，1912 年收录由柳山书店出版的同名作家的短篇小说集《文身》中。

作者在 1910 至 1911 年间，连续在《新思潮》《昴星》《中央公论》等杂志上发表了《文身》《麒麟》《少年》《帮闲》《秘密》等作品，闪亮登上文坛，一跃成为文坛的宠儿。作为谷崎文学的起步，这一篇成名作决定了他日后一生创作的特性，在文学史上显得格外重要。当时，正值日本自然主义文学的全盛时期，对自然主义作家那种自传性的阴郁风格不满的唯美派文艺家结成了"面包会"，把大川端喻作"塞纳河"，尽情地享受江户情调、异国情趣交织在一起的奇妙氛围。"春天的夜晚，下行上溯的河船橹声迎来天明，鼓着晨风下行船的白色帆顶部在晨曦中显露，中州、箱崎、灵岸岛的家家户户的屋顶瓦在朝霞中闪烁时，清吉终于搁下画笔，久久注视着文在姑娘背上的蜘蛛的形态。这一文身是他生命的全部，完成这件事后，他的心是空虚的。"这一节的描写是当时时代思潮的真实写照，春风骀荡的大江户情调与艺术家的心灵痛楚糅合在一起。正因为如此，当这种情调和唯美主义、艺术至上主义特色明显、浓墨重彩的小说一出现，就引起日本文坛的巨大反响。作者最尊敬的永井荷风在《三田文学》杂志上发表《谷崎润一郎氏的作品》一文，盛赞他是"迄今为止的明治现代文坛上无人能做或不愿去做的一个艺术领域开拓的成功者"，"完全具备现代作家们谁也不具备的特殊素质和技能"，从他的创作中看到"产生于肉体恐怖的神秘幽谷"和"来自肉体残忍相反可体味的深切快感"。这一评价亦可理解为对谷崎文学的整体评价。

本作品的主题在一开头处出现的“一切以美为强、以丑为弱”的命题中已出现，就是对美的赞赏和景仰，由衷地表现了作者对于美的强烈憧憬。通过一位矫情傲慢的女子因被文身而清晰地感知潜藏在心灵深处的女性的生命力，来表现面对成为施虐狂牺牲品而感到无上喜悦的女性的受虐心态，然后吸取了男性热情的女子变身为“真正的美女”，祛除了“胆怯”，主动接受了罪恶和不道德。作品把施虐、被虐和物恋等内容文学化，对此做了新的尝试。作者还通过文身师清吉，对艺术家的创作热情及喜悦悲哀做了最大可能的直接、正确的描述。

本作品在表现官能及性解放方面与着意反抗封建旧道德的自然主义有共同之处，但在追求绚丽多彩的人工美的世界，追求纯都市情结方面独具匠心，与自然主义迥异，文风既简洁有力，又华丽豪奢且富有装饰性，被永井荷风称为“完美”。对于谷崎文学，历来有不少看法和研究。伊藤整就十分重视谷崎创作的意义，把《文身》称为“艺术思想的宣言”，认为作者是“新的天才”，日本文坛因此出现了“革命性的艺术论”，是日本近代文学划时代的作品。

选文[1]

「己はお前をほんとうの美しい女にする為めに、刺青の中へ己の魂をうち込んだのだ、もう今からは日本国中に、お前に優る女は居ない。お前はもう今迄のような臆病な心は持って居ないのだ。男と云う男は、皆なお前の肥料になるのだ。…」

其の言葉が通じたか、かすかに、糸のような呻き声が女の唇にのぼった。娘は次第々々に知覚を恢復して来た[2]。重く引き入れては、重く引き出す肩息に、蜘蛛の肢は生けるが如く蠕動した[3]。

「苦しかろう。体を蜘蛛が抱きしめて居るのだから」

こう云われて娘は細く無意味な眼を開いた。其の瞳は夕月の光を増すように、だんだんと輝いて男の顔に照った。

「親方、早く私に背の刺青を見せておくれ、お前さんの命を貰った代りに、私は嘸美しくなったろうねえ」

娘の言葉は夢のようであったが、しかし其の調子には何処か鋭い力がこもって居た。

「まあ、これから湯殿へ行って色上げをするのだ。苦しかろうがちッと我慢をしな」

と、清吉は耳元へ口を寄せて、労わるように囁いた。

「美しくさえなるのなら、どんなにでも辛抱して見せましょうよ」④

と、娘は身内の痛みを抑えて、強いて微笑んだ。

「ああ、湯が滲みて苦しいこと。…親方、後生だから私を打っ捨って、二階へ行って待っていてお呉れ、私はこんな悲惨な態を男に見られるのが口惜しいから」

娘は湯上りの体を拭いもあえず、いたわる清吉の手をつきのけて、激しい苦痛に流しの板の間へ身を投げたまま、魘される如くに呻いた。…

【选文注释】

①本段引自作品接近结尾部,反映姑娘在巨大的痛苦中对美的觉醒,集中体现了作者的美意识,而且,这一主题贯穿了谷崎文学的一生。“己はお前を…肥料になるのだ”是文身师清吉的话,在中意的美女身上文上理想图案的喜悦使他处在恍惚之中。

②文身前,清吉对姑娘用了麻醉药。

③清吉在姑娘身上文了美丽、奇怪的女郎蜘蛛。

④此句反映姑娘对于邪恶美的觉醒。

【作者简介】

谷崎潤一郎(1886—1965)作为唯美派的作家,谷崎在文学上追求强烈的刺激、自我虐待的变态快感或病态性的官能享乐,甚至通过对罪恶的赞美来求得一种价值颠倒的快乐,有相当成分的颓废,弃理性与社会的约束于不顾。创作中缺少文明批评的精神，却又较少虚无性，对人生持积极、肯定的态度。以"艺术第一、生活第二"为理想。（作者介绍请参看《春琴传》《细雪》）

温馨提示：本作品提供日文版 PDF 电子书。

关注"华东理工大学出版社"官方微信，发送"ryxs"免费获取本作品电子书。

15 雁/雁

森鸥外

【作品梗概】

主人公阿玉的家庭虽然很贫穷，可是她一直在父亲的厚爱下长大。一个来调查户籍的巡警欺骗了纯洁的阿玉，娶她为妻。当阿玉知道巡警在家乡已有妻室时气得自杀未遂。后来，阿玉为了父亲的幸福，又答应嫁给末造。末造原来是大学的勤杂工，他用积攒的钱放高利贷发了财，看到阿玉后爱慕她的美貌便娶她为妾，让阿玉住在大学后面无缘坂的妾宅中。阿玉的父亲也因此在池端有了一个住处。阿玉对末造的妻室和职业一无所知，平时末造不在时，只有她和佣人住在一起。阿玉得知末造的职业后，才知道自己再次受了欺骗。人们骂她是高利贷者的小老婆，她只能默默地忍受这种侮辱。以后，末造的妻子也隐约察觉到丈夫纳妾的秘密，不时对末造盘问，末造总是狡猾地进行欺瞒。夫妻之间的不和与争吵使末造更加宠爱阿玉，然而，他不曾想到，阿玉在孤独的生活中逐渐开始自我觉醒了。

医科大学生冈田是个美男子，生活态度严肃且有规律，每天傍晚有散步的习惯，总要从阿玉门前经过。阿玉被年轻英俊的冈田深深地吸引。冈田也对阿玉有了好感。在枯燥单调的生活中等候冈田从门前经过成了阿玉的乐趣。有一天，一条青蛇袭击了阿玉家的笼中红雀，正好散步经过她家门口的冈田帮她打死了蛇，以此为契机，两人开始有了交谈，阿玉心中对冈田的思慕之情与日俱增。有一天，她趁末造去千叶不在家的空当，下决心邀冈田进门。然而，这一天冈田并非单独一人，而是和朋友一起散步而至，使阿玉痛失了仅有的、也是最后的与意中人单独相处的良机，因为学校突然决定冈田去德国留学，这一天是他在本乡民宿居住的最后一天。阿玉只能久久凝视着心爱的冈田，她的美好幻想被无情地化为泡影。这一天下午，冈田和朋友在不忍池畔向湖里投石子玩，不料冈田投出的石子正好击中一只大雁，这只不幸死去的大雁象征着禁锢在妾宅之中的阿玉的命运。

【作品鉴赏】

《雁》于1911年至1913年在文学杂志《昴星》上连载，1915年由粗山书店出版单行本。作品问世后，多次被改编成戏剧、电影和电视剧，是森鸥外作品中读者最多的一部名作，也是作者完成的现代题材作品中唯一的一部长篇小说。作品通过冈田的朋友“我”，用回忆的方式写成，它描写了在人生道路上好不容易自我觉醒了的主人公阿玉枉受挫折的过程，反映了生活在明治10年代(1880年前后)的日本女性的哀伤和她们所遭受到的时代的挫折。阿玉是个只能任凭命运摆布的善良的妇女，作者把阿玉从一个纯洁、不谙世事的姑娘到逐渐染上妾根性的青年妇女，进而又意识到人类最可贵的真情，认识到自身的价值并悄悄爱着冈田直到最后梦想破灭的整个变化过程中的微妙的心理状况写得细致入微、生动飞扬。此外，中年男子末造的形象塑造也很成功，他从一个大学勤杂工成为暴发户以及对妻妾不同的心理描写显得颇有色彩。其他一些出场人物也都写得恰到好处。

本作品有不少情节都是偶然发生的：末造买红雀、冈田散步路经无缘坂、阿玉决定趁末造不在家时向冈田吐露心声时冈田和朋友在一起以及冈田无意投出的石块正好击死大雁等全是偶发事件，但正是这些偶然的重合，使得阿玉觉醒并在心中萌发了真正的爱情，同样又使她的美好幻想破灭，一种必然性存在于这些偶然性之中。这种写法富有浪漫色彩，与自然主义平板单调的记叙式写作方法大相径庭，形成了强烈的对照。这部小说首尾一致，结构完整，有较强的论理性，作者把科学的观察和精湛的艺术巧妙地结合起来，这在日本近代小说中是不多见的。

选文①

そしてその頭の中には、極めて楽観的な写象が往来している。一体女は何事によらず決心するまでには気の毒な程迷って、とつおいつするくせに、既に決心したとなると、男のように左顧右眄しないで、oeillères②を装われた馬のように、向うばかり見て猛進するものである。思慮のある男には疑懼を懐かしむる③程の障害物が前途に横わっていても、女はそれを屑ともしない。それでどうかすると男のあえてせぬことをあえてして、おもいのほかに成功することもある。お玉は岡田に接近しようとするのに、若し第三者がいて観察したら、もどかしさに堪えまいと思われる程、逡巡していたが、けさ末造が千葉へ立つと云って暇乞に来てから、追手を帆に孕ませた④舟のように、志す岸に向って走る気になった。それで梅をせき立てて、親許に返してやったのである。邪魔になる末造は千葉へ往って泊る。女中の梅も親の家に帰って泊る。これからあすの朝までは、誰にも掣肘せられることの無い身の上だと感ずるのが、お玉のためにはまず愉快でたまらない。そしてこうとんとん拍子に事が運んで行くのが、終局の目的の容易に達せられる前兆でなくてはならぬように思われる。きょうに限って岡田さんが内の前をお通なさらぬことは決して無い。往反に二度お通なさる日もあるのだから、どうかして一度逢われずにしまうにしても、二度共見のがすようなことは無い。きょうはどんな犠牲を払っても物を言い掛けずには置かない。思い切って物を言い掛けるからは、あの方の足が留められぬ筈が無い。わたしは卑しい妾に身を堕している。しかも高利貸の妾になっている。だけれど生娘でいた時より美しくはなっても、醜くはなっていない。その上どうしたのが男に気に入ると云うことは、不為合な目に逢ったもっけの幸⑤に、次第に分かって来ているのである。して見れば、まさか岡田さんに一も二もなく厭な女だと思われることはあるまい。いや。そんな事は確かに無い。若し厭な女だと思っておいでなら、顔を見合せる度に礼をしてくださる筈が無い。いつか蛇を殺してくださったのだってそうだ。あれがどこの内の出来事でも、きっと手を藉してくださったのだと云うわけではあるまい。若しわたしの内でなかったら、知らぬ顔をして通り過ぎておしまいなすったかも知れない。それにこっちでこれだけ思っているのだから、皆までとはゆかぬにしても、この心が幾らか向うに通っていないことはない筈だ。なに。案じるよりは生むが易い⑥かも知れない。こんな事を思い続けているうちに、小桶の湯がすっかり冷えてしまったのを、お玉はつめたいとも思わずにいた。

【选文注释】

①本节引自《雁》"二十一"后半部。自从冈田打死蛇后首次和阿玉说了话，她心中总是思念着冈田。阿玉厌恶做妾的生活，下决心勇敢地去追求应该属于自己的真正爱情。她终于等到了末造去千叶，女佣人阿梅回娘家的机会。本节精细地描写了阿玉下定请冈田进屋交谈的决心以后的心理活动，这是她编织的一个美丽的梦。

②oeillères：法语，驭马的蒙眼布。

③懐かしむる：使……抱有……。"しむる"是文语中表示使役的助动词"しむ"的连体形，上接动词未然形。

④追手を帆に孕ませた："追手"意为"顺风"，比喻不能错过已经到来的久盼的好时机，加以利用。

⑤不為合な目に逢ったもっけの幸：不幸中的侥幸。

⑥案じるよりは生むが易い：一开始没把握颇为担心的事一旦做起来会比想象的容易办到。阿玉留下冈田后再做些什么，此刻她无法想象。她把冈田看成唯一能把自己从目前的境遇中解救出去的"可以依靠的人"，所以打算不惜牺牲一切去冒一下险。虽然阿玉对这样做还有所担心，而且这只是她一厢情愿的憧憬，但是，她毕竟为了改变自己的命运而在试图采取一个小小的行动了。

【作者简介】

森鷗外（もりおうがい）（1862—1922）作者从德国留学归来，发表了近代浪漫主义的先驱之作《舞姬》之后，又在《栅草纸》《醒草》等杂志上，发表了许多文学、美学、戏剧方面的文章及译作，为开创“近代”日本进行了卓有成效的启蒙活动。以后，又担任过陆军军医总监、医务局长等官职，直到 1916 年才辞去官职。1909 年作者重返文坛，发表了《VITASEXUALIS》《青年》之后，又创作了《雁》。与作者关系亲密并深受其影响的日本近代作家有木下杢太郎和永井荷风。（作者介绍请参看《舞姬》《涩江抽斋》）

16 心/心（こころ）

夏目漱石

【作品梗概】

本作品由上“先生和我”、中“双亲和我”和下“先生和遗书”三部组成。

“我”是一个学生，暑假去镰仓时偶然在海边认识了先生。当时，先生和一个西方白人在一起，“我”出于好奇一直注视着他们。在以后几天的游泳中，“我”和先生有了交情。回到东京后，“我”去先生家造访，夫人告诉我，先生到杂司谷墓地去了，每个月的这一天，他有去墓地的习惯。以后，“我”常去先生家。从表面上看，先生夫妇的关系很好，他们一起看戏，听音乐会，有时还去箱根、日光旅行一周，我甚至以为他们俩的婚姻一定充满着不少浪漫的情趣。可是，先生却明确地告诉“我”：“恋爱‘是罪恶，你可得小心呀’。”“我”询问其意，先生反问道：“你知道我为什么每个月要到杂司谷朋友的墓地去吗？”有一次，“我”和夫人在一起时，她告诉我，先生现在变得越来越讨厌见人、讨厌开会，他既厌弃社会、厌弃他人，也厌弃自己的妻子。（上）

父亲生病，“我”回乡探亲，待父亲病好转后“我”回校撰写毕业论文。这时，先生劝我趁早分好家财，因为亲戚、兄弟再好，在某种情况下，顷刻之间也可能变成恶人。“我”毕业后回到家乡，父母亲喜出望外，准备请客，“我”却讨厌这些旧俗，正好这时传来了明治天皇驾崩的消息，请客也就因此作罢。“我”写信给先生请他帮忙找工作，就在“我”打算去东京时，父亲病危，同时，先生也打来让“我”速去东京的电报,"我"回电说明现在不能去的理由后,收到了先生寄来的一叠厚厚的遗书。"我"赶紧跳上了开往东京的列车,在三等车厢里从头至尾地读了先生的遗书。(中)

先生的父母早逝,由叔父照料生活。可是,当先生得知自己最信赖的叔父侵吞了父母的财产后,开始不相信除自己之外的所有人。他来到东京借住民宿,房东太太是一寡妇,有一位美貌的女儿,先生深深地爱上了她。为了帮助经济困难的朋友K,先生让他和自己住在一起。谁知K也爱上了房东小姐,并向她求爱,这使先生十分狼狈,他决定甩掉K,把小姐夺到手。先生成功了,听到先生和小姐订婚的消息,K自杀而亡。先生毕业后结了婚,但是K的幻影一直留在心里折磨着他,他感到自己的所作所为比叔父的行为有过之而无不及,开始厌弃这样的自己,这种罪恶的意识使先生日益孤独绝望,最后,他决定以自杀的方式来摆脱这一痛苦。(下)

【作品鉴赏】

中篇小说《心》1914年4月至8月连载于《朝日新闻》,十月,由岩波书店出版单行本,初版的版面、扉页以及书内装帧全都由作者自己设计。

作品的上部和中部通过一个敬慕先生的青年的观察进行叙述,而下部则是以遗书的形式由先生自述。作者门下曾经聚有不少出众的学生,小说中"我"这个青年和先生的关系使人不难想到许多踏着鲜花下的小道集于作者门下的年轻人与作者的关系,这是本作品充满朝气,长期受到青年读者喜爱,并使他们深受启迪的一个重要原因。从作品的构思上看,上、中两部不仅起着引出下部主题的作用,而且还可以成为反映师生关系和亲子关系的独立短篇,表现了受到长一辈厚爱和教益的新一代人的面貌。可以说,先生是明治时代知识分子的代表,而"我"则是大正时代新一代青年知识分子的代表。

《心》详细地描写了主人公先生为了赎罪而自寻死路的过程。主人公先生所信赖的叔父夺走了他家的财产,使先生不再相信任何人,这时,支撑着主人公心灵的是自己不与周围不良风气同流合污的纯洁和正义。然而，到了关键时刻，自己竟然也会变得像自己不信任的人一样卑劣、一样丑恶。一旦自己不再相信自己的时候，道义和生活就无法统一，于是，主人公滋长了异常孤独和绝望的情感。正因为主人公明白自己卑劣的行为是一种罪恶，所以他才选择了自杀赎罪的道路，他要否定利己主义，要毁灭利己的自身，这一点只有通过死才能实现。这里，充分体现了作者的伦理观。作者在此之前发表的《行人》一作中塑造了一个“自己永远正确，他人总是不对”的人物，而在《心》里却写了一个对人生不抱希望，敢于用锐利的目光去解剖自己、剖析明治时代知识分子深层心理的先生，从而体现了作者晚年创作中的一大特点。

选文[1]

「…その時分の私は妻に対して己を飾る気はまるでなかったのです。もし私が亡友に対すると同じような善良な心で、妻の前に懺悔の言葉を並べたなら、妻は嬉し涙をこぼしても私の罪を許してくれたに違いないのです。それをあえてしない私に利害の打算があるはずはありません。私はただ妻の記憶に暗黒な一点を印するに忍びなかったから打ち明けなかったのです。純白なものに一雫の印気でも容赦なく振り掛けるのは、私にとって大変な苦痛だったのだ[2]と解釈して下さい。

一年経ってもKを忘れる事のできなかった私の心は常に不安でした。私はこの不安を駆逐するために書物に溺れようと力めました。私は猛烈な勢をもって勉強し始めたのです。そうしてその結果を世の中に公にする日の来るのを待ちました。けれども無理に目的を拵えて、無理にその目的の達せられる日を待つのは嘘ですから不愉快です。私はどうしても書物のなかに心を埋めていられなくなりました。私はまた腕組みをして世の中を眺めだしたのです。

(略)叔父に欺かれた当時の私は、他の頼みにならない事をつくづくと感じたには相違ありませんが、他を悪く取るだけあって、自分はまだ確かな気がしていました。世間はどうあろうともこの己は立派な人間だという信念がどこかにあったのです。それがKのために美事に破壊されてしまって、自分もあの叔父と同じ人間だと意識した時、私は急にふらふらしました。他に愛想を尽かした私は、自分にも愛想を尽かして動けなくなったのです。

【选文注释】

①本段引自《心》下部《先生和遗书》的“五十二”,是先生对自己婚后心情的自述。婚前,亡友 K 的幻影一直折磨着先生,他希望婚后会使这种心情幡然一变,“进入一种新的生涯”。然而,没想到与妻子朝夕相处后,K 的威胁依然时时存在,先生怕和妻子在一起,导致妻子误认为自己在讨厌她。本段用沉重、凝练的笔触道出了先生不将心中隐密告诉妻子的原因以及严厉的自我心灵剖析。

②私にとって大変な苦痛だったのだ:先生不愿让妻子的记忆中也留下阴影的想法,在后文中再一次提到,他说:“我打算把我的过去,不论是善是恶一并供人参考。但是请你同意:只有妻一人例外。对于妻,我什么也不愿让她知道。妻对我的过去所留下的记忆,尽可能让它纯净洁白地保存下去,这是我唯一的希望。”

【作者简介】

夏目漱石(1867—1916)1907 年辞去教学工作进入《朝日新闻》社工作。先后发表了《虞美人草》和三部曲作品《三四郎》《后来的事》和《门》,被自然主义作家称为“余裕派”,但依然我行我素,以自己从西方文学中汲取的养分以及日本徘谐中的写生技巧,写出了许多反自然主义的富有伦理性的杰作。1910 年大病之后又写了《心》《路边草》和《明暗》,作品的视野广阔,具有强烈的道德观念。(作者介绍请参看《哥儿》《明暗》)

温馨提示:本作品提供日文版 PDF 电子书。

关注“华东理工大学出版社”官方微信,发送“ryxs”免费获取本作品电子书。

17 罗生门/羅生門

芥川龙之介

【作品梗概】

某日傍晚，有一个被主人家辞退的家将来到罗生门下避雨。罗生门由于近几年京城地区连遭地震、台风、大火、饥荒等数次灾难，一片荒凉，更无人来管罗生门的修缮，只有狐狸和强盗来此做窝。凡有死人，人们已习惯把尸体扔到城门楼上，一到晚间，门楼上黑魆魆的，乌鸦在这里飞翔啼叫，它们是来啄食死人肉的。今天，这里连乌鸦都不见一只，气象阴森，在早已倒塌的长着草的台阶上，看得见点点白色的鸟粪。

走投无路的家将为了今后的生存，打算不择手段去走"当强盗的路"，就在这时，他发现楼里横七竖八的尸体间有个身穿棕色衣服、又矮又瘦的猴子似的老婆子右手擎一片点燃的松明，正在一根一根地拔着一具女尸的长发。对于这种不可饶恕的罪恶，家将十分反感和愤怒，大喝一声，拦住惊慌欲逃的老婆子质问。老婆子回答：拔这些头发是为了做假发去卖，不这样做她就会饿死。拔死人头发是不好，但这儿的死人生前也都干着此类营生，就是这个女人，活着时把蛇肉当鱼干卖给兵营，要不是得瘟疫死去，现在还干着呢。不干就会饿死，所以她会原谅我的。

听了老婆子这番道理，家将敏捷地蹿上去剥下了老婆子身上的大襟，说："你也不要怪我，我不这样，也得饿死嘛。"随后，家将消失在沉沉的黑夜中，谁也不知道他将去哪里。

【作品鉴赏】

本短篇小说于1915年11月发表于《帝国文学》，于1917年5月收录在阿兰陀书房出版的短篇小说集《罗生门》中。

作者创作此小说时还是一位无名的文学青年，在此之前也写过三篇小说，但均不成熟。这部根据《今昔物语》记载素材创作的历史小说首次出色地表现了作者的资质，日后成为其历史小说的代表作，因此，日本文坛也把它看作芥川龙之介真正意义上的处女作。

《罗生门》在《今昔物语》的原典中不过是一种怪异题材的故事，而芥川的创作突出了人在正义感和利己主义之间摇摆的心理，通过拔取女尸头发的老婆子和剥去老婆子身上衣物的家将最后发现的伦理——为了生存做什么也无妨的道德观，来最直截了当地抨击了个人利己主义。这是这篇作品的主题。作者用一种虚无的目光凝视无可救药的人性恶的一面，他笔下人物所表现的已不是罪与恶，而是人类存在中难免的一种事实，从一个侧面反映了年轻作者对人性本质的绝望。作者用一种出色的描写手段来技术性地处理他所发现的人间不幸，而且，这在他的其他创作中也经常得到表现，因此，人们认为，当这种绝望的人生观无法再用技术来加以处理时，就孕育成作家晚年的自杀悲剧。

本作品在艺术上也很有独到之处。按评论家吉田精一的说法，整篇作品的结构为静与动的鲜明对照，死一样的阴森、寂静、凝固的静态中，有人点着火摇晃，老婆子像"母猴替小猴捉虱子一般"地拔头发蠕动场面的描写都能看出作者经过精密地计算。此外类似对家将右脸"短胡子中长着一个红肿化脓的面疮"之类的给人深刻印象的描写手法，体现了短篇小说家出众的才华。文章结构紧凑，适度的紧迫感保持到结尾，文体的运用亦用心良苦，营造出最佳的故事效果和氛围。

选文一[1]

ある日の暮方の事である。一人の下人が、羅生門[2]の下で雨やみを待っていた。

広い門の下には、この男のほかに誰もいない。ただ、所々丹塗りの剥げた、大きな円柱に、蟋蟀が一匹とまっている。羅生門が、朱雀大路[3]にある以上は、この男のほかにも、雨やみをする市女笠[4]や揉烏帽子[5]が、もう二三人はありそうなものである。それが、この男のほかには誰もいない。

何故かと云うと、この二、三年、京都には、地震とか辻風とか火事とか饑饉とか云う災いがつづいて起った。そこで洛中[6]のさびれ方は一通りではない。旧記によると[7]、仏像や仏具を打砕いて、その丹がついたり、金銀の箔がついたりした木を、路ばたにつみ重ねて、薪の料に売っていたと云う事である。洛中がその始末であるから、羅生門の修理などは、元より誰も捨てて顧る者がなかった。するとその荒れ果てたのをよい事にして、狐狸が棲む。盗人が棲む。とうとうしまいには、引取り手のない死人を、この門へ持って来て、棄てて行くと云う習慣さえ出来た。そこで、日の目が見えなくなると、誰でも気味を悪がって、この門の近所へは足ぶみをしない事になってしまったのである。

【选文注释】

①本段引自作品的开头,交代了罗生门荒废残败的现状和原因,凸显了在这种阴森气氛中与一只蟋蟀为伴的家将的孤独。

②是京都市内最大的城门、为平安京的正门。

③是平安京正中贯通南北的大路。

④市女笠:即女笠,一种中间高涂漆的斗笠,这里指戴此种斗笠的女人。

⑤揉烏帽子:乌软帽,一种软而有折皱的黑帽子,此外指戴此种帽子的男人。

⑥洛中:京都的市中。

⑦指老的记录,这部分的内容《方丈记》中有记载。

选文二

その髪の毛が、一本ずつ抜けるのに従って、下人の心からは、恐怖が少しずつ消えて行った①。そうして、それと同時に、この老婆に対するはげしい憎悪が、少しずつ動いて来た。——いや、この老婆に対すると云っては、語弊があるかも知れない。むしろ、あらゆる悪に対する反感が、一分毎に強さを増して来たのである。この時、誰かがこの下人に、さっき門の下でこの男が考えていた、饑死をするか盗人になるかと云う問題を、改めて持出したら、恐らく下人は、何の未練もなく、饑死を選んだ事であろう。それほど、この男の悪を憎む心は、老婆の床に挿した松の木片のように、勢いよく燃え上り出していたのである。

下人には、勿論、何故老婆が死人の毛を抜くかわからなかった。従って、合理的には、それを善悪のいずれに片づけてよいか知らなかった。しかし下人にとっては、この雨の夜に、この羅生門の上で、死人の髪の毛を抜くと云う事が、それだけで既に許すべからざる悪であった。勿論、下人は、さっきまで自分が、盗人になる気でいた事なぞは、とうに忘れていたのである②。

【选文注释】

①这句话生动地写出了家将六分恐惧、四分好奇的心态。

②这段引用文在小说的中部，作者把家将看到老婆子拔头发时的心理演变过程写得十分精细：先是恐惧好奇，接着引发强烈的正义感，甚至忘却了原本自己也想当强盗的初念。这种心情很快冷却，最后发展到认可老婆子的理论，干起强盗的勾当。这一描写集中体现了作者对现代人利己主义心理的厌恶和怀疑。

【作者简介】

芥川竜之介(1892—1927)是一位被称作日本近代文学的短命

“鬼才”的作家。楼适夷先生称他为：“才华横溢，学力丰厚，思想深刻，气品高迈，文字清丽，在艺术琢磨上颇有功力的作家。”还有人把他比作古罗马帝国的小说家信德罗纽斯，一生浸润了过去阶级的最高教养，却因看不到新时代的胎动，怀疑绝望而自我毁灭。文学史认为他的死象征着大正时代文学的终结。（作者介绍请参看《地狱变》）

温馨提示：本作品提供日文版 PDF 电子书。

关注“华东理工大学出版社”官方微信，发送“ryxs”免费获取本作品电子书。

18 澀江抽斎/渋江抽斎

森鸥外

【作品梗概】

这是一部描写津轻家侍医澀江抽斎的传记。

"我"在创作历史小说时，查阅了江户时代记录武家姓名、居所、俸禄、家丁情况的武鉴，发现一段刻有"澀江"名字的藏书印章的记录不同寻常，便怀着特殊的兴趣对澀江其人进行考证，之后，"我"才得知他原来是弘前城主津轻家的侍医，同时又是一位武士、官吏。澀江多才多艺，各方面都很出众，当过跻身馆的讲师，考证过历史，还是能诗擅文的颇有艺术才华的艺术家，不仅精于医道，而且熟读经书及诸子哲学。这时，"我"已欲罢不能，怀着一种亲近感，用各种办法到处了解有关澀江的一切，终于熟悉了澀江。

澀江抽斎于江户文化二年(1805)十一月生于江户(今东京)神田的辨庆桥，安政五年(1858)在江户本所龟泽町去世，享年54岁。本作品详细、确切地记述了澀江的生涯、经历、学问上的造诣、成就、师弟交友关系及其家庭私生活。此外，作者认为"凡敬仰古人的人必关心其后裔的情况"，所以，作者又记述了澀江谢世之后其子孙、亲戚长达五十七年的情况，一直写到大正五年(1916)本作品发表时止。

【作品鉴赏】

《澀江抽斎》1916年1月至5月分一百一十九回连载于《东京日

日新闻》和《大阪每日新闻》,1923 年被收录在第一次出版的七卷本《鸥外全集》中,它既是一部长篇的报载小说,又是作者自称最早发表的一部“历史传记小说”。

本作品开头部分引用了涩江 37 岁时创作的《述志诗》,向读者说明涩江为何许人,接下去再写涩江与“我”的遭遇。作者在考证中深感涩江与自己的职业、经历、兴趣、业绩相似,对他默默无闻的一生充满了同情和敬慕,决心为他树碑立传。他写信、寻访、发现新线索后就再写再访。他找到了涩江的后裔和朋友,研究了涩江留下的书信、家谱,还查阅了寺庙的记录和墓地碑文。作品的字里行间处处可以看到作者对涩江的敬慕和一丝不苟的创作精神。

涩江 19 岁与第一个妻子结婚后不久就离婚,以后,第二、第三个妻子都在婚后病逝,直到四十多岁,才和第四个妻子五百结婚。作者笔下的五百是一个理想型的女性,她的出现,为涩江平淡无奇的生活增添了许多色彩。作者通过涩江一家人的悲欢离合把江户时代武士生活以及处在大变革大动荡的封建主义到资本主义过渡时期中日本人民的命运历历在目地表现出来。

明治末期“幸德秋水事件”发生之后,作者认为用历史小说的形式能比较自由地表达出自己的意愿,于是,在晚年潜心于历史小说的创作。鸥外的历史小说有不少独到之处,首先,他善于把人物和事件安排在客观的环境里,并结合当前的现实和历史事实来研讨社会行为所包含的伦理意义。其次,他写历史人物主张尊重事实,采用实证的方法进行准确无误的调查,尽可能地废弃想象,同时避免写作时冲动,以一个科学家冷静、求实的态度来刻意追求真实,以一个艺术家的热情去切磋琢磨每一段文字。他的作品往往以正规的古典式文体来逼真地再现历史人物的生活,使读者切身体会到沉浮于历史洪流中的主人公的命运。《涩江抽斋》自然毫无例外地体现了上述特点,因此,它不仅是作者晚年的杰作,也是日本近代文学中屈指可数的名作。

选文一[1]

三十七年如一瞬。学医伝業薄才伸。栄枯窮達任天命。安楽換銭不患貧。これは渋江抽斎の述志の詩[2]である。想うに天保十二年の暮に作ったものであろう。弘前の城主津軽順承の定府[3]の医官で、当時近習詰[4]になっていた。しかし隠居附にせられて、主に柳島にあった信順[5]の館へ出仕することになっていた。父允成が致仕して、家督相続をしてから十九年、母岩田氏縫を喪ってから十二年、父を失ってから四年になっている。三度目の妻岡西氏徳と長男恒善、長女純、二男優善とが家族で、五人暮しである。主人が三十七、妻が三十二、長男が十六、長女が十一、二男が七つである。邸は神田弁慶橋にあった。知行[6]は三百石である。しかし抽斎は心を潜めて古代の医書を読むことが好で、技を售ろうという念がないから、知行よりほかの収入は殆どなかっただろう。ただ津軽家の秘方一粒金丹というものを製して売ることを許されていたので、若干の利益はあった。（略）

抽斎は金を何に費やしたか。恐らくは書を購うと客を養うとの二つの外に出でなかっただろう。渋江家は代々学医であったから、父祖の手沢を存じている書籍が少くなかっただろうが、現に『経籍訪古志』[7]に載っている書目を見ても抽斎が書を買うために貲を惜まなかったことは想い遣られる[8]。

【选文注释】

①本段引自《涩江抽斋》“一”开头处，介绍了涩江的述志诗、身份、家庭现状及兴趣爱好。整部作品用的都是正规的古典文体，从中可以看到作者的学识及其文才的一斑。

②述志の詩：表达心境的诗。

③定府：江户时代诸侯或家臣不去谒见将军并留在幕府供职，而是在江户定居。

④近習詰：侍奉在主君跟前。

⑤信順：(？—1844)弘前藩的第十一代藩主，顺承的养父。
⑥知行：俸禄在一万石粮以下的武士所占有的土地之称。
⑦経籍訪古志：共八卷，由涩江抽斋和森枳园共著，记述传入日本的汉籍古书中的抄本和版本的收藏者、体裁和传入途径等。
⑧想い遣られる：相当于“心配される”。如：“将来が想いやられる”。

选文二①

五百は藤堂家を下ってから五年目に渋江氏に嫁した。稚い時から親しい人を夫にするのではあるが、五百の身に取っては、自分が抽斎に嫁し得るというポッシビリテエ②の生じたのは、二月に岡西氏徳③が亡くなってから後の事である。常に往来していた渋江の家であるから、五百は徳の亡くなった二月から、自分の嫁して来る十一月までの間にも、抽斎を訪うたことがある。未婚男女の交際とか自由結婚とかいう問題は、当時の人は夢にだに知らなかった。立派な教育のある二人が、男は四十歳、女は二十九歳で、多く年を閲した④友人関係を棄てて、にわかに夫婦関係に入ったのである。当時においては、醒覚せる二人の間に、此⑤の如く婚約が整ったということは、絶てなくして僅にあるものといって好かろう。

【选文注释】

①本节引自《涩江抽斋》第三十四章，叙述涩江与第四个妻子五百结婚的经过。通过五百这个女性的形象，读者不难看到作者对理想女性的认识。
②ポッシビリテエ：可能性。法语。
③徳：涩江的第三个妻子。
④閲した：经过、经历。
⑤此：文语，相当于现代语“こう”“これほど”。

【作者简介】

森鷗外（1862—1922）作者晚年把创作重点转向历史小说、历史人物传记方面。1915 年发表的重要的评论文章《忠实历史和脱离历史》被视作他创作历史小说的理论。这一时期作者发表的历史小说代表作有《阿部一族》《山椒大夫》《高懒舟》《寒山拾得》等，传记除本作品外，还有《伊泽兰轩》《北条霞亭》。其历史小说、传记所显示的特点和作风给以后芥川龙之介和菊池宽的创作以很大的影响。（作者介绍请参看《舞姬》和《雁》）

19 明暗/明暗（めいあん）

夏目漱石

【作品梗概】

主人公津田是30岁的公司职员，他和妻子阿延结婚才半年，家庭生活入不敷出，每月靠父亲寄钱接济。津田和阿延的婚姻是双方同意的，但婚后的生活并不如意，津田认为妻子很会耍手腕，阿延则认为丈夫过分随心所欲。阿延很要面子，她没有把自己每天钩心斗角的夫妻关系告诉过任何人，其中也包括叔父冈本，她要向世人表明自己是深受丈夫津田钟爱的妻子，并竭尽全力试图得到这种爱，津田对此不以为然。他从去年到荒川堤去赏花归来途中突发痔疮后，常去就医，这次终于得住院做手术，恰恰在这之前，父亲停止了汇款，围绕着钱的事，夫妻俩又发生龃龉，心中展开暗斗。

津田有着心中的隐秘，他怎么也忘不了已经嫁到别处的清子，因为津田曾想娶她为妻，这个秘密还不曾向阿延透露过。津田手术住院那天，阿延陪叔父冈本的女儿继子去相亲。她从津田的朋友小林的话里隐约听出津田的秘密，不禁疑惑起来。由于阿延的管束，津田婚后很少和亲戚家人来往，对此，连津田的妹妹阿秀也大为不满。阿延想通过阿秀了解津田的秘密，可是失败了，心中的疑念与日俱增，十分痛苦。

曾经把清子介绍给津田的吉川夫人对津田说，我要帮你把阿延教育成一个好妻子，她劝津田到清子所在的温泉去疗养。津田终于又见到了清子，两人在秋天的阳光下对面而坐，看到清子那幸福的、无忧无虑的微笑，津田无法理解其中的含义。

【作品鉴赏】

《明暗》于 1916 年 5 月 26 日至 12 月 14 日在《朝日新闻》上连载，由于作者突然病逝，小说刊出一百八十八回便告终止，日本文学界至今为此遗憾不已。尽管如此，本作品仍被公认为作者作品中的上乘之作，也是日本近代文学中最优秀的作品之一。

这部长篇小说从主人公津田住院写到出院去温泉疗养，前后不过一星期的时间，情节相当简单明了。作品描绘了一个普通公司职员的家庭生活现状。主人公津田从本质上来说是个明治时代有闲阶级的青年，他身体患了疾病，但是精神上的"疾病"可能更加严重。他有着不可告人的秘密，有极强的虚荣心，是个典型的利己主义者，即便对自己的妻子也不例外。此外，作品中出场的阿延、阿秀和吉川夫人在这一点上的表现都大同小异，她们爱慕虚荣、固执、自负、嫉妒、卑俗，这一切都通过日常生活中的一些细小的事情被作者精细地、充分地表现出来。虽然阿延一度试图摆脱虚伪，追求真实，但是津田已"病入膏肓"，两人之间的伤痕很难治愈。绝大多数的日本文艺评论家认为，未完作品《明暗》充分描绘了"暗"的部分，结尾部分作者要写的"明"很可能是如何将上述私心严重的人物从利己主义的泥坑中解救出来。值得注意的是，津田与阿延结婚之前，经吉川夫人介绍，曾和清子有过交往。津田很想娶清子为妻，但清子却摆脱他嫁了他人，这是因为为人纯朴实在的清子看透了津田的势利，津田和清子的精神境界形成了一种鲜明的对照。本作品中并没有直接写到作者晚年竭力提倡的"则天去私"的主张，不过，清子仍然可以说是体现了作者这一心愿的人物。作者从一个很高的角度，怀着满腔的热情对人类心灵中的各种美与丑、明与暗的争斗进行了极其生动的艺术创造，希望找到一条人类自身战胜丑恶、黑暗面的光明道路。作者灵活自如地运用了以往创作中用过的各种手法，把现实生活写得丰满、厚实，对女性心理的描写尤为准确、出色，反映了作者的艺术功力和造诣。作品中还出现了一个作者以往作品中从未写过的揶揄和反抗资本主义社会的人物——小林，这一点也颇为引人注目。

选文[1]

荒川堤[2]へ花見に行った帰り途から何らの予告なしに突発した当時の疼痛について、彼は全くの盲目漢であった。その原因はあらゆる想像のほかにあった。不思議というよりもむしろ恐ろしかった。

「この肉体はいつ何時どんな変に会わないとも限らない。それどころか、今現にどんな変がこの肉体のうちに起りつつあるかも知れない。そうして自分は全く知らずにいる。恐ろしい事だ[3]」

ここまで働らいて来た彼の頭はそこでとまる事ができなかった。どっと後から突き落すような勢で、彼を前の方に押しやった。突然彼は心の中で叫んだ。

「精神界も同じ事だ。精神界も全く同じ事だ。いつどう変るか分らない。そうしてその変るところをおれは見たのだ」

彼は思わず唇を固く結んで、あたかも自尊心を傷けられた人のような眼を彼の周囲に向けた。けれども彼の心のうちに何事が起りつつあるかをまるで知らない車中の乗客は、彼の眼遣に対して少しの注意も払わなかった。

彼の頭は彼の乗っている電車のように、自分自身の軌道の上を走って前へ進むだけであった。彼は二三日前ある友達から聞いたポアンカレーの話を思い出した。彼のために「偶然」の意味を説明してくれたその友達は彼に向ってこう云った。

「だから君、普通世間で偶然だ偶然だという、いわゆる偶然の出来事というのは、ポアンカレー[4]の説によると、原因があまりに複雑過ぎてちょっと見当がつかない時に云うのだね。ナポレオンが生れるためには或特別の卵と或特別の精虫の配合が必要で、その必要な配合が出来得るためには、またどんな条件が必要であったかと考えて見ると、ほとんど想像がつかないだろう」

彼は友達の言葉を、単に与えられた新らしい知識の断片として聞き流す訳に行かなかった。彼はそれをぴたりと自分の身の上に当て篏めて考えた。すると暗い不可思議な力が右に行くべき彼を左に押しやったり、前に進むべき彼を後ろに引き戻したりするように思えた。しかも彼はついぞ今まで自分の行動について他から牽制を受けた覚がなかった。する事はみんな自分の力でし、言う事はことごとく自分の力で言ったに相違なかった。

「どうしてあの女⑤はあすこへ嫁に行ったのだろう。それは自分で行こうと思ったから行ったに違ない。しかしどうしてもあすこへ嫁に行くはずではなかったのに⑥。そうしてこのおれはまたどうしてあの女と結婚したのだろう。それもおれが貰おうと思ったからこそ結婚が成立したに違ない。しかしおれはいまだかつてあの女を貰おうとは思っていなかったのに。偶然？ポアンカレーのいわゆる複雑の極致？　何だか解らない」

【选文注释】

①本段引自《明暗》第二章，叙述津田在医生认定他所患痔疮要住院进行手术治疗后的心理活动：先是担心疾病和精神会向坏的地方变化，接着又自负地思忖左右自己行动的能力，最后又想到没嫁给他的清子和嫁给他的阿延，从而生动地表现了一个一切以自我为中心考虑问题的利己主义者的形象。

②荒川堤：在明治、大正年代，东京荒川堤一带种有许多樱花树，所以去赏花者甚多。

③恐ろしい事だ：尽管医生明确告诉津田的痔疮不是结核性的，但他仍无端猜疑这种变化的可能性，为之感到恐惧。

④ポアンカレー：Jules Henri Poincare (1854—1912)法国数学家、物理学家。

⑤どうしてあの女：津田的联想有些唐突，不过，很明显，这里的“あの女”分别指清子和阿延。巧妙地设下伏笔也是本作品的一大特点。

⑥のに：接续助词，含有反常、责怪、失望的语气，相当于汉语“却”“偏偏”的意思。此句和下一句一样，用的都是倒装句的形式。

【作者简介】

夏目漱石(1867—1916)作者写完《门》之后，曾因胃溃疡大出血住院治疗，以后该病数度发作，给作者晚年的人生观、生死观带来重大影响。患病期间日本博士会授予作者文学博士学位，被作者固辞。病势见好后，又去演讲并努力从事创作。除小说之外，还有论著《文学论》、随笔《玻璃窗内》《点头录》等。1916 年 12 月 9 日傍晚因胃溃疡第五次发作去世。芥川龙之介、野上弥生子、寺田彦寅等许多优秀作家出自作者门下。(作者介绍请参看《哥儿》《心》)

20 各显神通(又译《较量》)/腕(うで)くらべ

永井荷风

【作品梗概】

实业家吉冈在帝剧看戏的幕间休息时,遇到了七年未曾见面的新桥艺伎驹代,得知她曾被赎身,约有三年没再当艺伎,只是在最近才重操旧业。于是,当天晚上两人便重归旧好。比起七年前,目前二十五六岁的驹代更显女子成熟的魅力,吉冈为之吸引,主动提出要尽快为她赎身的想法。就在驹代犹豫不决之际,一个偶然的机会,她又遇见了老相识濑川一丝,得知一丝如今正是当红的旦角演员,且对她显出真情实感,驹代立刻迷恋上了他。不久,在新桥艺伎的秋季演艺会上,自以为控制着吉冈和濑川的驹代大有自己已成一流名伎的感觉,然而在看戏时听到她与濑川一丝传闻的吉冈为泄愤又去染指与驹代在同一伎馆尾花屋营生的菊千代,菊千代虽不美貌,但肤色白皙、丰腴,具有现代风格的特殊肉体魅力,吉冈喜极,为她赎了身。驹代深感惋惜和悲哀,只能对濑川一丝更加竭尽真情实意。这时曾经因吉冈与驹代私通而怀恨在心的艺伎大姐力次正在试图复仇。在力次的撮合下,早就迷上一丝、老公死后继承了巨额遗产的艺伎出身的君龙与濑川一丝好上了。看在金钱的分上,一丝与君龙相约结为夫妇,抛弃了驹代。至此,在这场新桥艺伎的较量中,驹代完全败北。

这时驹代所在的尾花屋的老板娘因脑溢血突然昏迷,三天后离开人间。其丈夫吴山是个具有江户气质的老人,无法料理艺伎、雏伎事务的他顿时束手无策,一筹莫展。得知驹代的经历后,吴山同情驹代，决定把尾花屋交给驹代经营，让她当老板娘。在失意的万丈深渊之中的驹代对这意外的好意竟目瞪口呆，她“轻轻地坐到佛龛前，一时间不知是喜是悲，只觉得百感交集，赶紧用衣袖掩住了脸”。

【作品鉴赏】

中篇小说《各显神通》最早于 1916 年 8 月至 1917 年 10 月在《文明》杂志上连载，至 1918 年 2 月由新桥堂出版单行本。在此之前的 1917 年 12 月，作者出了一个私家版共五十部，由里香馆（偏奇馆的别称）发行，分送给自己的熟人和朋友。私家版是作品的本来面貌，而公开出版的单行本是将禁止发行的文句删除了一万多句后上市的。永井在一封信中说：“《各显神通》随心所欲撰写，要自费出版。”至第二次世界大战结束后，才公开出版了与私家版完全相同的复原版。

作者在谈到本作品的创作意图时说过：“把艺伎的流行看作明治年间的遗习，我想把她们的生活风俗描写出来。”荷风带着以这部作品去总结迄今为止创作的意识，使本作品成为作者前期创作的有纪念意义的代表作。

本作品讲述驹代、菊千代、君龙等艺伎各显神通追求爱情，在大约半年的时间里，来去匆匆的人们在逐渐衰败的花街柳巷及自然风物变迁中展现各自的形象。主人公驹代单纯善良，却又好胜多欲，这位胸有成竹的新桥艺伎的典型先是被菊千代夺走了自己的靠山吉冈，接着又被君龙抢走了情人濑川一丝，遭遇惨败。作者通过这个故事，用华丽、巧妙的文笔精细地写出了花街柳巷这一特殊社会的风俗和人情的表里，像是一幅杰出的浮士绘。

以新桥北街为舞台，作者刻意写出了新旧风俗的交错——除了驹代之外，还有残留的东京吴山老人、旧派文人仓山南巢，应该说，作者是带着一种善意去描写这些人物的。而与驹代相对的现代的新一代，如肉体艺伎菊千代、不懂理义的阔艺伎君龙、宝屋的老板、“新艺术家”山井要、对金钱情有独钟的当红演员濑川一丝的形象也刻画得栩栩如生。驹代正是在与新一代菊千代的肉体与君龙的金钱的较量中败北的。永井荷风从驹代的失意中看到了明治花柳界的衰败和终结，小说最后的结局似乎要对此做出一点拯救，但是在现代西风东渐的氛围中，江户传统风习中的花柳界注定是会荒废的。

日本文坛高度评价本作品以白描的手法描写出的富有诗意、情趣盎然，风趣异常的图景，如此彻底地写出可怕的人际关系，表现出人的丑恶和愚蠢的一面，实在不可多得。人们称赞道“没有一部作品能如此出色地描写艺伎”，佐藤春夫说：“作者具备的优秀品质与作品浑然一体。”作者以其一流水准的文明批评观和对传统文化的青睐，对日本近代猥琐卑陋的“文明”社会表现出强烈的轻蔑和不信。本作品中没有轻薄、放肆的颓废，只有生动的让人兴味无穷的人间图画，它不仅是风俗小说，同时也是杰出的近代小说。

选文①

力次は年も違えば貫目②もぐっと違う駒代が、土地の姐さんと立てられる③自分に対して挨拶一ツせず笑って行過ぎるとは何という生意気な仕打だろう。きっと自分が此処にいるのを見知りながら挨拶するのがいやさに人込を幸い気のつかない振りをして行過ぎた④に違いないと力次は無闇に腹を立てたのである。それもその筈、力次にはいつぞや吉岡さんという旦那を取られた遺恨がある。その仕返には何か折があったら思うさま泣かしてやらねばと思いながら、まさか大勢一座の座敷では打付けに自分の恥を云立てて食ってかかるわけにも行かず、演芸会か何かの折をと思っても此れ又折悪く手合せをする⑤機会がなかったので、つい其の儘になっていた。ところが今日と云う今日、漸く復讎の糸口がつきかかって来た。それは以前自分の家の抱であった君龍という芸者がさる実業家のお妾になっていた処先頃旦那が死んで浜町の目抜な土地百坪ばかり地面付の立派な妾宅の外に現金壱萬円を頂戴してお暇になった。そこで今度芸者家を出そうか、旅館を開こうか、待合を使用か、鳥料理屋を始めようか。それとも大事な壱萬円に手をつけず其れを持参金にする代り、男がよくて程がよくて浮気せず自分ばっかり可愛がって我儘の仕放題にさしてくれるような家へお嫁に行って見ようか。その方がなまなか商売をして苦労するよりか行末ともに安楽で心配がなかろうと、都合のいい事ばかり考える、其相談にと度々力次姐さんの湊家へやって来るついで、誘い合って今日新富座の見物。（中略）俄に身体も心も自由になって何かそわそわと落ち着いていられぬ矢先久し振りの芝居見物、瀬川一糸が初役の十次郎を見るより忽ち逆上せてしまって⑥成ろう事なら今夜芝居がはねたら直ぐにもと力次姐さんへ我儘な頼み。力次は何ぼ何でもそう急にはと困ったけれども駒代への意趣返し⑦にはこれに越した事はないと思うのでいいよ私にまかしておくれとすっかり受け合ってしまったのである。

【选文注释】

①本段引自作品“十七、演出第一天（下）”。叙述凑艺伎馆的大姐力次因新仇旧恨，巧妙利用君龙迷上当红演员濑川一丝、试图报复驹代的情形。作者采用类似自然主义文学的白描手法，把明治年代艺伎之间你争我斗的人际关系的残酷的一面及人生现实生活中的龃龉模样以冷然轻蔑的旁观者的口吻讲述出来，动人心弦。

②貫目：威严、威信、声望。

③土地の姐さんと立てられる：被尊为当地的大姐。

④此句意为：借着人多拥挤装作没注意一走了之。

⑤手合せをする：较量、决雌雄。

⑥逆上せてしまって：晕头转向、目醉神迷。

⑦意趣返し：报复、复仇。

【作者简介】

永井荷風（1879—1959）唯美派作家荷风的创作具有叛逆、享乐的倾向，这是自然主义的精神流向感情方面的结果。他习惯用西方文明的目光去嘲讽日本过渡时期的文明的浅薄与驳杂，对侵略战争时期的日本现实不满、憎恶，有浓郁的怀古情趣，其诗情洋溢的文笔

消除了自然主义文学平板单调的缺点。一生坚守自己的个性和思想。（作者介绍请参看《濹东趣谭》）

21 在城崎/城(き)の崎(さき)にて

志贺直哉

【作品梗概】

主人公在东京被山手线的电车碰撞后受了伤，之后到但马的城崎温泉疗养，这时，经常出现在他脑海之中的仍是因交通事故受伤的事：只要出那么一点差错自己可能就会长眠于青山黄土之下，而且，这种情况说不定今后还会在某个时候再发生，想到这些，不禁感到寂寞和冷清，同时，对死亡也产生了一种莫名其妙的亲近感。一天早晨，主人公发现蜂巢边上有一只死去的蜜蜂残骸，顿时产生了一种静谧和寂寞的感觉。又有一天，在圆山川河岸上看到濒临死亡的老鼠还在拼命挣扎的模样，虽然心中十分讨厌，但是又感到那才是动物生命的真实写照。还有一天傍晚，主人公看到小河对面的黑色岩石上有一只蝾螈，便向它投去一块石子，本意是吓唬它入水，没想到石子竟击中了蝾螈，它被砸死了。这只偶然死去的蝾螈和在交通事故中偶然幸存的自己形成了鲜明的对比。然而，主人公并未感到高兴，反而因此倍感寂寞。自己的大难不死固然值得庆幸，不过，此刻主人公更深切地感到，生与死并非两个极端，它们之间原本并不存在多大的区别。

【作品鉴赏】

短篇小说《在城崎》于 1917 年 5 月发表在《白桦》杂志上，是一篇观察周围自然的随笔式的景观记。从蜂死时感到寂静和亲切，到发现老鼠临死前的恐怖和对生的执着，最后确认蝾螈从生到死的偶然性——作者准确地把握描写对象，不带伤感地写出的这一过程充分表明了作者对人生的独特态度，在交通事故中大难不死的主人公与偶然死亡的蝾螈的对照也反映出作者的命运观。日本作家久米正雄后来把这种表现“观察对象时从作者本人的人生观而来的感想”的小说称为“心境小说”。

作者因其短篇小说特别出众而被人称为“小说之神”，他的短篇作品从一开始就表现出高超和成熟的技巧，数量虽不多，但篇篇精雕细琢，有很高的艺术性，像一幅幅洋溢着东方诗情的水墨画。作品中有一些自然主义文学的影响，可是更多的却是强烈的自我感觉和主张正义的道德观念，并有正确透视对象，以平静的心理谋求调和的现实主义特点，作者把关心、观察客观事实看得比描写事实更重，因此，他的作品一旦写成，往往显得特别简洁、生动，呈现出自然的本来面目，本作品就是极好的一例。谷崎润一郎在《文章读本》中盛赞这一佳作，认为这是超越了艺术和实用区别的名篇。

作者前期的作品大多描写骨肉和亲友之争，反映了作者反对不正之风、决不与不自然、不调和的现象、事物妥协以及在任何场合下都坚决把自己的主张贯彻到底的刚强性格，但是，从本作品发表之年起，作品基调发生明显的变化，因此，本作品亦被当作作者中期创作开始的代表之作。

选文①

自分の部屋は二階で、隣のない、割に静かな座敷だった。読み書きに疲れるとよく縁の椅子に出た。脇が玄関の屋根で、それが家へ接続する所が羽目になっている。その羽目の中に蜂の巣があるらしい。虎斑②の大きな肥った蜂が天気さえよければ、朝から暮近くまで毎日忙しそうに働いていた。蜂は羽目のあわいから摩抜けて出ると、一ト先ず玄関の屋根に下りた。其処で羽根や触覚を前足や後足で叮嚀に調えると、少し歩きまわる奴もあるが、直ぐ細長い羽根を両方へしっかりと張ってぶーんと飛び立つ。飛び立つと急に早くなって飛んで行く③。植込みの八つ手の花が丁度咲きかけで蜂はそれに群っていた。自分は退屈すると、よく欄干から蜂の出入りを眺めていた。

或朝の事、自分は一疋の蜂が玄関の屋根で死んでいるのを見つけた。足を腹の下にぴったりとつけ、触角はだらしなく顔へたれ下がっていた。他の蜂は一向に冷淡だった。巣の出入りに忙しくその傍を這いまわるが全く拘泥する様子はなかった。忙しく立働いている蜂は如何にも生きている物という感じを与えた。その傍に一疋、朝も昼も夕も、見るたびに一つ所に全く動かずに俯向きに転がっているのを見ると、それが又如何にも死んだものという感じを与えるのだ。それは三日程そのままになっていた。それは見ていて、如何にも静かな感じを与えた。淋しかった。他の蜂が皆巣へ入ってしまった日暮、冷たい瓦の上に一つ残った死骸を見る事は淋しかった。然し、それは如何にも静かだった。

夜の間にひどい雨が降った。朝は晴れ、木の葉も地面も屋根も綺麗に洗われていた。蜂の死骸はもう其処になかった。今も巣の蜂共は元気に働いているが、死んだ蜂は雨樋を伝わって地面へ流し出された事であろう。足は縮めたまま、触角は顔へこびりついたまま、多分泥にまみれて何処かで凝然としている事だろう。外界にそれを動かす次の変化が起るまでは死骸は凝然と其処にしているだろう。それとも蟻に曳かれて行くか。それにしろ、それは如何にも静かであった。忙しく忙しく働いてばかりいた蜂が全く動く事がなくなったのだから静かである。自分はその静かさに親しみを感じた④。自分は「範の犯罪」⑤という短編小説をその少し前に書いた。範という支那人が過去の出来事だった結婚前の妻と自分の友達だった男との関係に対する嫉妬から、そして自身の生理的圧迫もそれを助長し、その妻を殺す事を書いた。それは範の気持を主にして書いたが、然し今は範の妻の気持を主にし、仕舞に殺されて墓の下にいる、その静かさを自分は書きたいと思った。

【选文注释】

①本段描写作者发现一只死蜂时的心境。一个在人生征途上走得筋疲力尽的人凝视着一动不动已经死去的蜜蜂，这时，他自然就会产生一种寂寞乃至亲切的感觉。作者对生、死蜜蜂的细腻描写不仅使心境小说出现在日本文坛上，而且还使这种小说富有艺术的魅力。

②虎斑：像虎皮上的斑纹那样黑黄相间。

③…早くなって飛んで行く：这里描写了活蜜蜂的动态，与下文中一只死蜜蜂的静态形成鲜明的对照，作者观察仔细，用词精确。

④忙しく忙しく…親しみを感じた：这种心境明显不同于作者以往作品中所流露的感情。这里把作者喜爱动物，以透视一般的目光观察动物生与死的原因以及追求调和的心情细致地表现出来，使文章显得格调较高。

⑤「範の犯罪」：发表于 1913 年，小说通过一个觉得生活无望的魔术师杀妻的故事，反映了作者不向不良现象及现实妥协的心情。

【作者简介】

志賀直哉（1883—1971）生于宫城县。父亲是事业上获得成功的实业家。年轻时深受祖父和内村鉴三的影响，进入东京大学后立志当小说家。因恋爱婚姻问题和视察足尾矿事件与父亲不和。1910年与武者小路实笃创刊《白桦》杂志，以后成为理想主义文学白桦派的重要成员。以现实主义手法从事小说创作，作品大多为短篇，其早期代表作有《到网走》《剃刀》《大津顺吉》《清兵卫与葫芦》等。（作者介绍请参看《暗夜行路》）

22 神经病时代/神経病時代

广津和郎

【作品梗概】

新闻记者铃木定吉是个性格软弱的人，对生活既无主见又无目标，对朋友总是有一种自卑感，别人向他借钱，要求在恋爱方面帮助，他都无法拒绝。婚后与具有歇斯底里气质的妻子之间没有爱情可言，却又无法了断，只能一味地悲叹："这就是生活吗?!"作为一名新闻记者，他忠于自己的职业，有着起码的道德，然而在报社里，每天相处的要么是草率对待他人不幸的记者，要么是把新闻报道当作满足私欲的工具、被政府收买而下令不准如实报道的社长，他觉得所有的一切都"不适合自己"，整日忧郁得神经难以忍受。对于社会上的虚伪、厚颜、欺诈深恶痛绝，却只能停留在自身烦恼的地步，万般无奈，充其量也就对小酒馆的侍者动一下武而已。为了改变这种毫无生气的生活面貌，铃木定吉总算下定决心要辞去报社的工作并与妻子离婚，然而，这时，他妻子的腹中已怀上了新的生命。定吉深感绝望，只能先考虑为妻子雇个照料生活的女佣。

【作品鉴赏】

本短篇小说于1917年10月发表于综合杂志《中央公论》。主人公定吉其实就是作者的分身。1915年，广津和郎辞去了《每夕新闻》社干了半年的工作，决计靠翻译谋生。当时，婚后的生活很不如意，精神状态处在极不稳定的"心情最阴暗时代"。作家的气质与正宗白鸟和契诃夫相近，总是被怀疑和虚无困扰，艰难地试图从中解脱出来。本作品正是这一时期作家生活的真实写照。除了其本人成为主人公之外，作品中的远山和相川都是以他的朋友为原型创作的，这一点只要对照《拖带孩子》一作便可明白。作家在描绘自己生活的时候，把主人公写成了类似精神病患者似的性格破损者。

广津和郎初期的创作有两种系列：一种是描写自己没有爱情、充满苦痛的私小说类型的作品，如《去师崎》《壁虎》《波涛之上》等；第二种是所谓的"性格破损问题乃是现代日本文明的重要课题"的"性格破损"类型的作品，如《两个不幸者》《怀抱死儿》等。对于本作品的创作，作者在数年之后曾说明，之所以选择性格特别软弱者，是因为当时托尔斯泰主义的流行，那些热衷于人道主义和托尔斯泰的青年知识分子的性格其实是精神性破损，因此，本作品似乎与后一系列较为接近。不过，本作品的私小说特性亦十分明显，确切地说，这是一篇代表其初期创作所有主要风格的作品，具有极佳的统一性和完成度，作者以虚构的形式写出了自己半年做记者的体验、家庭的烦恼、与葛西善藏等人的《奇胁》派同人们交往的青春体验。

本作品将主人公铃木定吉所代表的人物形象——坚信善良、正确的存在却因过分强烈的自我意识而缺乏行动勇气的知识分子放在资本主义兴盛期的充满矛盾的丑陋的社会背景中去描写，这种现象对当时被誉为"个性强""富有生命力"的知识分子不啻是一种讥讽。定吉为了恢复自己极度衰弱的神经，经过苦苦的挣扎，最后决定放弃一切，希冀过上宁静的田园生活，到书中去逃避现实。但是令他想象不到的现状还是违背了他的决心。作者通过主人公的命运想要告诉读者：人要改变自己的生活是多么困难。这里也能看到作者对当时的理想主义持批判态度。

作家在本作品的创作中，明显地受到19世纪末俄罗斯文学，特别是契诃夫、阿尔志跋绥夫等人描写的性格破损者的影响，从某种意义上说，铃木定吉与二叶亭四迷的《浮云》中的内海文三所代表的"社会多余者""无用的人"的形象同属一类，较为鲜明地提出了大正时代的知识分子应该如何生活的问题。在近代文学史上，本作品具有极其重要的意义。当然，也有的评论家认为，作者平淡的自然主义手法及主人公消极的空虚形象并不出色，一度也出现过褒贬不一的情形。

选文一①

若い新聞記者の鈴木定吉は近頃憂鬱に苦しめられ始めた。その憂鬱が彼にはいろいろの方面から一時に押し寄せて来るように思われた。彼には周囲の何もかもがつまらなくて、淋しくて、味気なくて、苦しかった。第一は彼の家庭である。彼は今から半年ほど前に一人の若い女と同棲した。同棲前に彼と彼女との間には既に一人の男の子が生まれていた。二人の生活はうまく行かなかった。…けれども、これはもっと後で説くことにしよう。

今は何よりも先に彼が新聞社でしている仕事を例に取って見よう。彼はS—新聞社の社会部の編集見習いで、月給三十円を貰っている。彼は朝九時に出社しなければならない。S—新聞社は東京中の新聞という新聞の中で、最も新しい新聞だと云われている。一体は夕刊新聞なのであるが、近頃は正午版までも出し始めた。だから九時に出社して、十時半にはもう直ぐ正午版の締切と云うことになる。いろいろの通信が電話で来る。外交記者や通信社が原稿を書いて寄越していては、時間が間に合わなくなるからである。

【选文注释】

①本段引自作品开头。虽然主人公铃木并不等于作者，但是作者自身体验过的记者生活、婚姻生活及精神苦恼都集中体现在主人公身上。作者把自身痛苦的实质作为世纪末的近代病来看待，认为其代表了当时青年的普遍烦恼。

选文二①

「河野君」と定吉は急に言わずいられない様な気持ちを感じて

きた。「僕は今朝ワイフを撲ったんだよ」

「えっ！」河野は目を瞠った。

「僕はね、今朝ワイフを撲ったんだ。君、僕のワイフの頬っ辺は腫れてしまって、眼が紫色になったよ。…そして子供が泣いたんだよ、わあわあって…ああ、みんな僕が悪いんだよ。僕の頭はどうかしていた②んだよ。併し…君、何が何だか僕には物事が一切訳が解らない…」

突然定吉は河野が自分の手をぎゅっと握り締めたのを感じた。

「僕等は不幸なんだね」と河野が言った。

「どうしてこんなに僕らは悲しんだろう？…」

定吉の腹の中で突然きゅっと鳴ったものがあった。それは子供の玩具の護謨人形、腹のボタンを捺すときゅっと鳴るあの護謨人形の出す音に似ていた。それは直ぐに、殆んど電流のように河野の腹に伝わって行って、そこでも亦きゅっと鳴ったらしかった。定吉は河野の手を強く握りながら、急にわっと泣き出した。と、河野もつづいて泣き出した。

【选文注释】

①本段引自作品"九"的结尾部分。主人公的婚后生活十分不幸，却因性格软弱，无可奈何。本段表现了铃木的这种荒废了的人格，朋友河野也一样。正是这种可怜、可悲的同质感使两人一起流下了眼泪。

②頭はどうかしていた：意为不正常、犯傻。

【作者简介】

広津和郎(1891—1968)小说家。毕业于早稻田大学英文系，为砚友社作家广津柳浪的次子。1912年参加《奇迹》同人社，先是从事评论活动，自本作品发表后，以小说家身份从事创作。主要评论集有《愤怒的托尔斯泰》(1917)；小说代表作还有《风狂雨暴》(1933—1934)、《历史与历史之间》(1940)、《那个时代》(1950)等。1950年后任艺术院委员、文艺家协会会长之职。一生创作的文学主题是表现人生理想主义的热情和虚无的怀疑窘境。二战后逐渐摆脱虚无主义，在日本战后的松川审判中表现出知识分子的强烈个性。

23 拖带孩子/子(こ)をつれて

葛西善藏

【作品梗概】

作家小田因拖欠房租,且一再违背诺言,而被房东逼迫搬迁,已去岳母家凑钱的妻子也杳无音信,而他的朋友处能借的都借过钱,人们已对他撒手不管,认为他是一个有害无益的"恶病患者",而小田自己则觉得社会上的所有人都在压迫他,终日为受害妄想所苦恼。最后,小田只能带着两个孩子走出了家门。然而,他没有一处可落脚的地方,只能走进食堂给孩子们要了他们喜爱的炸虾,自己则一边喝着酒一边感慨人生的虚无,感叹"失去了兴致的艺术家生活"的悲哀。他想带着孩子去朋友的住处,恳求让他们父子住上一夜,可孩子们不愿意,只得重新返回已经徘徊过许久的街头,乘上了深夜的电车,疲惫的孩子们在电车上很快睡着,而小田也像孩子一样,此刻最需要的就是休息。

【作品鉴赏】

这一短篇小说于1918年3月发表在《早稻田文学》上,1919年3月由新潮社收录《拖带孩子》的小说集中。

这是作者赤裸裸地描写自我生活的小说。作者在1908年,22岁时就已结婚。同年决心当一名作家,拜德田秋声为师学习写作,但是没有固定收入的无名作家的生活从一开始就依赖岳母家的帮助,始终处于频频被迫搬家和回老家的境地，十分贫困。1916 年，葛西一家来到东京，在牛入天神町借了住处，也没能住久，妻子又为筹钱回了娘家，他只能带着两个孩子外出，之后又在早稻田南町住下，本作品就是这段生活的真实写照。

作品中的朋友 Y.K 的原型分别是当时作家的好友谷崎精二（谷崎润一郎之弟）和相马泰三。为了文学，作者不仅牺牲了亲戚，也牺牲了所有的朋友，他切断了一切世俗的关联，置一切可能于不顾，只考虑自己如何领着孩子在艰难困苦中生存下去。从整体上说，作者葛西善藏是一位生活上自虐性很强的作家，但本作品中，这种强烈的自虐并未体现，作者只是将沉郁得让人喘不过气来的人生的黑暗、在现实生活中无穷尽的烦恼折磨之下的主人公如何被逼迫到山穷水尽的绝境的过程描写出来，文中充满了对生活的绝望和对孩子的怜悯，洋溢着哀伤、幽默的诗情。像面对逼缴房租、凶神恶煞的房东三百，明明自己理亏，却对长子嘲笑对方为“怪人”；一边饮劣酒一边追怀伤心往事的主人公身旁，是面对油炸虾和煮毛豆垂涎三尺的孩子的生龙活虎般的神态。这些巧妙的对照使读者深感悲哀与幽默。主人公在本作品中表现出的佯装糊涂、傻头傻脑的模样，是少年时代起就过惯颠沛流离生活的葛西善藏对于生活的一种天不怕、地不怕的脱俗、飘逸性的体现。朋友警告主人公说：“你是无法生存下去的”，而主人公只是若无其事地说：“那又没什么了不起”，这种飘逸洒脱的描写中，镌刻着作者严峻的生活。主人公认为：如果为了生存、吃饭就要丢失兴致，那么艺术家毋宁选择死。然而，在严酷的现实生活中，艺术家的这种自尊又使他害怕连累无辜的孩子，他无法否认这种无可奈何、茫然自失的状态或许能拯救自己。本作品发表后，受到广泛的好评，久米正雄更是对它赞不绝口。作者以这部成名作确立了在文坛的地位。

选文一[1]

「出来ませんな、断じて出来るこっちゃありません！」

斯う呶鳴るように言った三百の、例のしょぼしょぼした眼[2]

は、急に紅い焔でも発しやしないかと思われた程であった。で彼はあわてて、

「そうですか。わかりました。好ござんす、それでは十日には屹度越すことにしますから」と謝まるように云った。

「私もそりゃ、最初から貴方を車夫馬丁③同様の人物と考えたんだと、そりゃどんな強い手段も用いたのです。がまさかそうとは考えなかったもんだから、相当の人格を有して居られる方だろうと信じて、これだけ緩慢に貴方の云いなりになって延期もして来たような訳ですからな、この上は一歩も仮借する段ではありません。如何なる処分を受けても苦しくないと云う貴方の証書通り、私の方では直ぐにも実行しますから」

何一つ道具らしい道具の無い殺風景な室の中をじろじろ気味悪く視廻しながら、三百は斯う呶鳴り続けた。彼は、「まあまあ、それでは十日の晩には屹度引払うことにしますから」と、相手の呶鳴るのを抑える為め手を振って繰返すほかなかった。

「……実に変な奴だねえ、そうじゃ無い?」④

ようよう三百の帰った後で、彼は傍で聴いていた長男と顔を見交わして苦笑しながら云った。

「……そう、変な奴」

子供も同じように悲しそうな苦笑を浮べて云った。

【选文注释】

①本段引自作品"一"的开头部分。主人公长期拖欠房租,代言人已追逼缴租达一个月以上。主人公无奈之下只能让妻子回娘家设法借钱,却总也得不到妻子的消息。对于恼怒的债主,他恳求再等四五天。这段引用文写的是此时的情景。

②しょぼしょぼした眼:指眼睛无法睁开、睁不大,亦指蒙眬、惺忪状。

③車夫馬丁:车夫指人力车、黄包车夫,马丁指马倌、马夫、牵马的,这里三百在恣意侮辱作为作家的主人公的人格。

④主人公和儿子的对话表现了主人公万般无奈,只能装出坦然的样子,颇具幽默感。结果,他带着两个孩子于翌日漫无目的地转悠在大街上。

选文二①

…彼はひどく疲労を感じていた。そしてまだ晩飯を済ましてなかったので、三人ともひどく空腹であった。

で彼等は、電車の停留場近くのバーへ入った。子供等には寿司をあてがい、彼は酒を飲んだ。酒のほかには、今の彼に元気を附けて呉れる何物もないような気がされた。彼は貪るように、また非常に尊いものかのように、一杯々々味いながら飲んだ。前の大きな鏡に映る蒼黒い、頬のこけた、眼の落凹んだ自分の顔を、他人のものかのように放心した気持で見遣りながら、彼は延びた頭髪を左の手に撫であげ撫であげ、右の手に盃を動かしていた。そして何を考えることも、何を怖れるというようなことも、出来ない程疲れて居る気持から、無意味な深い溜息ばかしが出て来るような気がされていた。

「お父さん、僕エビフライ食べようかな」

寿司を平らげてしまった長男②は、自分で読んでは、斯う並んでいる彼に云った。

【选文注释】

①本段引自作品“三”的结尾部分。主人公受到警察的警告:若不走正道,在社会上将难以生存。于是主人公卖掉了所有能卖的东西,趁着三百来之前带着小学二年级的儿子和7岁的女儿开溜。这段引用文描写了饥饿、疲惫、窘迫的主人公神情恍惚、茫然自失的状态。

②与长吁短叹的父亲相比,孩子食欲旺盛、生龙活虎。对比的手法运用得十分巧妙、自如。

【作者简介】

葛西善藏(1887—1928)生于青森县。19岁时到东京,在东洋大学和早稻田大学当旁听生，拜德田秋声、相马御风为师，为《奇迹》派同人。主要作品还有《悲哀的父亲》《在暗房》《栋树的嫩叶》《湖畔手记》等。他终生贫困，在妻离子散的困境中，以自虐的态度在创作时追求自我主张，为私小说创作押上了整个生命和人格，记录了严峻的生活，因而被称作日本自然主义私小说的最后一人。贫困和烈酒毁了他的健康，1924年咯血，42岁英年早逝。

温馨提示：本作品提供日文版PDF电子书。
关注“华东理工大学出版社”官方微信，发送“ryxs”免费获取本作品电子书。

24 诞生的苦恼/生(うま)れ出(い)づる悩(なや)み

有島武郎

【作品梗概】

有一天,一位忧郁的十六七岁的少年找到“我”在北海道札幌的家,他姓木本,住在岩内。他的绘画作品虽尚不成熟,却让“我”过目之后留下“充满了不可思议的力量”的印象。之后,木本离去后一晃十年,那时“我”已经搬到东京住,有了三个孩子,并开始文学创作的生涯,每前进一步都感到艰难与痛苦。一天,寄来的包裹里出现了木本君手工制作的素描画册,之后又寄来了信。一看到这些,“我”就深深地感动了。他在信中说:他是生活在北海道惊涛骇浪之中的渔民,一边干着艰苦的体力劳动,一边从事艺术创作,在与恶劣的自然条件的拼搏中,从未泯灭对艺术的激情,一直在不懈地努力。他的作画极好地说明了这一切。“我”马上赶到北海道的农场与木本君见了面,从与他的谈话中可以想象到其所过的整个生活。“我”感到:“在地球北端,人的生活屈服于强暴横蛮的自然威力,宛如落在瘠土上的杂草种子一般,有气无力地抬着头。就在这几乎要被人们从人类的活动中心忘却的地球北端的一个角落里,现在有一个杰出的灵魂在苦恼。”而这种苦恼只有他自己才能克服。“我”相信漫长的冬天之后春天即将到来,祝愿他有光明的前途。

【作品鉴赏】

本中篇小说最早发表在1918年3月至4月的《大阪每日新闻》的晚报(同《东京日日新闻》)上,修改完毕后收录在同年由丛文阁编的《有岛武郎著作集》第六集中。

这是一部忠实体现作者人道主义精神的作品。“我”是作者有岛武郎,而“木本君”是以木田金次郎为原型写作的。事实上,有岛武郎和木田金次郎有过几次信件交往,木田也举办过个人画展。作品中的木本君身处逆境,却并未为了自己的命运而不顾手足之情,只走自己的路,而是在没有一点文化、艺术氛围的小城里为一家的生计出海打鱼,以一颗热爱亲人、接受故乡的纯朴之心,抓紧每一分每一秒画素描,他要画出故乡北海道的大自然,要在那种生存环境中努力发展自己的个性。这使作者异常感动,他在为本作品所写的广告文中说:“要对那等待出生的杰出灵魂唱一支谦逊的赞歌”,于是就有了这部通过对偶然相识的青年形象的描绘来具体表现在地球的角落中一个高贵灵魂的苦恼的名作。

其实,木本君对于艺术的执着和苦恼也是身为作家的有岛武郎的执着和苦恼。木本君在为一家的生存拼搏的同时,无法割舍对艺术的迷恋的情形,正是作为有岛家长子的作者的青春时代无限烦恼的再现,因此,读者不难从作者对于木本君的感人赞歌中看到有岛武郎自己艺术创造时的苦恼,从而进一步地了解这位著名的作家。

有岛武郎笔下的主人公往往不同于其他白桦派作家所描绘的人物,他的注意力经常集中在严酷现实生活中苦恼万分的下层工农身上,写出了他们在巨大的压抑和困苦之下,顽强地抬起不屈的艺术冲动之首的壮烈。正如木本君在信中所说的“我很想用颜料把山涂得浓浓的,使人看上去这山仿佛是由地面直耸高空”,这种出色地直逼大自然的、渗透进语言深处的力量会深深地打动读者。此外,作品中对于狂风暴雨、惊涛骇浪中海上作业的场面所作的精彩描绘给人以惊心动魄的印象,出色地表现了作者对“想冲破母胎而诞生”的“可敬的英魂”所倾注的热爱。

选文一[①]

私は自分の仕事を神聖なものにしようとしていた。ねじ曲がろうとする自分の心をひっぱたいて、できるだけ伸び伸びしたまっすぐな明るい世界に出て、そこに自分の芸術の宮殿を築き上げようともがいていた。それは私にとってどれほど喜ばしい事だったろう。と同時にどれほど苦しい事だったろう。私の心の奥底には確かに——すべての人の心の奥底にあるのと同様な——火が燃えてはいたけれども、その火を燻らそうとする[②]塵芥の堆積はまたひどいものだった。かきのけてもかきのけても容易に火の燃え立って来ないような瞬間には私はみじめだった。私は、机の向こうに開かれた窓から、冬が来て雪にうずもれて行く一面の畑を見渡しながら、滞りがちな筆を叱りつけ叱りつけ運ばそうとしていた。[③]

【选文注释】

①本段引自作品的开头，表现了作者为文学创作、为艺术追求时所感受到的苦恼。

②火を燻らそうとする："燻す"是使冒烟，本句意为"积灰很多，使得心灵深处的火只能冒冒烟"。

③滞りがちな筆…運ばそうとしていた：意为："我埋怨自己老是思绪迟滞，希望能奋笔疾书。"

选文二[①]

それを君に勧めるものは君自身ばかりだ。君がただひとりで忍ばなければならない煩悶——それは痛ましい陣痛の苦しみであるとは言え、それは君自身の苦しみ、君自身で癒さなければならぬ苦しみだ。

地球の北端——そこでは人の生活が、荒くれた自然の威力に圧倒されて、痩地におとされた雑草の種のように弱々しく頭を擡げてい、人類の活動の中心からは見のがされるほど隔たった地球の北端の一つの地角に、今、一つのすぐれた魂は悩んでいるのだ。もし僕がこの小さな記録を公けにしなかったならばだれもこのすぐれた魂の悩みを知るものはないだろう。それを思うとすべての現象は恐ろしい神秘に包まれて見える。いかなる結果をもたらすかもしれない恐ろしい原因は地球のどの隅っこにも隠されているのだ。人は畏れないではいられない。

君が一人の漁夫として一生をすごすのがいいのか、一人の芸術家として終身働くのがいいのか、僕は知らない。それを軽々しく言うのはあまりに恐ろしい事だ。それは神から直接君に示されなければならない。僕はその時が君の上に一刻も早く来るのを祈るばかりだ。

そして僕は、同時に、この地球の上のそこここに君と同じ疑いと悩みとを持って苦しんでいる人々の上に最上の道が開けよかし[2]と祈るものだ。このせつなる祈りの心は君の身の上を知るようになってから僕の心の中にことに激しく強まった。

ほんとうに地球は生きている。生きて呼吸している。この地球の生まんとする悩み、この地球の胸の中に隠れて生まれ出ようとするものの悩み——それを僕はしみじみと君によって感ずる事ができる。それは湧き出で跳り上がる強い力の感じをもって僕を涙ぐませる。

【选文注释】

①本段引自作品"九"的结尾部分，表现了作者对杰出灵魂的赞美和由衷的祝愿，既体现了作者的人道主义精神，也如实地反映了他试图将艺术至上主义与民众志向统一起来的理想，与作品的主题紧扣。文笔流畅，且充满激情。

②開けよかし：即"うまく開けてほしい"或"よく開けてくれ"之意。"かし"为助词。

【作者简介】

ありしまたけお
有島武郎（1878—1923）在美国哈佛大学留学时，爱读惠特曼、易卜生、托尔斯泰、高尔基等人的作品，并一度崇拜过克鲁泡特金。因此，在日后的文学创作中，有《圣经》的人类爱思想，有托尔斯泰的人道主义思想，有克鲁泡特金的无政府主义思想，亦有惠特曼等人的歌颂自由的思想。他总是带着深沉的同情心描写下层人民（包括妇女）的苦难生涯及精神面貌。第一次世界大战后，阶级对立日趋尖锐，有岛的思想失去了依附，深感绝望。他曾做过真诚的努力，包括放弃个人财产及把土地分给北海道有岛农场的雇工，但思想没能出现根本转化，最后在轻井泽别墅中自杀。（作者介绍请参看《一个女人》）

25 地狱变/地獄変

芥川龙之介

【作品梗概】

从前,一个名叫堀川的权势极大的大公家有位名画家良秀,不仅吝啬、贪心,而且很霸道、自傲,长得又丑,很讨人嫌。人们给他送了个诨名叫猿秀。他心爱的独生女是大公府上的女侍,虽然年龄不大,却特别懂事、伶俐,大公家的人都喜欢她。良秀心疼女儿,多次请求大公放回自己的女儿,因此引起了大公的不快。

有一次,大公命令良秀画一幅《地狱变》的屏风画,良秀受命后五六个月没上府,一心一意地创作。他作画有个特点:凡是没看到过的东西总画不好,所以他把弟子当作模特儿,用铁链绑着弟子的裸体看他那透不过气来的痛苦相,又让猫头鹰去袭击弟子,画下他毛骨悚然的恐怖模样。一天,良秀告诉大公屏风大体画成,只有一处画不出来。他请大公给他一辆贵族的槟榔牛车,里面让一华贵的嫔妃乘坐,然后点着火,他要观察这个女子烧死时的惨状。大公阴沉着脸,突然大笑着答应了。几天后的一个夜晚,被绑在熊熊烈火燃烧的牛车上的竟是良秀的爱女。良秀在大火面前先是恐怖、惊慌、悲哀,接着又呆滞,仿佛在地狱里受罪,最后他那皱瘪的脸上居然发出了一种难以形容的喜悦的光辉。"这时候,良秀已不是一个凡人,样子极其威猛,像梦中所见的怒狮"。

屏风画作成了,那幅画上狂风烈焰、漫天盖地,画面的恐怖气氛,全集中在一个在火焰中披头散发、扭歪了雪白的脖子、显出万分痛苦神情的宫女身上，看了令人心惊胆战。从此以后，即使平时最厌恶良秀的人，也受到其一丝不苟的精神影响，再也不说他的坏话了。画好屏风的次日晚上，良秀在自己的屋内悬梁自尽了。

【作品鉴赏】

短篇小说《地狱变》1918年发表于《每日新闻》，当时作者已发表了《鼻》《芋粥》《戏作三昧》和第一、第二短篇小说集《罗生门》《香烟与恶魔》，在文坛上有了不小的名气。这一年，他住在镰仓，一面跟高浜虚子学习俳句，一面进行小说创作。

作者的短篇小说写得十分出色，本篇就是代表。它通过一个仆人的嘴，叙述了主人公为了追求艺术不顾一切，即使爱女牺牲也强忍哀伤，在所不惜的形象。这个血淋淋的故事，客观地写出了奴隶主的骄奢淫侈和深受压迫的仆人们的悲惨命运，读了使人有惊心动魄之感。作者把古典作品《宇治拾遗物语》和《古今著闻集》中的两个故事合在一起作为本篇小说的题材，但又完全不受原典的约束，作品构思新颖、人物和场面的描写鲜明、逼真、文体严谨，首尾一致，遣词造句生动。作者的创作态度一贯十分认真，每一部作品在风格和形式上都有所变化，日本文学评论家们公认他具有“罕见的才华”，是一名天才作家。

一般认为，本篇小说的主题是作者借画家良秀来表现自己艺术至上的观点，小说通过良秀和大公个性上的矛盾，表现了以心理的解释来创作历史小说的作者追求艺术和人生价值转换的观点。良秀的最终结局意味着：虽然舍弃了生命，却确保了艺术家的尊严。艺术具有高于生命和人生的价值。不过也有一些人持不同看法：良秀的自缢是因为他使自己的爱女被烧死之后的不得已的结果，他能够陶醉于艺术境地之中不过是一段短促的时间而已，一旦道德意识恢复，就会用理智来压抑感情，用自杀来结束生命，因此，这部作品究竟是为了表现艺术和道德的相克还是意在说明艺术世界内部的严酷尚不清楚，也许是两者兼而有之。从这个意义上说，这只是一篇“思想性较浅”的杰作。同时，本作品在一定程度上反映了因为无法将艺术和自己的现实生活统一起来而感到极大苦恼的作者内心的矛盾。

选文一[1]

良秀のその時の顔つきは、今でも私は忘れません。思わず知らず車の方へ駆け寄ろうとしたあの男は、火が燃え上ると同時に、足を止めて、やはり手をさし伸した儘、食い入るばかりの眼つき[2]をして、車をつつむ焔煙を吸いつけられたように眺めて居りましたが、満身に浴びた火の光で、皺だらけな醜い顔は、髭の先までもよく見えます。が、その大きく見開いた眼の中と云い、引き歪めた唇のあたりと云い、或は又絶えず引き攣っている頬の肉の震へと云い、良秀の心に交々往来する恐れと悲しみと驚きとは、歴々と顔に描かれました。首を刎ねられる前の盗人でも、乃至は十王の庁[3]へ引き出された、十逆五悪の罪人[4]でも、ああまで苦しそうな顔は致しますまい。これには流石にあの強力の侍でさえ、思わず色を変えて、畏る畏る大殿様の御顔を仰ぎました。

が、大殿様は緊く唇を御噛みになりながら、時々気味悪く御笑いになって、眼も放さずじっと車の方を御見つめになっていらっしゃいます。そうしてその車の中には——ああ、私はその時、その車にどんな娘の姿を眺めたか、それを詳しく申し上げる勇気は、到底あろうとも思われません。あの煙に咽んで仰向けた顔の白さ、焔を掃ってふり乱れた髪の長さ、それから又見る間に火と変って行く、桜の唐衣[5]の美しさ、——何と云う惨たらしい景色でございましたろう。殊に夜風が一下しして、煙が向うへ靡いた時、赤い上に金粉を撒いたような、焔の中から浮き上って、髪を口に噛みながら、縛の鎖も切れるばかり[7]身悶えをした有様は、地獄の業苦を目のあたりへ写し出したかと疑われて、私始め強力の侍までおのずと身の毛がよだちました。

【选文注释】

①本段引自《地狱变》"十八",在这里,在车里被残忍地活活烧死的女儿、目睹这一惨状的良秀的痛苦以及大公的狞笑在熊熊烈焰的衬托下形象地呈现在读者面前。

②食ひ入るばかりの眼つき:极其认真的眼神。

③十王の庁:冥府、阴间。佛教中"十王"指阴间的秦广王、初江王、宋帝王、伍官王、阎魔王、变成王、泰山王、平等王、都市王、五道转轮王。

④十逆五悪の罪人:十恶不赦的罪人。"十逆"指佛教中的十恶,即杀生、偷盗、邪淫、妄语、绮语、离间、恶语、贪欲、仇恨、愚疑。"五恶"也是佛教中的五种罪恶。

⑤桜の唐衣:平安时代妇女穿的苏芳红色的礼服。"桜"指一种重叠色(衣料),外面白色,里面深苏芳红色。

⑥ばかり:副助词,表示接近某种状态的程度,相当于汉语中"眼看就要"的意思。与"…ばかりになっている""…ん(ぬ)ばかり"的形式同义。

选文二[1]

その火の柱を前にして、凝り固まったように立っている良秀は、——何と云う不思議な事でございましょう。あのさっきまで地獄の責苦に悩んでいたような良秀は、今は云いようのない輝きを、さながら[2]恍惚とした法悦[3]の輝きを、皺だらけな満面に浮べながら、大殿様の御前も忘れたのか、両腕をしっかり胸に組んで、佇んでいるではございませんか。それがどうもあの男の眼の中には、娘の悶え死ぬ有様が映っていないようなのでございます。唯美しい火焔の色と、その中に苦しむ女人の姿とが、限りなく心を悦ばせる——そう云う景色に見えました。

【选文注释】

①本节引自《地狱变》"十九",主要写了艺术至上主义者良秀从看到女儿被烧死的痛苦到感到只有艺术家才能体味的喜悦时的形象,旨在表明良秀追求艺术

已到了超人的地步。
②さながら：宛如。相当于“まるで”“あたかも”。
③法悦：佛家语，意为从佛教信仰及菩萨教导中所得到的喜悦之情。

【作者简介】

芥川竜之介（あくたがわりゅうのすけ）（1892—1927）生于东京京桥，从小受到良好的教育，爱读文学书籍，求学时就教于夏目漱石先生。1916年毕业于东京大学后开始创作小说，并于菊池宽、久米正雄等人发行第四次《新思潮》同人杂志。小说《鼻》曾受到夏目先生的高度评价，其他主要作品还有《邪宗门》《罗生门》《戏作三昧》《河童》《秋》等，是大正时期“新思潮派”“新理智派”“新技巧派”的代表作家。晚年因“漠然的不安”而自杀。现在每年两度颁发的“芥川奖”就是为纪念作者、表彰纯文学领域的新秀作家而设立的。（作者介绍请参看《罗生门》）

温馨提示：本作品提供日文版PDF电子书。
关注“华东理工大学出版社”官方微信，发送“ryxs”免费获取本作品电子书。

26 田园的忧郁/田園(でんえん)の憂鬱(ゆううつ)

佐藤春夫

【作品梗概】

在武藏野的最南端有一个与大城市为邻的世外桃源——一个长满野草的乡村。诗人离开了人声嘈杂得令人窒息的大城市,和妻子带着两条狗、两只猫来到了这里。房子周围一片荒芜,屋后的小山上长满了竹丛,这景色和夫妇俩喜欢的《雨月物语》中的"浅茅"旅店一模一样。听说从前这儿是这个村最有钱的财主和他年轻的小老婆居住的地方,后来小老婆跟着青年男子私奔,老财主也死了。本村的农民在这儿住了一段时间,以后就一直任其荒芜。盛夏的院内草木茂盛,生机盎然。有一天,诗人在院子里散步时,忽然发现院子的墙角有几株蔷薇,虽然已过八月中旬,可蔷薇上却不见一片绿叶。诗人很爱蔷薇,他一直铭记着歌德的诗句"蔷薇处处开",便拨开遮挡蔷薇的梅、杉树枝叶,让它们沐浴阳光。

夏去秋来,四周变得宁静了。诗人烦躁不安的心稍稍得到安定,竟然忘记了那几株心爱的蔷薇,他终日置身在无聊的、毫无生气的生活中,感到心身疲劳。一天早晨,他像往日一样去井边洗脸时,突然发现一朵小小的蔷薇花,不禁激动得热泪盈眶。可是,没过多久,他的感动就变成了自嘲。希望回城市生活的妻子、嗡嗡直叫的苍蝇、无休无止的淫雨,把青蛙叼进屋的小猫、与村民们争吵、为挣脱锁链寻求解放的狗的狂吠、使人想入非非的山丘,一切的一切又使他感到焦躁不安。耳鸣和幻觉常常袭扰着他,有时竟使他想到了死。深秋的一天，雨过天晴，他忽然看到了正在死去的蔷薇，好像听到了“哦，蔷薇，你病了！”的叫声。

【作品鉴赏】

这部小说1917年在《黑潮》杂志上发表时题名为《病蔷薇》，第二年九月，续篇《田园的忧郁》在《中外》杂志上发表，之后作者做了很大的改动，于1919年由新潮社出版了单行本。作者为写本作品整整花了两年工夫，出单行本时又修改了四次（后半部五次），因此，这是作者倾注了心血的一部力作。

小说没有什么情节，也没有人物之间复杂的心理争斗，它所着力描写的只是主人公的颓丧、苦闷、忧郁的内心世界和各种奇妙的幻觉，在幻觉之中，常常插着主人公和蔷薇的对话。美丽的田园风光等外界景致的描写，也大多是作者内心世界的表象化，美丽的景色随着主人公的心情而变化、变色、变形，最终又和他的心情融为一体。作者把这一切描绘得充满伤感和诗意，就像一个神经在颤抖的、充满了幻想的人在看万花筒。所谓“病蔷薇”，实际上反映了当时作者的一种沉沦和颓丧的心境，也意味着在无所事事和倦怠生活中作者理智的自我觉醒，所以，这部以往日本近代小说中不曾出现过的小说又被称作心理青春小说，或许说它是一篇青春散文诗更为确切。

本作品除了可以说明作者用精神分析的方法和抒情的、富有色彩的笔调在反映当时部分知识分子的孤独、忧郁、彷徨、颓废的内心境界方面颇有独到之处和艺术上的成功之外，并没有多少积极的思想意义。不过，它被当作日本大正时期有代表性的名作，曾得到当时以唯美主义作家谷崎润一郎为首的一些作家的高度评价。以后，作者和谷崎在很长时间里保持着友谊。四年后，作者又发表了姐妹篇《都会的忧郁》，出场人物和动物都和本作品相同，不同的是，该作品写的是从自然回到现实生活中并跨出第一步的文学青年的故事。

选文一[1]

図らずも、ある朝——それは彼がそれの手入れをしてやってから二十日足らずの後である。彼は偶然、それらの木のある緑鮮やかな茎の新しい枝の上に花が咲いているのを見出した。赤く、高く、ただ一つ。「永い永い牢獄のなかでのような一年の後に、今やっと、また五月が来たのであろうか！」その枯れかかっていた木の季節はずれな花は、歓喜の深い吐息を吐き出しながら、そう言いたげに、今四辺を見まわしているのであった。秋近い日の光はそれに向って注集していた。おお、薔薇の花。彼自身の花。「薔薇ならば花開かん」[2]彼は思わず再び、その手入れをした日の心持が激しく思い出された。

【选文注释】

①本节叙述主人公在不知不觉中把蔷薇忘掉，又在井边看到它开花时的激动心情。作者运用的抒情、随笔式的写法贯穿在整部作品之中，像一首娓娓动听的长诗。

②薔薇ならば花開かん：这句歌德的名言在作品中被多次引用。主人公看到这棵经自己整修后又开了花的蔷薇，“一种说不出是喜还是悲的难以名状的感情涌上了心头”，这朵娇小可怜、有点畸形的花朵使他禁不住感慨万千。

选文二[1]

彼は、何時初めてこの丘を見出したのであろう？　とにかく、この丘が彼の目をひいた。そうして彼はこの丘を非常に好きになっていた。長い陰気なこのごろの雨の日の毎日毎日に、彼の沈んだ心の窓である彼の瞳を、人生の憂悶からそむけて外側の方へ向ける度毎に、彼の瞳に映ってくるのはその丘であった。

その丘は、わけても、彼の庭の樹樹の枝と葉とが形作ったあの穹窿形の額縁を通して見る時に、自ずと一つの別天地のような趣があった。ちょうどいいくらいに程遠くで、そうして現実よりは夢幻的で、夢幻よりは現実的で、その上雨の濃淡によって、或る時にはそれが彼の方へ稍近づいて，或る時にはずっと遠退いて感じられた。或る時には擦ガラスを透かして見るようにほのかであった。

その丘はどこか女の脇腹の感じに似ていた。のんびりとした感情を持ってうねっている優雅な、思い思いの方向へ走っている無数の曲線が、せり上がって、せり持ちになって②出来上がった一つの立体形であった。そうして、あの緑色の額縁のなかへきちんと収まって、例えば、最も放胆に開展しながらも、発端と大団円とがしっかりと照応できる物語のように、その景色は美しくも、少しの無理も無く、その上にせせっこましく無しに③纏わっていた。それはどこかに古代希臘の彫刻にあると謂われている沈静な、而も活き活きとした美をゆったりと湛えて居た。それは気高い愛嬌のある微笑をもった女の口の端にも似ている。

【选文注释】

①本段对山丘的描写并非单纯的自然描写，它在作品中起着相当重要的作用。因长久的淫雨而焦躁不安的主人公要把视角避离人生的忧郁，当他向外眺望时，首先看到的就是这座山丘。有一天，当妻子去东京后，主人公竟然饶有兴致地望着山丘看了大半天，想入非非。他把山丘称为“仙境中的山丘”，觉得自己飘飘然地成了仙境中的国王。到本作品结尾处，这座山丘再次出现，与这里的描写呼应，主人公望着山丘暗忖：“最后，我会不会在那儿自缢呀？那儿好像有什么东西向我召唤呢。”这段描写形象地写出了作者虚无颓废、精神上自我崩溃的心境。

②せり持ちになる：（由下往上拱的）拱形、拱洞。

③せせっこましく無しに：并不狭窄、并不局促地。文语残余“なし”即“ない”。

【作者简介】

佐藤春夫（1892—1964）生于和歌县。15岁起开始学习写作诗歌，中学毕业后曾拜生田长江为师学习写作，考入庆应大学后，在《三田文学》《昂星》杂志上发表诗文。从庆应大学辍学后，开始学写散文。作者多才多艺，想象力丰富，在小说、诗、评论、随笔、戏曲、游记等各方面均有建树，成为大正时期的中坚作家，其名声一度超过了谷崎润一郎和芥川龙之介。主要作品还有《更生记》《阿绢兄妹》《殉情诗集》《近代日本文学的展望》《晶子曼陀罗》等。1960 年获文化勋章。我国作家郁达夫的创作风格一定程度上受到他的影响。

27 一个女人(又译《叶子》)/ある女(おんな)

有岛武郎

【作品梗概】

早月叶子出身于日本桥钉店的医生家庭,父亲是有名的医院院长,母亲是基督教妇女同盟会副会长、社会名流。叶子才色兼备,热情、任性,从教会学校毕业后,与随军记者木部孤笻在车上一见钟情。木部写的一些战场报道使他一举成名。对爱情十分渴求却又很盲目的叶子与木部热恋之后,不顾父母的反对,自主结婚。可是,两个月后他们就分手了,因为叶子明白了男人一结婚就想束缚女子的真心。她把与木部生的孩子定子托人抚养,自己依旧过着放纵的生活,因而受到亲朋的白眼。

不久,父母都去世了。母亲临死前要叶子去美国和一名姓木村的青年结婚,她只能怀着一种自暴自弃的心情去找木村。在"松岛丸"轮船上,叶子很快引起许多人的注意,以田川博士夫人为首的妇人们则向她投以嫉妒的目光。这艘船的事务长仓地身材结实、声音浑厚、举止粗野,使叶子感到一种不可思议的威严并被他吸引,在仓地近乎暴力的爱抚下,她终于忘记了一切又投入仓地的怀抱,成了他的俘虏。轮船到达美国后叶子没上岸,她对木村谎称有病,与仓地同船回到横滨。仓地打算遗弃自己的妻子和叶子悄悄地同居,叶子也狂热地爱着他,但是,两人的关系被报纸当作丑闻公布,仓地失去了工作,叶子也受到各方面的指责,声名狼藉,处境孤立,可是两人依然不顾一切地相爱着。仓地开始充当国际间谍,出卖国家机密换取金钱;叶子则利用木村的爱向他刮取钱银。绝望中的叶子变得歇斯底里,终于对仓地的爱发生了怀疑,两人间有了裂痕。仓地意识到自己的间谍行为即将暴露,便丢下叶子销声匿迹了。这时,叶子的子宫病变,动了手术,躺在小医院的病床上身心俱痛,她在后悔:"错了……但这又是谁的过错呢。我不明白。反正,我很后悔。"她一步步地向死神走去。

【作品鉴赏】

长篇小说《一个女人》的前半部最初于1911年在《白桦》杂志上连载,至1913年刊载完毕,至1919年作者又进行修改并写完后半部,共花了近十年的时间。发表后获得广泛好评,被誉为日本近代文学纪念碑式的杰出长篇小说。

主人公叶子是位自我意识强烈的女性。家庭、社会和偏见使她不能自由自在地生活,不能舍弃一切去追求爱情,然而,她偏要与旧习惯和对女性的束缚抗争,做一个"反传统道德的女性"。她不甘屈从虚伪的世俗和把女性当成封建时代奴隶的旧道德,追求与男子平等、可以主宰自己的一个女人的生活。不过,叶子却不知道自己该怎么办,在经济上亦无法摆脱依赖男性的局面,结果,她只能从男性身上得到所谓生存快乐的源泉。由于周围没有人能够理解她,她所选中的男性又都只是把她当作一个女人来爱的,所以对现实不满的叶子反抗的欲念愈益强烈,结果,遭到的是更沉重的打击,直到"遍体鳞伤"、无可挽救的地步。

主人公叶子是深受旧时代和封建社会欺压而又拼命挣扎的女性,她是日本近代社会中一名自我觉醒后进行了斗争却又遭到败北的女性代表。在叶子的悲剧中,充满了作者对明治时代日本半封建社会的强烈义愤和抗议,从这个意义上说,叶子其实就是作者的化身。作者对于艺术的热情和采用的坚定的现实主义描写手法使得他塑造的人物形象非常饱满,作品的构思严谨,文笔华茂遒劲,很有力感。这部作品对所谓的"人的实体"的探索成就,无论是外表还是内心都远远超过了当时自然主义文学所表现的"自我",因此,它不愧为大正小说中的一座高峰。

选文一①

今寝床から起き上がったらしい事務長は、荒い棒縞のネルの筒袖②一枚を着たままで、目のはれぼったい③顔をして、小山のような大きな五体を寝床にくねらして、突然はいって来た葉子をぎっと見守っていた。遠の昔に心の中は見通しきっているような、それでいて言葉もろくろく交わさないほどに無頓着に見える男の前に立って、葉子はさすがにしばらくは言い出すべき言葉もなかった。あせる気を押し鎮め押ししずめ、顔色を動かさないだけの沈着を持ち続けようとつとめたが、今までに覚えない惑乱のために、頭はぐらぐらとなって、無意味だと自分でさえ思われるような微笑をもらす愚かさをどうする事もできなかった。（略）

「お葉さん」(事務長は始めて葉子をその姓で呼ばずにこう呼びかけた)突然震えを帯びた、低い、重い声が焼きつくように耳近く聞こえたと思うと、葉子は倉地の大きな胸と太い腕とで身動きもできないように抱きすくめられていた。

【选文注释】

①本段引自《一个女人》“前编”，叙述对叶子一生有着重要影响的仓地以其男性的粗犷和威严镇服她的场面。渴望自由得到男性爱情的叶子很快成了仓地的俘虏。

②荒い棒縞のネルの筒袖：直线粗条纹的法兰绒小袖子衣服。

③はれぼったい：有点浮肿的。“ぼったい”是结尾词，上接形容词词干或动词连用形，意为“像……样子”“有……感觉”。

选文二①

葉子は精も根も尽き果てようとしているのを感じた。身を切るような痛みさえが時々は遠い事のように感じられ出したのを知った。もう仕残していた事はなかったかと働きの鈍った頭を懸命に働かして考えてみた。その時ふと定子の事が頭に浮かんだ。あの紙を焼いてしまっては木部②と定子とがあう機会はないかもしれない。だれかに定子を頼んで…葉子はあわてふためきながらその人を考えた。

内田③…そうだ内田に頼もう。葉子はその時不思議なくなつかしさをもって内田の生涯を思いやった。あの偏頗で頑固で意地っぱりな内田の心の奥の奥に小さく潜んでいる澄みとおった魂が始めて見えるような心持ちがした。

葉子はつやに古藤④を呼び寄せるように命じた。(略)

それから一時間苦しみ続けた後に、古藤の例の軍服姿は葉子の病室に現われた。葉子の依頼をようやく飲みこむと、古藤はいちずな顔に思い入った表情をたたえて、急いで座を立った。

葉子はだれにとも何にともなく息気を引き取る前に内田の来るのを祈った。

しかし小石川に住んでいる内田はなかなかにやって来る様子も見せなかった。

「痛い痛い痛い…痛い」

葉子が前後を忘れわれを忘れて、魂をしぼり出すようにこううめく悲しげな叫び声は、大雨のあとの晴れやかな夏の朝の空気をかき乱して、惨ましく聞こえ続けた。

【选文注释】

①本段引自《一个女人》“后编”的结尾部分,叙述叶子的悲惨结局。当叶子感到自己行将死亡时,想把自己与木部生下的女儿定子托付给牧师内田,因为他过去曾深深地爱过叶子。叶子在临终前想起内田意味着她想到了“纯净的灵魂”,这与她悲呼疼痛的声音一起,成为叶子彻底败北的证明,同时也象征着日本近代畸形的社会风貌,寓意深刻。

②木部:叶子的前夫,原型是国木田独步,叶子的原型是佐佐城信子。

③内田：原型为日本明治时代的重要思想家、基督教徒内村鉴三。

④古藤：原型为作者有岛武郎。

【作者简介】

有島武郎(1878—1923)生于东京，既接受过具有武士气质的父母给予的严格教育，也接受了欧美式的教育，先后在学习院中等科和札幌农学校就读。青年时受朋友森本影响一度信基督教，曾拜内村鉴三为师。1903 年去美国留学攻读历史和经济，后对文学产生兴趣，又接触了社会主义思想。1910 年参加《白桦》同人杂志，为白桦派重要作家。代表作还有《宣言》《该隐的末裔》《诞生的苦恼》《星座》《石头下的小草》等小说，另有《一个宣言》和《不惜夺爱》等评论。(作者介绍请参看《诞生的苦恼》)

28 友情/友情

武者小路实笃

【作品梗概】

剧作家野岛对朋友仲田的妹妹杉子一见钟情。杉子 16 岁，长得清秀、娇美，看上去像十八九岁的大姑娘。23 岁的野岛其实并不了解女性，他在心中马上把杉子理想化了，无法遏制爱情的烈火，把心中的一切告诉了好友——小说家大宫。大宫向他祝福，激励他鼓足勇气去追求，并一口答应竭尽全力帮助野岛。

到了夏季，野岛在大宫的劝说下两人结伴到镰仓的别墅去小住，仲田兄妹也到镰仓并经常来访。野岛不禁担忧起来：莫非杉子爱上了大宫？可是大宫还是一直劝野岛大胆进攻。一次，野岛病后去海滨散步，正好遇到来游泳的杉子说，大宫热情地赞扬了自己。野岛激动之余，深感幸福并由衷地感谢大宫的友情。夏天过后，大宫决定出国留学，在为他送行之日，野岛方知杉子是倾心于大宫的。大宫离开日本一年后，野岛正式向杉子求婚，但是遭到杉子父亲、哥哥和本人的拒绝，他感到绝望。又过了一年，野岛得知杉子要出国，这时，他在文坛上已占有一席之地，但对杉子的爱火尚未泯灭，他相信大宫的友情将起到作用。

这时，杉子却一次又一次地写信给大宫表露爱慕之心，而大宫回信总劝她和野岛成亲。最后大宫终于被杉子炽热的爱情俘虏。为了求得野岛的谅解，大宫从巴黎把自己的小说寄回国内发表，小说是以大宫和杉子通信的形式写成的。野岛读了这篇小说，才了解大宫和杉子之间爱情发展的经过以及大宫因友情和爱情的矛盾在备受痛苦折磨后接受杉子爱情的决心。他“哭泣、感谢、恼怒、呼唤”，可是，野岛并没有在打击和痛苦中消沉，而是决心从失恋中振作起来继续奋进。

【作品鉴赏】

本作品1919年在《大阪每日新闻》报上连载，翌年春季出版单行本。这部中篇小说写了一对好友的友情破灭的经过，大宫为友情尽了最大的努力，最终还是夺走了朋友所爱的人。作者生动逼真地描写了具有内省气质又追求心灵真实的野岛，他为爱情产生过苦恼、绝望，失去杉子后受到沉重的打击，然而他有从失恋的痛苦中站立起来的勇气。大宫是个注重友情、热情纯洁的青年。很明显，作者对他不得不置友情于脑后，接受杉子爱情的利己行为持肯定态度。这两位好友最后竟会失去多年的友情，正是本作品能够吸引读者的地方。作者笔下的杉子聪颖、美丽、诚实、有主见，她的形象比夏目漱石写的《三四郎》中的新女性三千代更有新意。不难看出，本作品集中反映了白桦派理想主义作家的恋爱观以及他们一贯希望人类在生活中不断成长、发展的美好愿望。评论家吉田精一在评价本作品时说：“恋爱成功者从这里获得了力量，失恋者也从这里受到了锻炼，两者按照自己的命运各有所获，因而加强了各自生活下去的力量。这是一部明朗、在结构上双线平行发展的杰作。”

这部小说以简洁明快的文体一气呵成，十分朴实，没怎么使用人为的技巧，作者大胆直率、感情丰富的描写形成了它的特点，可以说这是一种“无技巧的技巧”，另外，书信和对话的形式对于表达人物纤细、变化的心理起到了极好的烘托作用。

选文一[1]

今(いま)でもあなたは野島(のしま)さまのことを心配(しんぱい)していらっしゃる。野島(のしま)さまへの義理(ぎり)をかかない[2]ために、私(わたし)を捨(す)ててもいいように思(おも)っていらっしゃる。私はあなたの義理の固いのを尊敬いたしますが、もっと私のこともお考え下さい。さもないと私が可哀そうです。野島さまはきっと私を失っても、もっと適当な方におあいになるにちがいありません。その証拠には私を私のままにはお愛しになれないのでもわかります。第一、私の心に野島さまの愛が少しもひびかないのでわかります。大宮さま、あなたは私をおすてになってはいけません。私はあなたの処に帰るのが本当なのです。大宮さま、あなたは私をとるのが一番自然です。友への義理より、自然への義理の方がいいことは「それから」の代助③も言っているではありませんか。どうぞ、私をすてないで下さい。私はあなたのものです、あなたのものです。私の一生も、名誉も、幸福も、誇りも、皆、あなたのものです、あなたのものです。あなたのものになって初めて私になるのです。あなたを失ったら私はもう私ではありません。それはあまりに可哀そうな私です。私はただあなたのわきにいて、御仕事を助け、あなたの子供を生むために(こんな言葉をかくことをお許し下さい)ばかりこの世に生きている女です。そしてそのことを私はどんな女権拡張者の前にも恥じません。「あなたたちは女になれなかった。だから男のように生きていらっしゃい。私は女になれました。ですから私は女になりました」そう申して笑いたく思います。二人で生きられるものは仕合せ者です。ね、そうではありませんか。大宮さま。

【选文注释】

①本节引自《友情》"下篇八",是杉子给大宫的第五封信。大宫出于友情一再劝杉子去爱野岛,这反而使杉子热爱大宫的决心更加坚定,她在心中敞开胸怀,捧出一颗炽热的爱心,最后终于战胜了大宫的友情。信中可以看出新女性杉子的性格。

②義理をかかない:不欠情,不缺理。

③代助:夏目漱石小说《后来的事》的主人公,他曾出于对朋友的侠义心,放弃了

深爱的三千代，后来只得忍受了三年自己所轻视的“自然”向他复仇的痛苦。

选文二①

「君よ。君の小説は君の予期通り僕に最後の打撃を与えた。ことに杉子の最後の手紙は立派に自分の額に傷を与えてくれた。これは僕にとってよかった。僕はもう処女ではない。獅子だ。傷ついた、孤独な獅子だ。そして吠える。君よ、仕事の上で決闘しよう。君の残酷な荒療治は僕の決心をかためてくれた。今後も僕は時々淋しいかも知れない。しかし死んでも君たちには同情してもらいたくない。僕は一人で耐える。そしてその淋しさから何かを生む。見よ、僕も男だ。参り切り②にはならない。君からもらったベートーフェンのマスク③は石にたたきつけた。いつか山の上で君たちと握手する時があるかも知れない。しかしそれまでは君よ、二人は別々の道を歩こう。君よ、僕のことは心配しないでくれ、傷ついても僕は僕だ。いつかは更に力強く起き上がるだろう。これが神から与えられた杯ならばともかく自分はそれをのみほさなければならない」

【选文注释】

①本节引自《友情》的结尾处，是野岛读完大宫的小说后写给他的信。信中一方面表明了两人友情的决裂，另一方面作者在写野岛决心今后在工作上与大宫比试的对抗意识的同时，仍然让野岛表现出对朋友的信赖和友情。这正是作品的主题：恋爱的成败无关紧要，重要的是当事者经受了锻炼，有了新的提高。

②参り切る：（因失败等）一蹶不振，垮下去。

③ベートーフェンのマスク：贝多芬的面具像。

【作者简介】

武者小路実篤（1885—1976）生于东京，毕业于贵族学校学习院高等科，受托尔斯泰的影响很深。1910年与志贺直哉等人创办《白桦》杂志，是白桦派代表作家，为近代日本文学的发展做出了贡献。1918年到九州日向的偏僻村庄去建设理想中的乌托邦新村。他肯定自我，主张在作品中诚实地表现自己，大多数作品是他思想和人生观的真实写照。其主要作品还有《幸福者》《他的妹妹》《人类万岁》和《真理先生》等。曾获得日本政府颁发的文化勋章。

29 珍珠夫人/真珠夫人（しんじゅふじん）

菊池宽

【作品梗概】

渥美信一郎搭乘汽车从国府津到汤河原去的途中，因车祸，眼瞅着刚认识的文科生青木淳死去。青木淳临死时说了信一郎认识的庄田琉璃子的名字，接着，信一郎又从青木托他扔到海里去的笔记本上得知他遭到琉璃子的愚弄，一直寻思自杀，这次终于遭此惨祸。信一郎遵照青木要向琉璃子要回表的遗言，找到麹町五番町的庄田家。琉璃子表面上痛悼青木的死，但是，从她那雍容华贵的仪态上，却丝毫看不出悲伤的神情。

原来琉璃子是唐泽男爵的爱女，长得像清秀高雅的珍珠一般楚楚动人。她和恋人杉野直也一起嘲笑过炫耀金钱势力的高利贷者庄田胜平，后招致他的记恨。庄田靠金钱施诡计使琉璃子的父亲唐泽男爵身败名裂，并要娶琉璃子为后妻。为了复仇和用不同寻常的手段对抗金钱势力，琉璃子离开了杉野，与40岁的、已生有一个白痴儿子胜彦和一个女儿美奈子的庄田结了婚。婚后，琉璃子只是用媚态来挑逗、折磨他，并不与之同房，使庄田十分苦恼。半年后的一个暴风雨的夜晚，庄田企图以暴力迫使琉璃子就范时，遭到爱慕琉璃子的儿子胜彦的袭击，庄田把子女托给琉璃子后因心肌麻痹很快死去。琉璃子达到了复仇的目的，得到了数以百万计的财富，但是，她的心却变得扭曲，以自己的年轻美貌，转而向云集于她裙下的其他男性施行报复。她办的沙龙会中有青木兄弟俩。哥哥淳死后，弟弟稔继续追求她。他随琉璃子和美奈子一起去箱根避暑，并诚心诚意向琉璃子求婚。此时，表面上像妖妇，实际上像慈母般照料美奈子的琉璃子发现女儿已经爱上了稔，所以在强罗公园拒绝了稔的求婚。当天晚上，稔得知哥哥淳的死因，便刺伤了琉璃子，自己也在芦湖投水自尽。杉野直也从神户赶到濒死的琉璃子身边，奄奄一息的琉璃子把美奈子托付给直也，像一朵凋零的大红牡丹花一样告别了人世。美奈子在她贴身内衣里找到了琉璃子缝在内衣中的直也学生时代的照片。东京的报纸说琉璃子是“吸吮男性鲜血的美丽妖魔”，然而，她嫁给庄田后，始终保持着处女的贞洁，至死都思念着初恋对象杉野直也。人们这才知道，这个被当作吸血鬼的女人对待爱情的真心竟像珍珠一般纯洁。

【作品鉴赏】

《珍珠夫人》是作者创作的第一部长篇报载小说，1920 年 6 月至 12 月在《大阪每日新闻》和《东京日日新闻》上连载，同年 11 月由新潮社出版单行本。作为一个纯文学作家创作的第一部通俗小说，引起了读者的强烈反响，多次被改编为电影、戏剧上演，它改变了以往日本报载小说的面貌，使之地位有所提高。

本作品通过美貌纯洁的主人公琉璃子对男性的利己主义复仇的故事，批判了金钱万能的社会风气，作者摒弃了深入剖析这一不合理社会风气的理性说教，用充满正义感的人物形象来说明问题，使作品富有常识性，语句通俗易懂、简洁明快，背景丰富多彩，人物的习俗显得时新华丽，还把第一次世界大战后日本社会中的新动向以及大正时期的妇女问题巧妙地糅合在故事之中。另外，作品还运用侦探小说的技巧，加强了悬念，烘托了气氛。作者信奉“生活第一、艺术第二”的文学信条，作品中大部分人物都有健全的常识，恪守生活中的道德，所以易被大多数读者接受，格调上有些类似明治时代的大作家尾崎红叶的《金色夜叉》。

当然，这部小说也存在着一些明显的不足之处，由于作者过于热情、紧张，琉璃子守寡以后的描写显得不自然，人工编造痕迹较重，一定程度上损害了她的艺术形象，另外，小说中列举了不少金钱万能的现象和矛盾，却不做处理和交代就放了过去，这不仅使作品在构思上露出破绽，也有缺少深度之嫌。作家川端康成比较客观地评价说："琉璃子作为新女性的形象是不圆满、有矛盾的，但体现了通俗作家菊池宽的道德和准则，保证了家庭小说应具有的健康性，因此，有理由认为它是成功的。"（《菊池宽全集第九卷解说》）

选文[1]

美奈子は、青年の姿を見ない前までは、青年の同行することは、恐ろしいが同時に限りない歓喜がその中に潜んでいるように思われた。が、それが実現して見ると、それは恐ろしく、寂しく、苦しいだけであることが、ハッキリとわかった。この先ひと月も、こうした寂しさ苦しさを、味わっていなければならぬかと思うと、美奈子の心は、墨を流したように真暗になってしまった。

汽車は、美奈子の心の、恋を知り初めた処女の苦しみと悩みとを運びながら、グングン東京を離れて行った。

夫人と青年との親しそうな、しめやかな、会話は続いた。夫人は久しぶりに逢った弟をでも、愛撫するように、耳近く口を寄せて囁いたり、軽く叱するように言ったりした。青年は青年で、姉にでも甘えるように、姉から引き廻されるのを欣ぶように、柔順に温和に夫人の言葉を、一々微笑しながら肯いていた。

美奈子は、母と青年との会話を、余りに気にしている自分が、何だか恥かしくなって来た。彼女は、成るべく聞くまい見まいと思った。が、そう努めれば努めるほど、青年の言葉やその白皙の面に浮ぶ微笑が、悩ましく耳に付いたり、眼についたりした。

青年の面には、歓喜と満足とが充ち溢れているのが、美奈子にも感ぜられた。

【选文注释】

①本段引自《珍珠夫人》的后半部。主人公琉璃子向庄田复仇成功后，又开始对其他男性复仇，其中包括青木兄弟。夏天，琉璃子和庄田的女儿美奈子共同邀请青木稔去箱根避暑。此时的美奈子已情窦初开，悄悄地爱上了稔，馏璃子知道这一点后，便拒绝了稔的求爱。本段通过美奈子的观察和感受，写出了“美丽妖魔”琉璃子对稔的捉弄以及稔对她的痴情。文章语句短小、简练，通俗易懂，有菊池宽独特的写作风格。

【作者简介】

菊池寛(1888 — 1948)生于香川县。小时候因家境贫穷靠借阅图书馆书籍学习。毕业于京都大学英语专业，与芥川龙之介等人创办第三、第四次“新思潮”杂志，为“新思潮派”主要作家。作品往往对某一主题进行心理的、主观的解释，对人和人生做出现实和常识性的诊断，简单、合乎逻辑，不带感情色彩又富有戏剧性。代表作有《以救助投河者为“业”的人》《父归》《不计恩仇》《忠直卿行状记》《藤十郎之恋》等。1923 年创办《文艺春秋》社，1935 年设立芥川、直木两奖，为普及文艺、对大众进行思想文化启蒙、开创戏剧和现代通俗小说做出了一定的贡献。

30 海神丸/海神丸

野上弥生子

【作品梗概】

船长小谷龟五郎驾驶着载重量为65吨、有6块风帆的海神丸货轮，于12月25日早晨出发去东九州港。船上还有三名船员：船长的外甥三吉、五郎助和临时雇来的八藏。船长想在年底之前再跑一趟运输，到日向一带的岛上去装些木炭和木材，可是，没料到帆船驶到日向滩附近时，风向突变，西南风越刮越猛，海上白浪滔天。海神丸船头最后一块三角帆被暴风刮走，食品大部分被惊涛骇浪卷走，瘫痪的海神丸只能任凭风浪摆布，在大海上随波逐流。幸好雨水解了缺水之危，船长主张把所剩无几的大米烧粥，细水长流地多吃几顿，但是八藏不答应，他趁其他人睡觉之际，把米做了干饭。船长把剩余的食物分开，从这一天起，八藏和五郎助躲在船头部的船具间，船长和他的外甥在船尾的船长室，四人互不往来。船头两人的食物很快吃完了，他们饥饿难忍，连做梦也没忘掉自己的辘辘饥肠。饿得发疯的八藏竟然恶从胆边生，蓄谋用人肉解饥。八藏让五郎助帮忙，用斧子敲死了三吉。当船长质问外甥下落时，八藏只得供认说杀了三吉要吃他的肉，他用斧子袭击船长，船长被迫应战。正在这时，五郎助哭着拉住八藏向船长请罪，因为三吉死后的惨相使五郎助恐惧得战栗，以为他变成了幽灵。船长笃信金毗罗航海之神的保佑，坚信他们能够得救。海神丸在海上漂流了五十九天，就在淡水一滴不剩的危难时刻，一艘从旧金山驶来的油船寿丸救了他们。十四天后，他们终于回到了横滨。在到达目的地的前一天，五郎助因为狂喜而暴死。进港后，官员们责问船长三吉的死因，船长说他是病死的。八藏浑身痉挛、双手蒙面、痛哭流涕，人们还以为他是在为不幸的同伴悲悼呢。

【作品鉴赏】

本短篇小说1922年发表于《中央公论》杂志，1924年由改造社出版单行本。当时作者37岁，从弟弟那儿听到故乡附近的渔船赴日向途中遇大风发生漂流的事件，联想到但丁《神曲》地狱篇三十三曲中的一个故事，这个故事说的是一个饥饿难忍的伯爵吃掉了自己的孩子。作者请弟弟找到这艘船，对饿得瘦骨嶙峋的船长进行采访，以这一事件为依据创作了小说《海神丸》。

作者以敏锐的洞察力和丰富的想象，用简练、准确的写实手法再现了海神丸处于地狱般走投无路绝境时的状况，以及船员们饥餐渴饮时的想象和心理，为了食人肉而杀人的场面尤其写得惊心动魄，撕心裂肺。作品在这方面的成功获得了日本文坛的高度评价，被誉为"正宗的现实主义"。作者还塑造了一位佛教信仰坚定、求生欲强烈的船长形象。他在历尽劫难之后对罪人的怜悯和宽容他人丑恶私欲的胸怀，体现了作者人道主义的观点，作者正是用这一观点使海神丸上发生的惨剧中的人性的残忍在一种温暖的人类爱的对照之下相形见绌，从而有力地赞扬了人类美好的心灵，鞭笞了人间的丑恶。

作为名师夏目漱石门下的一位高徒，大正时代以后的作者充分发挥了自己的笔力，写出了不少现实主义的优秀作品。据说，作者自认为这部作品是"像样的小说"，以后，她构思了规模宏大的长篇巨著《迷路》，从这个意义上看，《海神丸》可称为作者的成名之作。

选文一①

彼(かれ)は肉(にく)の弾(はじ)けだした鮭(さけ)の卵(たまご)のような、真(ま)っ赤(か)な血(ち)だらけな頭(あたま)が、今(いま)にももくもくと動(うご)き出(だ)して、自分(じぶん)を目(め)がけて、飛(と)びかかってきそうな気(き)がしてならなかった。

「だいじょうぶじゃ。もう死んだんじゃ」

八蔵は平気なつもりでいた。けれども五郎助に劣らず震えていた。実際、生きている間は、鰯一尾以上の生き物とも思っていなかった、ちっぽけな三吉が、死骸となると同時にきゅうに不思議な威力を持って彼に迫ってきたのであった。手向いならば、どんな手向いでも怖れはしなかった。進んで、闘って、打ちひしぐまでであった。が、血だらけの、無言な、冷たい威圧に対しては闘いようがなかった。それだけ恐ろしかった。彼は一刻も早く後始末をしなければならないとあせりながら、手も足も動かなかった。どうしてよいか分からなかった。まして、どこの肉を削ごうの、どちらの股を裂こうの[2]という欲望などは、全然消滅して、ただ我ともない戦慄と恐怖の中に数分間すべてを忘れて突っ立っていた—彼は斧をさえまだ持ったままでいた。ちょうどその時、船尾の方で船長が甥を呼ぶ声が聞こえ出した。

【选文注释】

①由于饥饿难忍,八藏萌发了杀死三吉食其人肉的恶念。他和五郎助骗三吉说船舱里还有芋头,趁他去摸时,残忍地杀害了他。本段细致地描写了八藏杀死三吉后恐惧、战栗、不知所措的神态和心理,这一描写意味着在船长代表的理想主义与八藏代表的发自动物本能的自然主义的抗争中,善良的人性终究会战胜人类在极限情况下表现出来的丑恶私欲。

②…の…の:表示并列的副助词,后面常续"という",意为"(什么)……啦,(什么)……啦"。

选文二[1]

明けの日の午前十時、寿丸は横浜港に入った。役人たちは後甲板の野菜畑に来て調べた。彼らは海神丸の長い漂流に対して強い好奇心と興味をもって、できるだけ委しくその話を聞こうとした。が、その間にも彼らは自分たちの役目を忘れはしなかった。大事な条々②については鋭い質問が発せられた。中でも最も厳しい訊問の的となったのは三吉の死のことであった。

「病死で死んだのだね？」

「そうジございます③」

海神丸の船長はどこまでも病死を主張した。（略）

その時突然一つの激しい泣声が八蔵の寝台から起った。彼は仰向けに寝たまま、骨ばかり④の両手で顔を蔽うて、癲癇の発作のように全身を痙攣さして泣き入った。船員たちが近づいて、あまり興奮しないように優しく慰めても、彼は耳にもかけないように、ますます咽びこんで泣き続けた。役人たちは彼は不運な仲間の死を新たに思いだして泣くのだと思い、そのままにして無遠慮に訊問を進めて行った。ただ船長だけには、八蔵がきゅうになぜ泣きだしたかが、よく分かっていた。船長はむしろ彼の現在の心持を憐れんだ。何にも心配することはない、と言ってやりたい気さえした。けれども今それを口に出すことはできなかった。彼は冷静な態度で、知らぬ顔をして役人の訊問に答えていた。

【选文注释】

①本段引自《海神丸》的结尾处，叙述海神丸历经劫难获救进港后，港口官员们追查三吉之事时的情景，生动描绘了船长宽容罪人的胸怀，体现了作者人道主义的主张。

②大事な条々：重要的事情、环节。

③そうジございます：方言，相当于“そうでございます”。

④骨ばかり：皮包骨头。因为在海上漂流了两个月，长时间的挨饿，幸存者个个瘦骨嶙峋。

【作者简介】

野上弥生子（1885—1985）生于大分县。毕业于明治女校高等科，后通过当过法政大学校长的丈夫野上丰一郎结识夏目漱石，成为他的一名弟子。1907年发表的处女作《缘》受到夏目漱石的赞许，以后又写了《真知子》《年轻的儿子》《小鬼歌》和费时二十载脱稿的长篇小说《迷路》、历史小说《秀吉和利休》。另作有长篇自传《森林》《欧美之旅》《我的中国旅行》等随笔、访问记和大量译作，其中不少是优秀作品。1971年获日本政府颁发的“文化勋章”。

31 心理测验/心理試験（しんりしけん）

江户川乱步

【作品梗概】

蕗屋清一郎的同学斋藤勇借住在一个年近六旬的老太家，老太的丈夫是个官吏，已经去世。蕗屋得知老太家的内客厅壁龛上有棵松树大盆景，钵子底部藏着巨额现钞，便煞费苦心地思索如何把这笔钱弄到手，他认定必须让这个朝不虑夕的老太为前程远大的穷书生做出牺牲，因此，决定孤注一掷，冒险行窃。他反复运筹了半年，精心制定了一个盗窃的万全之策。

机会终于来了。作案两天前，蕗屋去找斋藤，在内客厅和老太闲聊了一阵。作案当天蕗屋确认斋藤和女佣人不在家，便再次到老太的客厅，从背后卡死了老太。一切按计划进行得十分顺利，只是老太挣扎时，手指碰到一幅画有"六歌仙"彩色画的金屏风，将六歌仙中的小野小町的脸部稍稍划破了一点。蕗屋从钵底拿出一半现金约五千元，马上交到警察署，说是在散步时捡到的。当时的日本法律规定，一年之内，失主不领取失物，失物将归拾取者所有。也就是说，一年以后，蕗屋即可稳得这笔财产。

第二天早晨，报上登出斋藤被捕的消息，因为他看到蕗屋留下的另一半现金，将它装入腰包据为己有，正好被赶往现场的警察当场擒获，于是，他成了主要的杀人嫌疑犯，另一名嫌疑犯自然就是杀人事件发生的那天捡到巨款的蕗屋。负责审理此案的法官笠森是个有名的外行心理学家，面对两个既不肯坦白又抓不到足够证据的嫌疑犯采用了心理测验法。早有思想准备的蕗屋有问必答,非常明确迅速,可是斋藤却吞吞吐吐,反应迟钝。就在笠森断定斋藤是凶手的时候,来访的朋友明智小五郎看出了其中破绽。于是,他对蕗屋说:老太家的屏风是别人向她借款的抵押物,老太外甥对负债人说,屏风上的破损是原来就有的,不肯赔偿,不知你在事件发生前两天去老太家时是否注意到屏风的破损情况?蕗屋思考了一阵,觉得撒谎说没看到屏风倒不如承认看到屏风来得主动,于是他强调说,在事件发生前两天去老太家时看到屏风上并无破损,还装模作样地说记得画上有小野小町,不过脸部并没发现有破损之处。其实,这个提问正是明智故意引诱他上钩的圈套,因为屏风画是在蕗屋作案前一天才搬进内客厅的,换言之,两天前蕗屋去老太家时,客厅里并没有什么屏风,这样,蕗屋事实上等于供认了自己是杀人凶手,案情可以告终。

【作品鉴赏】

明智对蕗屋的这场心理测验的结果说明他早就看破了对答如流的蕗屋的内心,因为罪犯完美无缺的答词往往比那些支离破碎、前言不搭后语的证词更令人怀疑。明智知道智能犯蕗屋的犯罪心理导致他深信撒谎反会弄巧成拙的罪犯哲学,所以除了最关键的地方之外他一切直说。明智则巧妙地利用这点破了案。明智的成功反过来又说明在办案过程中,倘若误用心理测验,反而会造成无辜者的不幸。作者读了美国心理学家芒斯特伯格的《心理学与犯罪》,将其中的论点运用到这部小说中;另外,金屏风的部分则是从陀思妥耶夫斯基的《罪与罚》中有关油漆造成的心理错觉和描写处受到启发的。这里可以看出作者学习、研究外国文化时所做出的努力。

本作品1925年发表于《新青年》杂志,是作者初期的代表作,当时,正是日本大众文学兴起之时,这篇杰作发表后引起了文坛的注目,受到前辈推理作家小酒井不木和森下雨村及读者们的好评。作者在1923年发表了《二分铜币》一作,以后又写了《一张票》《D坂杀人事件》,均获成功。本作品采用倒叙的形式,罪犯蕗屋的面目一开始便一目了然,这在当时的西方推理小说中也无先例。作者在创作中，用词和联想方面都颇有新意，构思大胆，破案计谋巧妙、出色，每一作品都有新招，形成了自己的创作特色。日本在正统的推理小说出现之前有不少鬼怪小说和低格调的娱乐性读物充斥文坛，而大正末期出现的江户川推理小说无论在艺术性还是伦理性方面都很出色，作者也就当之无愧地成了日本文学史上正统推理小说的开拓者和创立者。为了纪念他的功绩，现在设立的“江户川乱步奖”是专门用来奖励优秀的推理小说家的。评论家荒正人说：“侦探小说，只要犯人一清二楚便不堪再读，但乱步的，多次阅读仍不失其新鲜感。”

选文①

彼はどんな風に答えてやろうかと、一寸思案したが、例によってありのままにやるのが一番いい方法の様に考えられた。

「判事さんはよく御承知ですが、僕はあの部屋へ入ったのはたった一度切りなんです。それも、事件の二日前にね。」彼はニヤニヤ笑いながら云った。こうした云い方をするのが愉快でたまらないのだ。

「併し、その屏風なら覚えてますよ。僕の見た時には確か傷なんかありませんでした」

「そうですか。間違いないでしょうね。あの小野小町②の顔の所に、ほんの一寸した傷がある丈けなんですが」

「そうそう、思い出しましたよ」蕗屋は如何にも今思い出した風を装って云った。

「あれは六歌仙③の絵でしたね。小野小町も覚えてますよ。併し、もしその時傷がついていたとすれば、見落した筈がありません。だって、極彩色④の小野の顔に傷があれば、一目で分りますからね」

【选文注释】

①本段是《心理测验》一作的高潮。明智小五郎设计破案，智能杀人犯在不知不

觉之中中计，等于供出了自己杀人的事实。作者以简洁明了的叙述和对话，把自以为得计的罪犯的心理活动和表现写得自然可信。这个案子侦破的关键在于明智熟知罪犯的心理并加以巧妙地利用，与笠森先搞的心理测验形成鲜明对比，很有新意。

②小野小町：日本平安时代前期的和歌女诗人，为六歌仙之一，著有《小町集》，风格热情、妖艳。

③六歌仙：平安时代前期的六位和歌名诗人，他们是：在原业平、僧正遍昭、喜撰法师、大友黑主、文屋康秀和小野小町。以六歌仙为题材的歌曲、舞剧、谣曲、净琉璃使六歌仙成为日本人熟知的人物，当然智能犯蕗屋也不例外。

④極彩色：五彩、浓墨重彩。

【作者简介】

江戸川乱歩(1894—1965)原名平井太郎。生于三重县。毕业于早稻田大学政经系。少年时就爱读黑岩泪香的《幽灵塔》之类的作品，大学在读期间，最爱读英美推理小说。毕业后做过贸易、造船、杂志编辑、新闻记者等十余种工作，1922 年失业后开始创作。主要作品有《二分铜币》《阴兽》《芋虫》《人椅》《屋顶后面的散步者》《石榴》《黄金假面》等。作为职业侦探小说家，留下不少推理佳作，为开拓、确立和发展日本正统推理小说起了很大的作用。

温馨提示：本作品提供日文版 PDF 电子书。

关注“华东理工大学出版社”官方微信，发送“ryxs”免费获取本作品电子书。

32 大菩萨岭/大菩薩峠（だいぼさつとうげ）

中里介山

【作品梗概】

幕府末年，在甲州里街道山势最险峻的大菩萨岭上，主人公机龙之助毫无理由地杀死了带着少女朝山拜庙的老人。两天后，将在御狱山慰佛武术比赛中和龙之助对垒的宇津木文之丞的年轻美貌的妻子阿浜因为担心丈夫的生命安全，谎称其妹妹，特来哀求龙之助在比武时手下留情。可是龙之助不予理睬，他说："拿起剑来，我就没有父子、弟子和朋友，这就是武道！"就在阿浜回家途中，龙之助还设法凌辱了她。比赛那天早晨，文之丞把离婚证书交给阿浜与她诀别。果然，文之丞被龙之助击碎脑壳当场毙命。当天晚上，阿浜就想跟杀夫之仇敌龙之助去生活，因为她被龙之助的勇猛气概和男子汉的魅力深深吸引了。接着，阿浜和龙之助结伴来到江户，共同生活了三年，夫妇关系并不和谐。文之丞的弟弟，16岁的少年武士宇津木兵马记着龙之助的杀兄之仇，送来了决斗书。龙之助避而不战，为此与阿浜发生争吵，龙之助一怒之下杀了已经为他生有一子的阿浜后离去。

龙之助来到京都，想帮助新撰组队长芹泽鸭杀死近藤勇，由于阿浜的幽灵时时折磨着他而未能成功。他丢失了战刀在大和路一带流浪。这一个半月左右的时间是龙之助一生中生活最平和、最有人情味的时期。之后，十津川天诛组起兵时他也参加了，战斗以失败告终，龙之助因猎师使用火药而失明，藏身于纪州龙神社治疗眼睛。在这儿，龙之助与过去在铃鹿岭被他救助过，之后在三轮结识的女子阿丰重逢，阿丰和阿浜长得相像，两人又合谋私奔，因而招致阿丰丈夫金藏的嫉恨，他杀人放火，使龙神村大遭其殃。龙之助斩杀了追赶而来的金藏。由于失明，龙之助的虚无思想日渐严重，他的剑术也一天比一天精良。人们听到他的名字和剑就感到阴森恐怖。以上是这部作品第一卷“甲源一刀流卷”到第五卷“龙神卷”的梗概。

接下去，故事展开了更为壮观的场景。以龙之助为中心，共写了一百个人物，其中有怪盗七兵卫、新撰组的近藤勇、芹泽鸭，进步科学家驹井能登守、医生道庵、能言善辩的小和尚弁信、名枪手米友以及女性阿君、阿松、阿绢、阿丰、阿银等富有个性和各具魅力的主要人物三十余名。活动舞台则从甲州到江户、铃鹿、京都、大和、信浓路、北国街道、近江路、房州、奥羽，最后写到东经170度、北纬30度的一个太平洋上的无人孤岛，英雄想远离尘世，把孤岛建成一个理想之邦。由于作者的逝世，这部作品没能最终写完。

【作品鉴赏】

本作品1913年2月起连载于《都新闻》，最末卷于1941年由大菩萨岭发行会出版，1951年彩光社出齐二十卷全书。它是日本近代文学中篇幅最长的一部时代小说。

作者在卷头的“著者谨言”中说：“整部《大菩萨岭》的主旨在于写尽人间诸生相，通过凡夫俗子之笔反映出进入大乘游戏之境的曼陀罗的形象。”他把这部小说称为“大乘小说”“宗教小说”，主人公龙之助的善恶行为在这个故事中得到了充分的描写。离开剑和武力便无法生存的龙之助，被丈夫的敌人夺走了生命又堕入情网、最后还是被龙之助刺死的阿浜以及明知龙之助杀人如麻却仍然与他奇妙结合的阿银等，作品中几乎所有的人物都逃脱不了乖戾的命运，一张无形的因果报应、轮回转生之网把他们全都连在了一起，他们全都落入网中，踏上黑暗、艰险的征途，这些人物的生活都是建立在虚无的基础上的。读者不难看到作者的人生观、佛教观和宿命观，原来他信仰社会主义，但是，1910年发生的“幸德事件”使作者深感失望，社会上出现的反动逆流使他产生了逃避现实的虚无主义思想。所以，本作品中的龙之助无论境遇如何改变，对幕府末年的社会局势的态度始终没有变过。同时，本作品的成功客观上还反映了第一次世界大战结束后至昭和年代初期混乱动荡的日本社会中虚无主义和佛教的求道精神对一般平民的吸引力。

长达二十卷、费时近三十年写成的《大菩萨岭》，结构并不松散，情节紧凑、内容丰富、人物描写出众且富有浪漫色彩，因此颇受读者欢迎。作者采用的“であります”调的文体也与众不同。本作品可以说是日本近代大众文学和时代小说的先驱之作，谷崎润一郎和大佛次郎等作家都赞扬了这部作品。此后，日本文坛掀起了大众文学热，松本清张、吉川英治等作家的创作都受到这部巨著的影响。

选文[1]

宇津木文之丞と机竜之助は左右にわかれて両膝を八文字に、太刀下三尺ずつの間合をとって、木刀を前に、礼を交わして、お互いの眼と眼が合う。

山上の空気がにわかに重くなって大地を圧すかと思われる。たがいの合図で同時に二人が立ち上る。竜之助は例の一流、青眼音無しの構えです。その面は白く沈み切っているから、心の中の動静は更にわからず、呼吸の具合は平常の通りで、木刀の先が浮いて見えます。

竜之助にこの構えをとられると、文之丞はいやでも相青眼[2]。これは肉づきのよい面にポッと紅を潮して、澄み渡った眼に、竜之助の白く光る眼を真向に見合せて、これも甲源一刀流名うて[3]の人、相立って両人の間にさほどの相違が認められません。

しかし、この勝負は実に厄介なる勝負です。かの「音無しの構え」、こうして相青眼をとっているうちに出れば、必ず打たれます。向うは決して出て来ない。向うを引き出すにはこっちで業をしなければならんのだから、音無しの構えに久しく立つ者は大抵は焦れてきます。（略）もはや果し合いの域に達しております。社殿の前の大杉が二つに裂けて両人の間に落つるか、行司役④が身を以て分け入るかしなければ、この濛々と立ち騰った殺気というものを消せるわけのものではない。今や毫厘の猶予も為し難いと見たから、

「分け！」

これは一心斎の独断で、彼はこの勝負の危険を救うべく⑤鉄扇を両刀の間に突き出したのでしょう、それが遅かったか、かれが早かったか、

「突き！」

文之丞から出た諸手突きは実に大胆にして猛烈を極めたものでした。五百余人の剣士が一斉にヒヤヒヤとした時、意外にも文之丞の身はクルクルと廻って、投げられたように甲源一刀流の席に飛び込んで逸見利恭の蔭に突伏してしまいました。

【选文注释】

①本段引自《大菩萨岭》开头的"甲源一刀流卷"，是龙之助与文之丞比武的场面。小说全都用敬体写成，只有在紧张时刻才有简体或体言结句。用敬体使作品有说书的感觉，作者很少使用抽象的观念性描写，而是努力用现实主义的手法写真、写活每一个场面。作者实地考察过本小说的每一个舞台，对当地的风俗及时代进行细致的考证，他的描写和叙述受到近代文学的洗礼，把写实、写生和说书的本体糅合在一起，因此，完全不同于旧式的说书体文学。此外，在这场比赛中，最终打死文之丞的龙之助，作为一个虚无主义者，其性格和形象在整部作品中始终如一，这一形象对以后日本大众文学的创作起到很大的影响作用。如《赤穗浪士》等作品就是例证。

②相青眼：以正视相对。剑术中的一种姿势。

③名うて：（某一方面）很有名气。

④行司役：裁判，通常指相扑比赛中的仲裁者。

⑤べく：雅语助动词"べし"的连用形，表示目的，相当于"ために"。

【作者简介】

中里介山（1885—1944）原名中里弥之助。生于东京。高等小学

毕业后当过电话接线员、代课教师。1903 年倾向于平民社的社会主义运动，并开始小说和诗歌的创作。脱离该运动后进入新闻社工作，连载发表了《冰花》和《高野的义人》之后，引起文坛注目。《大菩萨岭》第一卷发表后，作者一举成名，之后按读者要求继续创作直至去世未完成。日本军国主义对外发动侵略战争时，有人劝其参加 1942 年成立的日本文学报国会，作者坚决拒绝。其他作品还有《梦殿》《农夫弥之助的故事》《篝火》等。

33 柠檬/檸檬

梶井基次郎

【作品梗概】

最近,"我"的心情异常郁闷,"有一块稀奇古怪的东西"压在心头。不知是"焦躁还是厌恶",总之,以往令自己喜欢的美妙的音乐和诗歌,都变得"难以忍受了","我"总显得有点坐立不安,"于是始终在街上游荡"。这么一来,别的兴趣使"我"在错觉中忘却了现实的自我,沉浸在一种感觉错乱的兴奋之中。位于朝二条方向下寺町的地方有一家水果店,"我"很久以前就喜欢。有一天,"我"在那儿买了一只柠檬,可是"我一拿到它,始终压在我心头的那块不吉祥的东西瞬间有所软化,我在大街上感到非常幸福。如此顽固的忧郁,竟被这样一只水果化解——莫非无理的事本身就是似是而非的",这在"我"的心中的确体验过。不久,"我"又来到丸善书店前,看着一本本沉甸甸的画册,"我"觉得疲劳,凝望着那层层叠叠的书堆,"我"想到了衣中的柠檬,突发奇想地"在杂乱无章地堆积着五颜六色的书上,试一试这个柠檬"的作用。"我"小心翼翼地把柠檬放置在书堆顶部,然后若无其事地走出书店。"我"在想象:"我是在丸善书店的书架上安放了发出金色光芒的恐怖炸弹的奇怪恶汉,再过十分钟,丸善书店以美术书架为中心将发生大爆炸,那将是多么有趣的事啊!"

【作品鉴赏】

短篇小说《柠檬》最早发表在 1925 年 1 月号的《蓝天》同人杂志的创刊号上，1931 年 5 月又收录于武藏野书院出版的同名小说集中。这是作者名副其实的处女作，发表时几乎不被认可。从现在存有的本作品完成前的草稿中可以看到作者在创作中所经历的苦恼。有一首题为《悄悄的快乐》诗中提示了本作品的主题。当时作者已患了肺病，自从在青楼住过一夜后，他过起了颓废的生活，而恰恰在这种生活中，作家的神经变得异常敏锐，因此，本作品其实是颓废、衰弱和绝望中的作家以纤细的笔触在歌颂一种纯洁的精神，其新鲜的感受性和细腻的表达形成了一种无与伦比的美。作者对于所描写的物体的敏锐、直观的把握、排除观念造成的错觉的那种无垢的感觉和明澈清澄的叙述可以与被称为“短篇小说之神”的志贺直哉相提并论，是纯粹的文学。本作品借助柠檬所作的无法拥抱现实的苦恼的表白，明显凸现出动荡时代的烙印。在这里，“柠檬”并不是美的表象，而是无法置疑的现实的象征。这部像美丽的散文诗式的作品是作家的代表作。

在同名的短篇小说集中，还收有《在城市的一条街上》《某种心的风景》《K 的升天》《冬日》等 17 篇作品。它们有的是身边素描的散文诗式的美文，有的剖析颓废的现实，也有的借着升天的青年追寻自己的身影。小说集《柠檬》出版后，作者得到了社会和文坛的肯定。著名的评论家小林秀雄在题为《梶井基次郎和嘉村矶多》的论文中准确地点出了梶井作品的本质：“当然，这是近代知识分子颓废或衰弱的表现……但是，本小说并不会让人产生任何颓废衰弱的感觉，充满着急切心情带来的童话般的生动风味，没有与颓废相通的炫耀，也没有易陷衰弱的虚饰，十分自然、平常。”

选文[1]

しかしどうしたことだろう、私（わたし）の心（こころ）を充（み）していた幸福（こうふく）な感情（かんじょう）はだんだん逃（に）げていった。香水（こうすい）の壜（びん）にも煙管（きせる）にも私（わたし）の心（こころ）はのしかかってはゆかなかった。憂鬱が立て罩めて来る、私は歩き廻った疲労が出て来たのだと思った。私は画本の棚の前へ行ってみた。画集の重たいのを取り出すのさえ常に増して力が要るな！と思った。しかし私は一冊ずつ抜き出してはみる、そして開けてはみるのだが、克明にはぐってゆく気持はさらに湧いて来ない。しかも呪われたことにはまた次の一冊を引き出して来る。それも同じことだ。それでいて一度バラバラとやってみなくては気が済まないのだ。それ以上は堪らなくなってそこへ置いてしまう。以前の位置へ戻すことさえできない。私は幾度もそれを繰り返した。とうとうおしまいには日頃から大好きだったアングルの橙色の重い本までなおいっそうの堪えがたさのために置いてしまった。——なんという呪われたことだ。手の筋肉に疲労が残っている。私は憂鬱になってしまって、自分が抜いたまま積み重ねた本の群を眺めていた。

以前にはあんなに私をひきつけた画本がどうしたことだろう。一枚一枚に眼を晒し終わって後、さてあまりに尋常な周囲を見廻すときのあの変にそぐわない気持を、私は以前には好んで味わっていたものであった。…

「あ、そうだそうだ」その時私は袂の中の檸檬を憶い出した。本の色彩をゴチャゴチャに積みあげて、一度この檸檬で試してみたら。「そうだ」

私にまた先ほどの軽やかな昂奮が帰って来た。私は手当たり次第に積みあげ、また慌しく潰し、また慌しく築きあげた。新しく引き抜いてつけ加えたり、取り去ったりした。奇怪な幻想的な城が、そのたびに赤くなったり青くなったりした。

やっとそれはでき上がった。そして軽く跳りあがる心を制しながら、その城壁の頂きに恐る恐る檸檬を据えつけた。そしてそれは上出来だった。

見わたすと、その檸檬の色彩はガチャガチャした色の階調をひっそりと紡錘形の身体の中へ吸収してしまって、カーンと冴えかえっていた。私は埃っぽい丸善の中の空気が、その檸檬の周囲だけ変に緊張しているような気がした。私はしばらくそれを眺めていた。

不意に第二のアイディアが起こった。その奇妙なたくらみはむしろ私をぎょっとさせた。

——それをそのままにしておいて私は、なに喰わぬ顔をして外へ出る。——

私は変にくすぐったい気持がした。「出て行こうかなあ。そうだ出て行こう」そして私はすたすた出て行った。

変にくすぐったい気持が街の上の私を微笑ませた。丸善の棚へ黄金色に輝く恐ろしい爆弾を仕掛けて来た奇怪な悪漢が私で、もう十分後にはあの丸善が美術の棚を中心として大爆発をするのだったらどんなにおもしろいだろう。

私はこの想像を熱心に追求した。「そうしたらあの気詰まりな丸善も粉葉みじん②だろう」

【选文注释】

①本段引自作品的结尾部分，是本篇的一个高潮处。与作品前半部分叙述的阴郁沉闷的心情相对照，结尾部分作者用的是幽默的笔调。不过，主人公的幼稚的想象使人觉得那只是一种“企图”，而且令人吃惊的是他不能不去实现这种企图，这只柠檬中寄托的东西可以说远非幽默所能涵盖，它与主人公心中的不吉祥的怪物有关。因此，与其说“柠檬”在这里是缓和心情的美的存在，毋宁说作者是要让窘迫的外界和主人公内心的不祥、焦躁、憎恶一起爆炸，让自己的灵魂直接与外界接触，从而直接拥抱现实，因为只有现实反映才能使人们确信生命的真实。

②粉葉みじん：粉碎、稀巴烂。亦写作“木っ端みじん”。

【作者简介】

梶井基次郎（1901—1932）小说家。东京大学英文专业中途退学。中学时代爱读夏目漱石的作品。进入大学预科时结识中谷孝雄等，开始过颓废的生活，同时大量阅读谷崎润一郎、托尔斯泰、陀思妥耶夫斯基的作品。进入东大后第二年，与外村繁等人创办同人杂志《蓝天》，同时与三好达治、北川冬彦等人交往密切。因患胸膜炎退学，在伊豆半岛的汤岛，结识川端康成和广津和郎。一度热衷于无产阶级文学。其主要作品还有《冬日》《冬蝇》《一个崖上的感情》《在樱树下》《交尾》《黑暗的画卷》《悠闲的患者》等。1932 年因病情恶化而英年早逝。

温馨提示：本作品提供日文版 PDF 电子书。

关注“华东理工大学出版社”官方微信，发送“ryxs”免费获取本作品电子书。

34 竹泽先生/竹沢先生といふ人

长与善郎

【作品梗概】

大约十年以前,“我”在第一高等学校求学期间,有一个比“我”大3岁的好朋友爱知劝“我”读点竹泽游先生的作品。竹泽游先生曾在东京的大学当过美学讲座和德语的教师,现在是一位写过一些作品和发表过文学、美术、宗教、道德、哲学、科学评论文章的作家和思想家。“我”读了他的作品后,觉得内容和风格虽然非同一般,但毕竟还只是出于爱好者的手笔,谈不上“家”。这一年秋天,在去奈良的火车中,“我”偶然看到竹泽先生,便在车内对先生的行动进行了一番观察,这时,“我”觉得自己过去对先生的看法有失偏颇。之后,爱知邀“我”去上野的表庆馆,当时先生和第二个妻子也在那儿,爱知把“我”介绍给先生。从此,“我”经常出入竹泽先生家门,和爱知、藤井、新村等人一起成了竹泽先生的弟子。每次造访,必有所获,从先生那儿学到了许多有关人际关系、人与自然以及宗教方面的知识。

先生的妹妹辰子不幸染上了肺病,为了让她更好地进行疗养,先生举家移居小田原。这时,“我”爱上了在社会上名气比先生更大的弟子藤井的妹妹,可又因藤井人品低俗,自己竟爱上了他妹妹而苦恼,于是郁郁寡欢,抵触一切,不去先生家了。之后,当“我”知道藤井妹妹已有一个身为伯爵的未婚夫时,只能向好友爱知去倾诉失恋之痛。“我”又重登先生家门,先生依旧高兴地欢迎“我”,并给“我”以温暖的关怀。

每次去小田原,“我”仍然大有所获。后因考入京都大学,只能离开东京改用通信方式与先生保持联系,只要一有休假,“我”就跑去小田原,乐此不疲。在此期间,先生有了两个女儿,而妹妹辰子终于病故。先生一家又迁回东京,转眼,“我”临近毕业,可毕业论文总写不出来。1923 年关东大地震发生时,“我”正无所事事地待在借住的民宿中。先生在思想上渐渐进入了日臻完善的境界,即便受到那么重大的自然灾害的冲击也不为所动。然而,次年初夏,先生竟患急性腹膜炎突然去世了。先生的辞世在社会上并没引起什么反响,但是,他生前和少数弟子在一起,总是悠悠然地漫游在自己的天地之中,因此,他的生活是幸福的,而先生的幸福也正是他人生的价值。

本作品以竹泽先生的弟子稼本回忆的形式写成。

【作品鉴赏】

长篇小说《竹泽先生》于 1924 年 4 月至 1925 年 9 月在《不二》杂志上连载,1925 年 10 月由岩波书店出版单行本。作者在作品自序中说,关东大地震发生时自己正在信州,曾一人取道东京去镰仓收拾地震中倒毁的住房,在返回长野的列车里突然萌发了要写一下“自己道德”的愿望。这就是本作品的创作动机。从某种意义上来说,这部作品是作者阐述道德和批评人生的书籍,是一部思想小说。书中处处洋溢着白桦派作家们共同主张和宣扬的人道主义。

本作品通过主人公竹泽先生的日常生活,用淡淡的笔墨把他对人类、命运的看法和信奉的哲理具体地表现出来,展示了一位试图使自己达到日臻完善境界的理想人物所应有的风貌。同时,作品又通过塚本这个弟子所观察到的先生与周围的人和事调和的言行巧妙地反映了作者自身的人生观,我们可以把竹泽先生看作作者认定的理想人物。作为一个人的道德思想、思维及其形象,竹泽先生身上既体现了东方的“自然”主义,又表现出经过“过滤”的西方“个人”主义;作为艺术的鉴赏,竹泽先生在追求西方美的真谛的同时又加入东方审美的情趣,使两者谐调统一起来。本作品从理论上较全面地表现了白桦派作家从西方思想观念回转到东方思想观念过程中的主张,这一点确有着它独到的意义。

这部长篇小说明显的缺点在于情节平淡、议论过多，缺少小说的乐趣，不过，作品所反映的白桦派作家的精神风貌还是有不少动人之处的。

选文①

先生の死はあまりに突然であり、あまりに飽っけなかった。しかしいかに飽っけなく、他愛なくてもそれは悪夢ではなくて、厳然たる悲しい事実であった。

もういかに声を限りに「先生」と呼んでも応えないその安らかな顔の怖ろしい沈黙。よく物を撫でたその手の冷たさ。

「世の中の事ってものは万事こうしたもんですよ。こういう生きていなくちゃならない人間が早く死んで行って、私のようなやくざ者に限っていつまでも恥をさらしに生きのこっているんです。」

葬式の日に又ひょっこり姿をあらわした兄さんは、げっそりと無残な死苦の痕の歴然たる先生の顔に抱きつくようにしながらはふり落ちる涙を手拭いでふきふきこう云った。

だが世間にとっては先生はちっとも「生きていなくっちゃならない人間」ではないらしかった。むしろ全く用のない人間のように見えた。世間と先生との間にはたしかに一つの越え難い壁があった。その壁は先生の方から無意識に作っていたものか、それとも世間が意識的に先生に向って立てたのか、それはわからなかった。兎も角先生と世間とはその壁の彼方と此方とで別々に暮らした。のみならずその壁はそれの存在に先生が意識を配っている暇のない間に、ずんずんと高く成長し、厚くなった。そして始めには兎も角先生の存在を認めて、文学者でも思想家でもない、矢張り中学生の「先生」が相応しているなぞと非難した者も、後には全く没してしまったその姿にむかって何の云いようもないように沈黙した。（略）

にもかかわらず、先生は常に堂々として、和気にみち、悠悠天地を闊歩して幸福に暮らした。吾々は先生の 俤 のうちに孤独なニイチェ②に見る如き悲壮な感じや、世を拗ねた隠遁者の如きひねくれた印象を豪もうける事がなかった。先生はいつでも鷹揚な、まっすぐな面白い人だった。なつかしい人だった。どこか淋しく見える事はあってもその淋しさの感じには対人の意識の影は微塵も見えなかった。この点に於て、吾々は先生を想う時、直ちにヒロイックな③感じをうける事は出来ないにしろ、かくも「甘くない」世界認識の上に立ちながら、かくも牢乎たる自己の幸福を獲得し、体現した上に於て、先生はたしかに最も人間らしい人間であったと同時に、又最も男らしい人であったと信ずる者である。(略)

先生は既に自分の価値を自ら充分に享楽しぬいた人である。先生の幸福は即ち先生の価値そのものであった。この意味に於て、「幸福は徳の報酬ではなく、徳そのものである」④という言葉を身を以て体現した先生という個人は、畢竟それで瞑していいのだと信ずる。

【选文注释】

①本段引自《竹泽先生》的结尾部分,记述竹泽先生的弟子、亲人和社会对他的死所持的截然不同的态度及其原委,并由一位崇敬先生的弟子对他的人品及人生作了评价和总结。本作品分为前后两个大部分,分别叙述先生居住东京和迁居小田原后的生活情况。后半部几乎没有什么情节,作者用不少篇幅来表现竹泽先生的思想,风格不像小说,颇像带评论的随笔。作品的重点明显在后半部,而结尾的总结则起到了画龙点睛的作用。

②ニイチェ:尼采(1844—1900),德国哲学家,5岁时丧父。本作品主人公竹泽先生兴趣广泛,不仅能鉴赏本国传统的能乐,还对苏格拉底、歌德等西方哲学家、作家颇有研究。

③ヒロイックな:英雄的、壮烈的。

④幸福は…ものである:这句话可视作白桦派作家的精神境界。

【作者简介】

長与善郎(1888—1961)生于东京。父亲为明治政府元老、贵族院议员。在东京大学中途辍学。在学习院高等科学习时爱读武者小路实笃的作品,1911 年参加白桦派。1914 年连载发表《失明之河》受到文坛注目。接着又以剧本《项羽与刘邦》确立了自己在文坛上的地位。其他主要作品还有《夜的戏曲》《青铜基督》《一个梦想家的自白》等,晚年写的自传《我的精神演变》被视作白桦派思想家的杰作。

35 伊豆的舞女/伊豆の踊り子

川端康成

【作品梗概】

主人公"我"是20岁的学生,在旧制高中上二年级,生性孤独,因为"无法忍受令人感到窒息的郁闷",去伊豆半岛旅行。"我"下了天城岭,在去汤岛的途中遇见了一班江湖艺人,他们中有一位年仅14岁的美丽的小舞女,"我"被她那双大眼睛深深地吸引了,决定与艺人们结伴同行到下田。这位舞女看上去有十七八岁,当天夜里,她被叫到酒宴上去演堂会,直到深夜未归,"我"也一直在担心她会受辱而彻夜未眠。第二天在公共浴场的尽头,"我"发现小舞女裸着身子跑出来,一举一动完全是个幼稚、天真的孩子,"我"顿时感到一股清泉洗净了身心,久久地微笑着。旅途中,"我"通过舞女的哥哥荣吉,了解了她的身世,并越来越切实感受到小舞女的真挚而美好的情意。当舞女夸"我"是"好人"时,"我"感到自己孤独、郁结的情怀完全舒解了,与天真烂漫的小舞女之间隐隐萌发了一种初恋之情。后来,"我"的旅费用完了,在下田依依不舍地辞别了艺人一家,并与他们约好新年去他们家乡大岛访问,然后独自坐船返回东京。那天清晨,舞女赶到码头为"我"送行,她一言不发,一直目送轮船开往远方。这时,"我"竟无端地洒下一把沁人心脾的泪水,"我的头脑变成一泓清水,滴滴答答地流出来,以后什么也没有留下,只感到甜蜜的愉快"。

【作品鉴赏】

《伊豆的舞女》是作者依据自己20岁(1918年)时的实际体验写成的短篇小说,取自1922年写的《汤岛的回忆》的开头部分,1926年发表于《文艺时代》杂志,1927年收入金星堂出版的单行本小说集中。

本作品的主人公是个孤儿,他意识到孤儿根性使自己的性情变得与众不同,为了排遣郁闷才去旅行的,而小舞女则是一位天真活泼、情窦初开的少女,虽然生活过早地把她送上了社会这个舞台,但她的热情、纯真依然如故。旅途上邂逅的这两个年轻人之间的心灵交流其实还谈不上是爱情,只是一种初恋时的情感,但是,正是这种感情,使主人公从压抑自己的郁闷的心境中解脱出来,因此,这是一种美好、甜蜜的感情。如果读者把主人公当作自己,那么也会切身体会到这种情感。作品写活了这两个人物,从而赢得了高度评价,至今还深受青年读者的欢迎。评论界称它是一部“少见的青春文学”,这部作者初期创作的代表作多次被改编成电影、电视剧,还被多次收进中学教科书。

当时,作者川端康成和横光利一一起,已成为新感觉派的代表作家。不过,这部作品中却看不到什么新感觉派的技巧,没有朦胧的意境、跳跃的联想和晦涩的语言。作者在作品中倾注了他那种被誉为日本式的新鲜、纯洁的感情,使作品充满了青春的活力和抒情的气息,基调十分明朗,反映了作者本身的气质。据作者介绍,本来作品中还有小舞女哥嫂为恶性肿瘤烦恼的情节,后来修改时删除了,因为这一描写有损于整篇小说的气氛,正如评论家矶贝英夫指出的,正因为这一删节,这篇作品的甜美的抒情才得以成立。作者以清新、秀逸的文笔,把青年初恋时的莫名的惆怅、淡淡的伤感、纯真的感情和纤细的心理写得入木三分,不落俗套。小田切进评论说:“作者忠实地提炼了自己纯真的感情……这一抒情可称之为日本式感性的咏叹。”

选文一①

彼に指さされて、私は川向うの共同湯②の方を見た。湯気の中に七八人の裸体がぼんやり浮んでいた。

仄暗い湯殿の奥から、突然裸の女が走り出して来たかと思うと、脱衣場の突鼻に川岸へ飛び下りそうな恰好で立ち、両手を一ぱいに伸ばして何か叫んでいる。手拭いもない真裸だ。それが踊り子だった。若桐のように足のよく伸びた白い裸身を眺めて、私は心に清水を感じ、ほうっと深い息を吐いてから、ことこと笑った。子供なんだ。私達を見つけた喜びで真裸のまま日の光の中に飛び出し、爪先で背一ぱいに伸び上がる③程に子供なんだ。私は朗らかな喜びでことことと笑い続けた。頭が拭われたように澄んで来た。微笑がいつまでもとまらなかった。

踊子の髪が豊か過ぎるので、十七八に見えていたのだ。その上娘盛りのように装わせてあるので、私はとんでもない思い違いをしていたのだ。

【选文注释】

①本段引自《伊豆的舞女》"三"，叙述舞女被叫去演堂会的次日早晨，主人公去洗澡时看到小舞女时的心情。这里把尚未成年的天真、活泼的舞女和一度被她成熟的外表装束所迷惑并为之深深担忧的"我"的心情写得摇曳生姿，曲尽其妙。

②共同湯：以一般公众为对象的普通温泉浴池。

③爪先で…伸び上がる：踮起脚尖，挺直了身子。

选文二①

私と栄吉②とは絶えず五、六間③先を歩いていた。

「それは、抜いて金歯を入れさえすればなんでもないわ。」と踊り子の声がふと私の耳にはいったので振り返ってみると、踊り子は千代子と並んで歩き、おふくろと百合子とがそれに少し遅れていた。私の振り返ったのを気づかないらしく千代子が言った。

「それはそう。そう知らしてあげたらどう。」

私のうわさらしい。千代子が私の歯並びの悪いことを言ったので、踊り子が金歯を持ち出したのだろう。顔の話らしいが、それが苦にもならないし、聞き耳を立てる気にもならないほどに、私は親しい気持ちになっているのだった。しばらく低い声が続いてから踊り子の言うのが聞こえた。

「いい人ね。」

「それはそう、いい人らしい。」

「ほんとにいい人ね。いい人はいいね。」この物言いは単純であけっ放しな響きを持っていた。感情の傾きをぽいと幼く投げ出して見せた声だった。私自身にも自分をいい人だとすなおに感じることができた。晴れ晴れと眼を上げて明るい山々を眺めた。瞼の裏がかすかに痛んだ。二十歳の私は自分の性質が孤児根性でゆがんでいるときびしい反省を重ね、その息苦しいゆううつに堪えきれないで伊豆の旅に出て来ているのだった。だから、世間尋常の意味で自分がいい人に見えることは、言いようなくありがたいのだった。山々の明るいのは下田の海が近づいたからだった。私はさっきの杖を振り回しながら秋草の頭を切った。

【选文注释】

①本段引自《伊豆的舞女》"五",叙述主人公和舞女一家一起去下田的路上听小舞女说自己是"好人"时的心情。作者从小失去父母,之后姐姐和祖父母也先后亡故,16岁时起成为孤儿,长期以来饱受寂寞、孤独的折磨,在旅途中碰上一个能够理解自己的姑娘,怎能不感激万分!这里,主人公和作者完完全全合成了一人。细致地表现孤儿根性对人生的影响,这在以后也成为川端文学中一个显著的特点。

②栄吉:舞女的哥哥,下文中的千代子是荣吉的妻子,舞女名叫薰子,除妈妈外,一行人中还有17岁的百合子,她是雇来的。

③五、六間：约十米左右，一间为 1.82 米。

【作者简介】

川端康成(1899—1972)生于大阪。父亲是医生。喜爱汉诗和文人画。1920 年考入东京大学英语专业，后又转到国文专业。1918 年曾独自去伊豆半岛旅行，之后的十年间几次去伊豆汤岛，有时还在那儿住上大半年。1921 年在第六次《新思潮》杂志上发表《招魂祭一景》，开始走上文学创作道路。1924 年大学毕业后，在前辈作家菊池宽的支持下，与横光利一创办了《文艺时代》杂志，成为新感觉派的主要作家之一。该流派受西方现代派的影响，在艺术上追求新的表现方法和新的感觉。前期主要作品有《抒情歌》《感情装饰》和第二短篇集《伊豆的舞女》。(作者介绍请参看《雪国》)

36 伸子/伸子（のぶこ）

宫本百合子

【作品梗概】

佐佐伸子出身于一个中层生活水平的建筑师家庭，她千方百计地摆脱家庭的束缚，只要有可能，就非按自己的意愿行事不可。年轻的时候，她就希望自己应该从广度和深度上了解人生，在有生之年写出一部优秀的小说，当个女作家。1918年，20岁的伸子随父亲来到美国，在C大学学习。在一次日本人的集会上认识了在C大学专攻比较语言学的佃一郎。佃在美国已经奋斗了十五年，是个三十多岁的老书生。有一次，父亲和伸子先后患病，佃的亲切关怀使伸子产生好感，她不顾家长和同学的反对，在来到美国的第二年就执意与佃结为伉俪。当年年末，伸子被母亲叫回日本，佃则晚回一年，于翌年春天完成学业后回到佐佐家。由于这对新婚夫妇的出现，佐佐家的气氛变得紧张起来。伸子的母亲多计代期望女儿将来在文坛上干出一番事业，盼望她的婚礼盛大热闹，因此对佃的寒碜相极端厌恶，与伸子争吵不休。伸子为了维护自己选择的生活，毅然另立门户。佃在学校教书，伸子从事写作，他们独立生活后，伸子才发现迄今为止自己只顾与家人和周围势力抗争而没有意识到的问题：佃认为家庭应是紧张工作之余的一个休息场所，而伸子需要的是一个对人生抱有远大理想并能与自己进行思想交流的丈夫及其家庭环境，再说由于两人的年龄相差15岁，伸子在自我意识不够全面的情况下匆匆完婚，直到两人单独过的时候才开始真正对对方的气质和性格有所了解，因此两人在许多事情上合不拢。伸子既憎恨佃又憎恨自己，她曾外出旅行或另住别处，都不能解决问题。这时，一个豁达的、和她颇合得来的俄国文学工作者、单身男性吉见素子出现在她的生活之中，加上适逢关东大地震后生活艰难，伸子终于下决心摆脱眼下“泥潭”式的生活，与丈夫分手了。

【作品鉴赏】

《伸子》于1924年至1926年在《改造》杂志上不定期连载，之后作者又删除三百多页稿纸做了全面修改，于1928年由改造社出版单行本。查看作者的年谱便可知，这是一部以作者第一次结婚生活体验为素材进行创作的自传性小说。小说通过近代日本女性伸子从恋爱到结婚再到仳离的七年间的日常生活过程，揭示了大正时期中流社会人士的思想状况和封建主义家庭桎梏对女性所造成的精神重负，表现了女主人公靠自身力量去克服人生道路上的困难的决心。作品中佃的绰号叫“苦行僧”，他性格阴郁、内向，天真的伸子一度想用自己炽热的爱情去改变他，但是，没有成功，伸子为之深感苦恼，不过，整部作品的基调不是对人生感到绝望、消沉和郁闷，而是充满着促进生活向前发展的健康、明朗的气氛。事实上，伸子为之苦恼的家庭和艺术的矛盾并不仅仅是一个妇女艺术家所面临的问题，这和当时日本社会的现实关系密切，因此，作品发表后在社会上这一阶层的妇女人士中引起了广泛的共鸣，人们把它称为“教养小说”，给予很高的评价，为大正时代的优秀作品之一。

《伸子》这部作品具有较高的思想性，在结构、描写和文体各方面也体现了作者卓越的艺术才能，文体上可以看到志贺直哉对作者的影响，作者用现实主义的手法，将作品中人物的心理描写得细腻入微，自然真切，遣词造句生动飞扬。评论家认为作品的不足之处在于伸子丈夫佃和母亲多计代的形象有模式化之嫌。吉林尚指出，作者的这部小说“绝不是私小说……她沿着确立近代市民社会的方向，为了对因此萌发的一种社会主义的觉醒进行分析和构思而严格地再现自己的体验”。

选文[①]

伸子は六畳の隅に、古本箱を脚にし上に紫檀の机をかぶせて、テーブルを拵えた[②]。廊下の外は庭、その奥は畑であった。障子についている小障子をあけると、庭と畑とを区切っている低い草堤と勢いよい梅の並木の一部分が眺められた。光線が斜めに射す午後、その狭い並木、叢の風景は、荒廃した園の趣と初夏の緑の活々した輝きとを相交え美しかった。

伸子の心持は、陰鬱で敏感で、しんがらんと寂しかった。先、佃を恨んだり自分を鞭打ったりしてここにいた時分は、心がむらむらしていた[③]から、周囲の自然など、そう深く自分に浸み透っては来なかった。今の伸子の心は、病的に澄み沈潜していた。田舎の天地を孜々として推移させて行く自然の力と、自分と佃とを支配した生存の力とを結びつけ、身に沁みて感じた。自分という一人の女性のうちにあるいろいろな欲望や本能。何でもかでもぱっと薔薇色に燃え立たせ陰影のさす余裕さえ与えなかった二十歳の情熱——情熱もそこでは朗らかな力であった。佃が三十五歳で、永い放浪の後、疲労と休安の欲望をもって現れた。その疲れた相貌さえ、愕いたり、身を献げたり、涙を流したり、何かに熱中したがっていた伸子の若々しい生命への刺戟であった。伸子は自分の情熱に陶酔しつつ、あらいざらい[④]の力で佃を我ものにした。伸子の生命の奥の情熱がそれで燃え尽き、二人の生活にほんのり温味を保つ程度のおきになれば無事であったろう。佃教授並に夫人——倹約や貯蓄や恩給が夫婦のたのしみで睦じく四十になり五十になり、墓穴まで行けたであろう。ところが伸子の情熱は佃一人に費い切れなかった。彼女の生命は北海道の牛の乳で養われた細胞と同じように豊富で、旺盛で、貪慾であった。生活の上で彼女が求めるのは、良人である佃が求めるような、消耗することも吸収することも尠い「我らの安穏」が、生存の標語[⑤]のような態度ではなかった。彼女は、地面に墜ちる影法師でさえ二人寄れば二つになるものを、男と女と二人よれば、二人寄っただけ多く、広く、深く日々新たな人生を暮して行かぬ法はないと信じた。——

源にさかのぼればつまり一つの熱情が、愛と現れ憎みと現れる恐ろしい生々した心の潮、また、自分の本質に烈しく自由や独立を愛してやまない本能のあること、そしてそれは、人との交渉において実に深くはまりこむ、信じやすく受け入れやすい自分の性質に対して自然が与えた唯一の意味深い杖であることなど、伸子は、永く静かに明けては暮れる田舎の一日一日の間に考え知って行った。恋愛や結婚生活の明るく暗い種々雑多な情感を全心的に味わせてくれた人として、たとい結果は破壊に終ったとしても、佃は自分にとって決して行きずりの人ではなかった。考えようによっては、どんな女性でも一度は捕われずにはいまい結婚生活の夢想から、かなり完全に解放させてくれた点でだけでも、感謝すべきなのかもしれない。…

【选文注释】

①随着伸子和丈夫隔阂的加深和与素子的相识，不甘自我禁锢成为笼中鸟的伸子终于下了与丈夫佃离异的决心，她要清算婚后五年来的生活，向更加美好的未来迈进。本段引自长篇小说《伸子》第七章“六”，作者细致地写出了伸子在这种状况下的心理活动，她回顾总结了自己的婚姻，最终为能通过决裂的形式而获得一个女人彻底的自由而庆幸。通过本段，可以看出作者对自然和人物描写时采用的现实主义手法以及作品文体和文采的一斑。

②伸子は…テーブルを拵えた：伸子来到乡下祖母家，心情时好时坏。这会儿，她在美丽的初夏田园景致的衬托下，静静地陷入了沉思。

③心がむらむらしていた：(因某事触发的)心情激动、冲动。

④あらいざらい：所有的、全部。

⑤標語：座右铭。

【作者简介】

宫本百合子(1899—1951)原姓中条。生于东京。父亲是著名的建筑家。在旧茶水女子高等学校就学时,爱读樋口一叶、白桦派、托尔斯泰和日本古典作品,1916 年入日本女子大学英语专业学习,不久就退学。1918 年随父赴美,与在哥伦比亚大学研究古代拉丁语的荒木茂相识后结婚,1924 年离婚。1927 年与汤浅芳子(作品中素子的原型)一起去苏联学习三年,后经欧洲回国。加入日本无产阶级作家联盟,1931 年参加日本共产党,曾五次被捕入狱,始终坚贞不屈。战后又成为民主主义文学的代表作家。主要作品还有《两个院子》《播州平原》和《风知草》。

37 生活在海洋上的人们/海に生くる人々

叶山嘉树

【作品梗概】

蒸汽机船"万寿丸"满载着三千吨原煤，像即将临盆的妇女一样缓缓地驶离北海道室兰港，顶风冒雪地驶向横滨港。当时正值第一次世界大战激战之时，船主为了赚钱，残酷地压榨海员，逼迫他们在劳动条件极其恶劣的情况下，每天工作十二小时以上。起航后不久，见习水手安井受了重伤，船长和高级船员视而不见，不采取任何抢救措施，任其躺在水手室里遭受痛苦的折磨。不久，万寿丸又遇到一艘遇难船只，船长见死不救，驾船贴着遇难船扬长而去。船长的丑恶行径激起了海员的义愤。水手波田读过马克思的《资本论》，是个有觉悟的工人；仓库员藤原是个学生出身的工人，曾在工厂参加过工人斗争。当海员们的劳动得不到起码保障、生命受到威胁的时候，他们挺身而出，组织海员起来斗争。暴戾的船长依然不管海员们的死活，船在深夜一靠港，他立刻就要回家，让舵手小仓和三上用舢板送他上岸。小仓他们俩送走船长后又冷又饿，要找餐馆吃些东西，结果找到了妓院。脾气暴躁的三上因为贫穷无知，性欲变态，不懂得真正的爱；而一直驯服的小仓想要通过自学得到高级海员的证书，过去对其他海员的事不闻不问，这一夜他终于违背了船规，和三上一起在外过夜。接待小仓的妓女虽然沦落火坑，但灵魂纯洁，使他感到相形见绌，从此一改以往对他人之事事不关己的态度。

轮船返回室兰港时，藤原带头要求船长抢救负伤的水手，但船长一口拒绝,跑到登别温泉的小老婆处鬼混去了,这愈发激起了海员的愤怒和不满。当“万寿丸”再次起航去横滨时,忍无可忍的船员们起来斗争了,他们提出八小时工作制、增加工资、因公受伤生病应得到治疗等七项复工的条件。船长因为要回横滨去过新年,在室兰又找不到一名可以替代罢工船员的人,他不得已答应了海员们的要求,海员们的斗争胜利了,这次航行对饱受欺压的船员们来说是一次愉快的航行。然而,在轮船于大年夜抵达横滨港时,海上警察署抓走了藤原、波田等罢工的领导人,他们将在拘留所里迎接新年的到来。

【作品鉴赏】

这部中篇小说于1926年由改造社出版,发行后受到广泛的好评,日本作家宇野浩二、千叶龟雄、中野重治等人对作品评价很高,盛赞它具有动人的力量,就连与无产阶级文学对立的艺术派“新感觉派”代表作家横光利一对小说的成功亦表示钦佩,向作者要了原稿,刊登在自己的杂志上。小说对无产阶级文学的影响更大,小林多喜二受其影响,三年后也创作了名作《蟹工船》。

小说的情节和以后日本无产阶级文学选择的题材相近,作者用出色的艺术手法生动感人地描写了组织起来之前的各种海员的形象,大胆、奔放地写出了他们从同吃一锅饭的伙伴转变为工人阶级成员的不寻常的觉醒过程。作品客观地描写了工人痛苦、悲惨、屈辱的生活现实和觉醒后反抗压迫者的斗争,但并不使人感到阴郁和凄凉,也没有标语口号式的干巴巴的说教,读者可以感受到的是被压在生活底层的受压迫者要争取做人的权利和自由时所表现出来的热情和团结,以及作者对受欺压的人们所表现的深厚的同情和温厚的爱。作品中不乏浪漫主义色彩的幻想性场面,许多场景的描写美妙而抒情,富有幽默感,像一首大型的叙事诗,独特的文体也给人以清新的感觉。

作者熟知海员的生活,他是带着与作品中的人物同呼吸共命运的激情,发挥了自己的艺术才能精心创作的。1923年,作者因参加名古屋的工人运动被逮捕,在监狱里执笔时,常常把自己同化于作品中的人物。本作品在完善大正时期无产阶级文学和体现无产阶级文学的艺术性方面是一部具有里程碑意义的杰作。

选文一①

室蘭港②が奥深く広く入り込んだ、その太平洋への湾口に、大黒島が栓をしている。雪は、北海道の全土を蔽うて地面から、雲までの厚さで横に降りまくった。

汽船万寿丸は、その腹の中へ三千噸の石炭を詰め込んで、風雪の中を横浜へと進んだ。船は今大黒島をかわろうとしている。その島の彼方には大きな浪が打っている。万寿丸はデッキまで沈んだその船体を、太平洋の怒濤の中へこわごわ覗けて見た。そして思い切って、乗り出したのであった。彼女がその臨月の体で走れる限りの速力が、ブリッジからエンジンへ命じられた。

冬期に於ける北海航路の天候は、いつでも非常に険悪であった。安全な航海、愉快な航海は冬期に於いては北部海岸では不可能なことであった。

万寿丸甲板部の水夫達は、デッキに打ち上げる、ダイナマイトのような威力を持った波浪の飛沫と戦って、甲板を洗っていた。ホースの尖端からは、沸騰点に近い熱湯が迸り出たが、それがデッキを五尺流れるうちには凍るのであった。五人の水夫は熱湯の凍らぬうちに、その渾身の精力を集めて、石炭塊を掃きやった。

万寿丸は右手に北海道の山や、高原をながめて走った。雪は船と陸とをヴェール③をもって遮った。悲壮な北海道の吹雪は、マスト④に悲痛な叫びを上げさせた。

【选文注释】

①本段引自作品"一"开头处，描写了北海道室兰沿海的奇寒和满载煤炭的万寿号航行的情景。作品一开头就把海员们艰险的工作条件及环境历历在目地

呈现在读者眼前，文笔秀丽、清新。

②**室蘭港**：位于北海道西南部。人口十五万，主要产钢铁、化工产品。

③ヴェール：垂纱、幕帐。

④マスト：(船的)桅杆。

选文二①

これまでは彼等は「一つ釜の飯を食う」仲間の関係であった。だが今では、それ以外に「労働者としての階級」に属する同志だという感情がつけ加えられた。それは彼等の間を妙に強く緊りつけ、親密にしたようだった。

「女郎買い②」の友達から「牢獄まで③」もの同志の関係に押し進められた。

それは、藤原が説き奨めたためであっただろうか、或は彼が「煽動」したものであっただろうか。誰か一人の力がそれ程多くの人を動かしただろうか、それは、若しそうであるとしたら、その多くの人は自分自身の意志に反してまでもそうなったのであろうか。それは暑い空気の中で人々が喘ぎ、寒い空気の中で人々が慄えるのと同じく、資本制経済の下に労働者が一様に抱いている処の、反抗の小爆発ではなかったか。

【选文注释】

①本段引自作品“四十六”，表现海员们从以往日常生活中自然产生的亲近感和伙伴意识发展到阶级意识觉醒后决心团结起来进行罢工斗争的重大变化。

②女郎買い：花钱嫖妓女。

③牢獄まで：意为无论遭受怎样的镇压都坚持到最后的决心。

【作者简介】

葉山嘉樹(1894—1945)生于福冈县。早稻田大学辍学。年轻时爱读高尔基和陀思妥耶夫斯基的作品。曾在货船和煤船上当过海员，以后又在铁路局、学校、水泥厂工作过，还当过记者和书店店员。早年投身于工人运动，两次被捕入狱。1925 年加入《文艺战线》同人杂志。主要作品还有《卖淫妇》《水泥桶里的一封信》等，一生共创作小说、随笔、评论一百多篇。晚年务农，1945 年到中国东北务农，日本战败后于当年 10 月回国途中病故。

38 盘旋的鸦群/渦巻ける烏の群

黑岛传治

【作品梗概】

在西伯利亚的深山沟里，住着一些俄国山民，他们的孩子经常跑到日本军队的厨房里来要剩饭吃。松木、武石、吉永都是在厨房里干活的一等兵(上等兵之下、二等兵之上)。他们被派到西伯利亚来当兵已有两年了，周围能见到的除了瓦顶兵营外，就只有一望无垠的雪野、严寒、互相残杀以及随时随地都有丧生可能的危险，使他们像海员憧憬海港、怀恋陆地一样憧憬国内、怀恋家庭。因此，不仅是他们三人，军队里不少士兵也经常想方设法去有姑娘的当地俄国山民家中寻找温暖。

吉永所在的连队即将调往游击队出没无常的伊西地区。这一天，松木买了带馅面包、白糖、菠萝和香烟去山冈上的葛丽雅家，正好碰到了武石。他带了酒，也去找葛丽雅，然而，他们万万没有想到薪水高于他们八十五倍的大腹便便的少校大队长(营长)已经捷足先登地来到葛丽雅的家。两人进屋后败坏了大队长的雅兴，而且他们居然还受到了葛丽雅的热情接待。嫉妒和愤怒使大队长失去了理智，他回营部让副官紧急点名，并以松木和武石迟到为理由，别有用心地让他们俩所在的连队代替吉永连队去伊西。

中队长(连长)迁怒于松木和武石，让他俩担任最苦和最危险的侦察工作。在茫茫的雪原之中，连队迷失了前进的方向，两人的眼前出现的只有野兽的踪迹，爬上一座又一座的雪峰，累得他们头晕目眩，终于倒在雪地上。就这样，这个连队的士兵在酷寒中一个接一个地倒下了。

春天来了，积雪开始融化。黑色的老鸦铺天盖地飞来，散布在这一带山岭间的一个连的士兵的尸体，成了盘旋的鸦群的美味佳肴。

【作品鉴赏】

短篇小说《盘旋的鸦群》1928 年发表于《改造》杂志，同年八月，收录由改造社出版的小说集《雪橇》中。1919 年，在早稻田大学英文专业学习的黑岛传治被强征入伍，1921 年被作为卫生员派往西伯利亚。他本来就患有肺病，到西伯利亚后发作，于第二年被送回国内，以后终身受肺病折磨。根据当时的体验，作者写了《雪橇》《风雪西伯利亚》《冰河》和本作品。

作者以简洁、老练的现实主义手法写出了吉永、松木和武石等士兵身在异国、思恋故乡、渴望享受家庭的温暖和情趣以及想接近年轻姑娘的炽热情感，表现了大队长的残暴，同时还描绘了俄国乡村山民的生活和西伯利亚雪国的夜间奇景。作品中等待年轻士兵的悲惨命运，强烈地打动了读者，它有力地揭露了日本军队内部的残酷，控诉了侵略战争给日本人民带来的灾难，反映了作者痛恨战争、同情无辜牺牲者的感情。整篇小说结构严谨，写意深刻，富有抒情性，结尾部分鸦群鸣叫着时落时飞地扑向远处雪地中士兵尸首的描写尤为动人。日本文艺批评界公认这是优秀的反战小说之一，也是无产阶级文学中艺术性很高的一篇杰作。三好行雄、平冈敏夫等人认为它是“继承了明治以来的反战、反军国主义文学的传统，进而以马克思主义的观点和反帝国主义的思想指导的新型反战文学”。

选文一①

一個中隊(いっこちゅうたい)すべての者(もの)が雪(ゆき)の中(なか)で凍死(とうし)する、そんなことがあるものだろうか？ あってもいいものだろうか②？

少佐(しょうさ)の性慾(せいよく)の犠牲(ぎせい)になったのだ。兵卒達(へいそつたち)はそういうことすら知らなかった。

何故、シベリアへ来なければならなかったか。それは、だれによこされたのか？ そういうことは、勿論、雲の上にかくれて、彼らには分らなかった。

われわれは、シベリアへ来たくなかったのだ。むりやりに来させられたのだ。——それすら、彼らは、今、ほとんど忘れかけていた。

彼らの思っていることは、死にたくない。どうにかして雪の中から逃れて、生きていたい。ただそればかりであった。

雪の中へ来なければならなくせしめたものは、松木と武石とだ。

そして、道を踏み迷わせたのも松木と武石とだ。——彼等は、そんな風に思っていた。それより上に、彼らに魔の手が強く働いていることは、兵士達には分らなかった。

【选文注释】

①本段引自《盘旋的鸦群》“九”，是本作品的主题。作者用有力的笔调，追问无辜士兵为什么要被毫无理由地送进这场目的不明的战争。同时揭露和抨击了战争的残酷和军队内长官的卑劣。

②此处连续用两个反问句，表现了作者愤懑的心情。

选文二①

河があった。そこには、まだ氷が張っていた。牛が、ほがほがその上を歩いていた。

右側には、はてしない曠野があった。

枯木が立っていた。解けかけた雪があった。黒い烏の群が、空中に渦巻いていた。陰欝に唖々と鳴き交すその声は、兵の兵舎にまで、やかましく聞えてきた。それは、地平線の隅々からすべての烏が集って来たかと思われる程、無数に群がり、夕立雲のように空を蔽わぬばかりだった。

烏はやがて、空から地平をめがけて、騒々しくとびおりて行った。そして、雪の中を執念くかきさがしていた。

その群は、昨日も集っていた。

そして、今日もいる。

三日たった。しかし、烏は、数と、騒々しさと、陰欝さとを増して来るばかりだった。（略）

やかましく鳴き叫びながら、空に群がっている烏は、やがて、一町ほど向うの雪の上へおりて行った。

兵士は、烏が雪をかきさがし、つついているのを見つけては、それを追っかけた。

烏は、また、鳴き叫びながら、空に廻い上って、二三町さきへおりた。そこにも屍があった。兵士はそれを追っかけた。

烏は、次第に遠く、一里②も、二里も向うの方まで、雪の上におりながら逃げて行った。

【选文注释】

①本段引自作品“十”，叙述第二年春天，吉永连队发现天空盘旋着鸦群，它们正在啄吃替代自己连队外出执行任务后失踪并早已被大队长遗忘的松木连队士兵们的尸体。乌鸦在数公里长的雪地上时起时落，仿佛再现了士兵们在酷寒中先后一一倒下死去的情景，这一感人的描写对深化主题起到了很大的作用。

②一里：为日本里，约等于四公里。

【作者简介】

黑島伝治（1898—1943）出身于香川县的农民家庭。当过酱油酿造工。崇拜托尔斯泰、陀思妥耶夫斯基和志贺直哉的作品，后执笔创作小说。1919 年被强征入伍，1922 年因病被军队除名。一生留下一部长篇小说《武装的城市》和六十余篇短篇小说。作品可分成两类，除了反战的作品之外，还有描写农民生活的作品，如《两分硬币》《猪群》《崖下的人家》《田园挽歌》等。这些作品表现了农民的贫困、地主的残暴狡狯以及农民的反抗和斗争。虽然作者的作品在人物形象的塑造方面还有不足之处，但是，他毕生坚持描写工农以及工农出身的知识分子和士兵。因此，可以说他是日本无产阶级文学运动中一位质朴、坚定的革命作家。

39 蟹工船/蟹工船(かにこうせん)

小林多喜二

【作品梗概】

博光丸和其他几艘蟹工船一起，在驱逐舰的护卫下，从函馆港出发，向堪察加沿岸驶去，他们要侵入苏联领海捕蟹，获取利润。在被叫作“粪壶”的狭小、阴暗的底舱里，挤着许多被骗到船上参加季节性捕蟹和制造蟹罐头的临时工，他们中有的是从秋田和岩手来的农民，有的是来自煤矿的矿工，有的是各地的流浪汉。渔船出发不久，他们便领教到船长、公司厂方代表，尤其是监工浅川的无情了。当秩父丸遇险向他们求援时，浅川竟说：“一条破船，还是沉了的好。”他根本不把那条船上四百二十五人的生命放在眼里，工人们对浅川十分不满，他们不分白天黑夜地工作着。浅川仍说捕蟹量太少，让水手和渔民展开竞赛，对捕得少的人给予惩罚。有的人干着干着倒了下去，浅川就说他装病，拿水泼醒，以麻绳捆绑起来示众。船上供应的伙食极差，人人都得了脚气病，身上长满虱子。就在庆祝完成三万箱蟹罐头之后，一名叫山田的渔民死了，浅川既不准为他洗身，海葬时又不准工人致悼词。怒不可遏的渔夫和船员们终于觉醒了，迄今为止自然形成的消极怠工的反抗逐渐变为有意识的行动，水手和伙夫也加入了他们的行列。浅川见状又威胁说，怠工者扣光工资或枪杀。一天，风大浪急，浅川命令小船出海，工人们以罢工相对抗。拿着手枪的浅川对罢工工人毫无办法，眼看着工人们的罢工取得胜利。这时，工人们发现驱逐舰向他们驶来，不由得欢呼雀跃，然而，那些荷枪实弹的士兵来到蟹工船上抓走了工人中的九名领导人，直到这时，大家才明白，军队也成了有钱人的走狗。罢工就这样“在比烧一张报纸还短的时间里失败了”。

【作品鉴赏】

中篇小说《蟹工船》于1929年5月、6月发表在《战旗》杂志上，同年9月由战旗社出版单行本。作品发表后一度引起很大反响，当时，胜本清一郎赞扬说：“这是近来无产阶级文学中，不，包括资产阶级文学在内的日本文学中的一部优秀之作。”它和叶山嘉树的《生活在海洋上的人们》一起，成为日本无产阶级文学的最优秀代表作。作品对日后无产阶级文学运动的大发展起到了极其重要的推动作用。

作品通过蟹工船上受奴役的工人们在严酷的劳役中觉醒过程的描写，告诉读者工人阶级除了团结起来进行斗争之外别无生路的革命道理。作者受到《生活在海洋上的人们》的影响，创作本作品之前进行了实地采访、调查，收集了不少资料，然后依据记录虚构而成。作者谈到创作意图时说：“我想写资本主义如何以狰狞的面目侵入尚未开化的地区和殖民地，它如何进行原始性剥削，把官宪和军队当作‘警卫’‘哨兵’和‘保镖’，贪得无厌地欺压民众，资本主义又是如何迅速得以发展的。”换句话说，作者是在帝国军队—财阀—国际关系—工人的整体关系中，用阶级的观点对素材进行整理、组织，然后着意表现“殖民地中的原始的剥削形态”。此外，作者在本作品中，还有意识地少写个人的性格和心理，而是注重描绘一大批人和一个阶级，也就是采用群体描写的方法，因此，工人们的整体形象在作品中得到了出色的描绘。作者笔力雄劲，生动地写出了工人阶级不畏强暴敢于斗争的伟大气魄。作者写这部作品时年仅25岁，他把一个年轻的革命作家的愤怒、热情及其创造力全部注入了这部作品之中。可以说，在日本无产阶级文学运动蓬勃开展之时，在关心文学的人中，即使没有到信仰的地步，至少都受到本作品的感染，使马克思主义的文艺观一定程度上得到了普及。

选文一[①]

「おい地獄さ行ぐんだで！」

二人はデッキの手すりに寄りかかって、蝸牛が背のびをしたように延びて、海を抱え込んでいる函館の街を見ていた。——漁夫は指元まで吸いつくした煙草を唾と一緒に捨てた。巻煙草はおどけたように、色々にひっくりかえって、高い船腹をすれずれに落ちて行った[②]。彼は身体一杯酒臭かった[③]。

【选文注释】

①本节引自《蟹工船》“一”的开头，明确表达了本作品的文学特性。作者用寥寥数语就把渔民们的悲惨生活以及对于人类世界的憧憬表现出来了。开头一句呼唤就震撼人心，因为轮船是驶向地狱的。

②漁夫は…落ちて行った：这句话形象地表现了渔民们因不满和绝望而自暴自弃的心情，卷烟的坠落暗示着渔民们的命运。

③彼は身体一杯酒臭かった：表现了未经组织起来的渔民们的颓丧，因为他们只有靠酗酒才能暂时忘记自己的悲苦。

选文二[①]

学生や、吃りは、皆の名前をかいた誓約書を廻して、捺印を貰って歩いた。

学生二人、吃り、威張んな、芝浦、火夫三名、水夫三名が、「要求条項」と「誓約書」を持って、船長室に出掛けること、その時には表で示威運動をすることが決った。——陸の場合のように、住所がチリチリバラバラになっていないこと、それに下地が充分にあったことが、スラスラと運ばせた。ウソのように、スラスラ纏った。

「おかしいな、何んだって[②]、あの鬼顔出さないんだべ」

「やっきになって、得意のピストルでも打つかと思ってたどもな[3]」

三百人は吃りの音頭で、一斉に「ストライキ万歳」を三度叫んだ。学生が「監督の野郎、この声聞いて震えてるだろう！」と笑った。——船長室へ押しかけた。

監督は片手にピストルを持ったまま、代表を迎えた。

船長、雑夫長、工場代表…などが、今までたしかに何か相談をしていたらしいことがハッキリ分るそのままの恰好で、迎えた。監督は落付いていた。

入ってゆくと、

「やったな」とニヤニヤ笑った。

外では、三百人が重なり合って、大声をあげ、ドタ、ドタ足踏みをしていた。監督は「うるさい奴だ！」とひくい声で云った。が、それ等には気もかけない様子だった代表が興奮して云うのを一通りきいてから、「要求条項」と、三百人の「誓約書」を形式的にチラチラ見ると、「後悔しないか」と、拍子抜けするほど、ゆっくり云った。

「馬鹿野郎ッ！」吃りがいきなり監督の鼻ッ面を殴りつけるように怒鳴った。

【选文注释】

①本段引自作品“十”，叙述觉醒了的工人们团结一心，展开罢工斗争的情景，反映了有阶级觉悟的工人们与船长、监工等平时耀武扬威地奴役他们的人进行面对面斗争时所表现的坚定、沉着和大无畏的精神。作者不是着力刻画一两个工人领袖，而是注重表现数百个工人的群体面貌，这也是本作品的一大特色。

②何んだって：为什么，怎么啦，相当于“どうして”。

③思ってたどもな：即“思っていたけれどもな”。“ども”是“けれども”的方言。

【作者简介】

小林多喜二(1903—1933)生于秋田县。靠着边工作边学习，从小樽高等商业学校毕业。爱读契诃夫、陀思妥耶夫斯基和高尔基的作品。学生时代就开始创作小说和诗歌，后从事无产阶级文学运动。于1931年加入日本共产党，成为职业作家和革命家。1928年发表于《战旗》杂志的《一九二八年三月十五日》，取材于这一天所发生的当局镇压共产党员和革命者的事件，描绘了警察拷打的实况和革命者不屈不挠的高大形象，给人们以深刻的印象。其主要作品还有《不在地主》《工厂细胞》《为党生活》等。1933年2月20日与同志秘密接头时被捕，在敌人严刑拷打下于当天壮烈牺牲。

40 流浪记/放浪記

林芙美子

【作品梗概】

主人公“我”在一所小学里曾学过这样一首诗:“秋夜渐深,旅居他乡。孤寂难耐,独自惆怅。留恋故乡,思念爹娘。”

“我”是一个命中注定的流浪者,没有故乡。父亲是四国伊予人,做和服衣料生意,是个到处行商的人。母亲是九州樱岛温泉旅馆的小姐,因为和他乡人结合,被家人赶了出来,她和父亲在山口县的下关住下后生下了“我”。因为父母不能回故乡,所以,旅途就成了“我”的家乡,“我”是怀着一种孤独、惆怅的感情来学习这首怀念故乡的诗歌的。

8岁时,父亲在若松发了财,他收下了一个从长崎天草逃出来的艺伎浜,于是,在正月的一个下雪天,母亲带着“我”离开了父亲。现在的父亲是养父,他老实忠厚,是个含辛茹苦了大半辈子的人。“我”这个由母亲带来的孩子只能常住小客栈。四年之中,小学换了七所,最终还是停了学。那个时候,“我”交不上一个好朋友。12岁时,“我”不得不开始做买卖,经常在煤城里走街串巷,目睹了社会底层人们的苦难生活。长大成人后,“我”流浪到东京,先是在文人家做女佣,接着去道玄坂摊铺上卖针织内衣、当临时家庭女工、玩具厂女工。“我”酷爱文学书籍,也练习写诗,还在进步文艺团体主办的文学杂志上发表过诗作,得到过一些微薄的稿酬。在这期间,“我”和一名业余剧团的演员同居后又分手,“我”不断地变换住所,与不少男人交往过，不过，在一家咖啡馆当女招待的时候，底细终于暴露了。不久，“我”又到关西，当了毛毯批发店的事务员，以后再回东京开始女招待的生涯。和“我”同住的一个18岁的可爱姑娘时儿为了生活，跟一个42岁的男人跑到浅草去了，这使“我”感到难受。正当“我”又陷入孤独之境的时候，“我”给《时事新闻》写的童话发表了，并寄来了稿费，里面还有报社白木先生的亲切的信。

【作品鉴赏】

长篇小说《流浪记》于1928年起分几次刊登在《女人艺术》杂志上，其第一、第二部1930年由改造社出版单行本，第三部1946年刊登在《日本小说》上。

小说描写了一个从小命运蹇涩，一直过着流浪生活的少女的悲惨经历。她没有安宁的学习和生活环境，为了生存，不得不颠沛流离，靠劳动养活自己。因为太穷，连恋人都背弃她溜走。她热爱文学，但是一开始写的诗和童话无人问津，唯有孤独和绝望伴随着她。作者用大胆的笔触忠实地记录了一个挣扎苦斗在资本主义社会底层的少女的流浪经历以及她不堕入颓废、虚无的深渊、始终不向苦难低头的顽强意志和开朗性格，许多场面写得很有幽默感。这一庶民之女的丰富生活经历和感情深深地感染了读者。

这部没有跌宕情节、只是按年代顺序排列的小说有着它的艺术特点：在散文日记式的文体中糅进了不少诗歌，人物的心境转换恰到好处，在大正末至昭和初经济萧条的背景衬托下，把身居逆境的主人公的生活意识写得明朗、健康，富有诗意，既有苦涩和孤独、又有甜蜜和浪漫，各种情感相映成趣，有较强的文学性。作者没有局限于自己的经历，而是充分发挥了虚构、想象的才能，使读者久读而不生厌。

作者在后记中写道：“我并没有想自己死后要留下什么作品，不过，我自信这部《流浪记》有时定会引起一些人的共鸣。”正如作者预料，这部作品发表后，引起了很大反响，很快销出七十万册，作者也因此成了流行的女作家。同时代的女作家丹地文子读后说：“你不断克服我做梦也不曾想到的生活中的困难——而且，你是多么开朗、坚强！”

选 文[1]

（六月×日）

久し振りに東京へ出る。

新潮社で加藤さんに会う。詩の稿料六円戴く。

いつも目をつぶって通る、神楽坂も今日は素敵に楽しい街になって、店の一ツ一ツを覗いて通る。

隣人とか
肉親とか
恋人とか
それが何であろう
生活の中の食うと云う事が満足できなかったら
画いた愛らしい花はしぼんでしまう
快活に働きたいものだと思っても
悪口雑言の中に
私はいじらしい程小さくしゃがんでいる[2]

両手を高くさしあげてもみるが
こんなにも可愛い女を裏切って行く人間ばかりなのか
いつまでも人形を抱いて沈黙っている私ではない
お腹がすいても
職がなくっても
ウオオ！　と叫んではならないのですよ
幸福な方が眉をおひそめになる。

血をふいて悶死したって
ビクともする大地ではないんです
陳列箱に
ふかしたてのパンがあるが

私の知らない世界は何とまあ
ピアノのように軽やかに美しいのでしょう
そこで始めて
神様コンチクショウと呶鳴りたくなります③。

長い電車に押されると、又何の慰めもない家へ帰らなければならない。
詩を書く事がたった一つのよき慰め。
夜、飯田さんとたい子さんが唄いながら遊びに来る。

【选文注释】

①本段引自《流浪记》第一部，叙述孤独无援，只得靠自己艰苦奋斗的主人公在得到六元稿费时的激动心情，她感到大街和商店都有了光辉，不禁诗兴大发，在诗中抒发了自己渴望吃饱肚子的愿望以及憧憬美好生活的感情。本作品大部分用日记散文式文体，其中夹有不少抒情诗，富有浪漫、幽默的色彩。

②快活に働きたい…しゃがんでいる：本句形象地表现了冷酷的社会对主人公的摧残。"いじらしい"意为可怜、令人同情的。

③神様…呶鳴りたくなります：艰苦的生活、坎坷的命运使主人公不再相信并诅咒神佛的保佑，这首诗也有力地体现了主人公不向困难低头、自强不息的精神。

【作者简介】

林芙美子(1903—1951)生于下关市。幼年时因父母经商，先后到过若松、长崎、佐世保、鹿儿岛、尾道等地。1918 年进入尾道市立女子高等学校学习。成人后当过女工、事务员、女招待。通读过大量日本和外国的文学作品，曾在《文艺战线》《日本诗人》等杂志上发表过诗和童话。《流浪记》成为畅销书后，生活才有所保障。其他主要作品还有《风琴和鱼的城镇》《清贫书》《牡蛎》《晚菊》《浮云》《饭》等佳作，为日本昭和时期文坛上活跃的女作家，因过度劳累病倒，最后死于旧病心脏停搏。

41 “悠闲”眼镜/暢気眼鏡

尾崎一雄

【作品梗概】

主人公“我”在26岁之前已经连续四年遇到天灾人祸，先是父亲和妹妹去世，接着自己得病，又遇到大地震、银行倒闭。因为经济拮据等直接原因，正在写小说的“我”和母亲闹翻，接着又和结婚三年的妻子E发生争吵而分道扬镳，其实这一切的真正原因是“我”爱写小说。“我”跑到自己尊崇的作家所在的N市。

七个月后，“我”又回到东京，开始定下心来创作小说。本来“我”决心这辈子不再续弦，可是，一年后，“我”又结识了来自K市的芳枝，被她的柔情所吸引，再次结婚。这时，父亲的遗产已经用光，肮脏不堪的六铺席民宿的房间因为付不起房租，被拒绝供饭，只能自己开伙。不久，连一粒下锅的米也没有了。家里可典当的东西全都送进了当铺，还向所有的朋友借了钱，在极端贫困的生活中，芳枝没有埋怨，她毫不在乎地剥下假牙上的金冠说：“我去卖了它买烤馅饼来。”芳枝的性格天生无忧无虑，为了躲避讨债人，她和“我”一起逃到朋友家去过夜；怀孕后还去投接棒球；她断定未来的孩子是女孩，一心取女孩的名字、做红色的衣裳；她还找到了时装模特儿的工作，尽量梳洗打扮一番去干了一周，为家里挣来一些钱。在这种赤贫的生活中，芳枝的“悠闲”对“我”的精神既是一种莫大的安慰，又是一种折磨，对此，“我”只能报以苦笑。有一次，“我”一本正经地想：不过，芳枝戴的深度“悠闲”眼镜迟早也会损坏的，那时又当如何处置呢？因此，“我”

对她说："芳兵卫，我真可怜你。"芳枝听后开朗地笑着回答："你那么为我着想，我也就满足了。"虽然"我"不知道自己把这一切写出来会成为一篇怎样的东西，但是，仍觉得非这样写下去不可。"我"还觉得：迄今为止，戴着"悠闲"眼镜的并不是芳枝，而是自己，而且，到头来这副眼镜或许戴一辈子也不会损坏。想到这里，"我"的脸上泛起了微笑。

【作品鉴赏】

短篇小说《"悠闲"眼镜》1933年发表在《人物评论》杂志上，1936年收入砂子屋书房出版的小说集《"悠闲"眼镜》中。作品在描写贫困中无忧无虑、开朗活泼的年轻妻子芳枝的同时，也刻画了一位一旦选择文学创作为自己的生活道路，便忠实、坚定地走下去的主人公形象，他的洁癖和创作热情对读者不无感染。这篇以成名之前的作者和妻子为原型的私小说从一个侧面反映了30年代初期日本知识分子的生活境遇。作品写了主人公的清贫生活，却没有自然主义文学中那种阴湿的感觉。显而易见的是作者受到志贺直哉的影响，其伦理感、现实主义的手法以及开朗、幽默的风格都和志贺直哉一脉相承。本作品获得了第五届芥川奖，成为私小说中的名作。

作家尾崎士郎认为，这篇作品中有他长期追求的"人生的幽默"，他说："作品中那位贫穷、卖弄小聪明，而又大胆情深的小说家正是现在文学事业所需要的。作品的感情是向上的、坚毅的——这种坚毅不是狮子，而是鼹鼠具有的坚毅。"佐藤春夫说："这篇作品虽然短小却是独特的，乍一看，平铺直叙的主人公性格也很好地表现了作者的创见，这是不能忽略的事实。"以后，作者又写出了不少类似本篇小说风格的短篇佳作。

选文[1]

十九(じゅうきゅう)まで気楽(きらく)に育(そだ)ち、漫然上京(まんぜんじょうきょう)すると、いきなり私(わたし)のような者(もの)にかかり逢(あ)う——芳枝(よしえ)にとっては何(なん)と云(い)う悪(わる)い偶然(ぐうぜん)だったろう。「どんな辛いことだって、面白いと思えば思えるからね。大したことはないよ。何でも来いだ」私自身は決して強がりを云っているのではない。父の死、上の妹の死、私自身の重病、大震災、銀行の破綻。二十六までの四年間に打ち続いた災禍から、私の感性は鈍っているのだ。私は余り恐いものがなくなった。只面倒なことが一倍嫌いになっただけだ。それゆえ、何事も「ままよ」と直ぐ最悪の場合を予想し「いつでも来い」と身構えもせず寝そべっている。前書いた郷里の家との反目も、前の妻との絶縁も、その気持ちから、事の重さに比し割りに手軽にやってのけた。そういう私だが、ひどい生活に不平も云わず、私だけをたよりにしている芳枝を思うと、さすがに気が滅入るのだった。つべこべ云う相手には、正面から何でも云って了える。「私はこれから人非人になる」母にそう云った[2]。が、無力な、柔順な相手には、それが出来ないのだ。

　私の精神と肉体とは、只一つ、仕事[3]に対する熱、その気持ちの張りで、保っている。私と云う存在のあらゆる欲望はその一点に凝結している。「怒った石」のような私と云うものは、自身でさえ一種のあさましさを感ずる程だ。だが、私からの欲望を引き抜いて了ったら、あとにはくらげ[4]のようなものしか残るまい。目はかすみ腰は曲がり、物を喰う気もなくなるだろう。為事に対する欲望は私が非力である為只空廻りしているに過ぎないが、とにかくそれは私と云うものの唯一つの支柱だ。「凡そ生活あっての芸術だ」そんな事を口には云いながら、事実は本来を見失った形だ。「これではいかぬ」度度思いもしたが、今では諦める外ない状態に陥っている。形容でも何でもなく、医者に見離された重病人だ。「心機一転」、「豁然大悟」そんな言葉も呑みなれた薬のように何の反応もなくなった。結局私としてはこのままどこまでも押して行くよりしかたないのだ。間違っているとしても、こういう間違った路に踏み込んだ男が、一体どうなるか、それを見極めることも一つの「何か」だと云えよう。

「芳兵衛、お前にはほんとうに気の毒だ」

私は或る時珍しく真顔で云った。

「あなた本当にそう思う？」

「思う」

「それならいいのよ。あなたがそう思ってくれれば、あたしそれでいいの」と明けっぱなしの笑顔をした。

「こんな奴をいじめて——あアあ」と私は腹でうなった。「こんなことをして小説書いたとて、それが一体何だ」そう思うと、反射的に「いや、俺はそうでなければいけないんだ」と突き上げるものがある。「暢気眼鏡」などと云うもの、かけていたのは芳枝でなく、私自身だったかも知れない。確かにそう思える。しかもこいつは一生壊れそうでないのは始末が悪い。そこまで来て私はうすら笑いを浮べた。

【选文注释】

①本段引自作品“七”，是本小说的结尾，叙述一天夜里，当妻子芳枝问及人一死，一切痛苦和悲哀是否都会一了百了时，主人公的心理活动。他回顾了自己的不幸以及把这样的自己当作生活依靠的芳枝的不幸，重申了对艺术创作不懈追求的决心，从一个侧面反映了芳枝的开朗和温情，这段引文表达了作品的主题。

②母にそう云った：主人公的父亲早亡，作为长子，他掌管家里经济、赡养老母及三个弟妹。当母亲对他不擅当家表示不满时，他任性顶牛，后来竟一走了之。

③仕事：指主人公热爱的创作活动。

④くらげ：海蜇。此处意为：如果抽掉主人公从事写作的唯一欲望，那么，他就会成为一个没有主心骨（软骨）的人。

【作者简介】

尾崎一雄（1899—1983）生于三重县。父亲是神宫皇学馆的教授。曾入早稻田大学国文专业学习。崇拜志贺直哉，立志当作家。1933年与丹羽文雄等人创办《小说》杂志。登上文坛后，开拓了富有个性的私小说和心境小说的创作道路。其主要作品还有《虫子二三事》《鼹鼠胡同》《隅角》《幻想记》《那一天·这一天》等。1964 年当选为日本艺术院会员,1978 年获得文化勋章,作品曾获得多种文学奖。

42 春琴传/春琴抄（しゅんきんしょう）

谷崎润一郎

【作品梗概】

春琴是大阪道修町药店鵙屋安左卫门的二女儿，她容貌端丽，聪慧过人，生活优裕，又很任性、高傲，对雇佣的家人显得尤其吝啬。9岁时，春琴不幸双目失明，有人说这是小妹妹的奶妈出于嫉妒所为。春琴每天由伙计佐助拉着手去学弹三弦琴。佐助是从江州来到春琴家当伙计的，比春琴年长4岁，他被春琴的玉容吸引，觉得失明的春琴比她的三个姐妹漂亮得多，不由暗暗爱上了她。春琴15岁时琴艺功成名就。佐助认为春琴热爱的艺术自己也应该热爱，于是，每逢夜深人静朋辈们酣睡时，他便一人偷偷地在内屋、壁橱里或阳台上练习三弦琴，为的是将来和春琴同甘共苦。春琴发现佐助在独自苦练，对他的志向深表同情，答应收他为徒，从此佐助更加勤奋习艺。当上老师的春琴对他特别严厉，动辄打骂，佐助忍受着，琴艺有了很大的进步。佐助甘愿做终身服侍春琴的佣人，照料春琴洗澡上厕所，并在事实上成了她的丈夫。春琴17岁时曾生下一子，但她矢口否认这是佐助的孩子，称："怎么会和他那样的下等人干这种事！"结果尽管生下的孩子酷似佐助，因两人死不认账，孩子送了人，追查也不了了之。之后，春琴在淀屋桥筋独立门户，佐助依然跟随着她。春琴的弟子中有一名叫美浓利太郎的纨绔子弟缠着春琴求婚，被春琴断然拒绝。一天晚上，春琴被人以开水浇面，她的丽容顷刻之间变得丑陋不堪。当佐助得知春琴无论如何不愿让自己看到她那可怕面容的心情时，毅然用针刺瞎了自己的双眼，他的心目中依然保留着春琴昔日的倩影，一如既往地把自己的一切奉献给春琴，直到她58岁谢世。之后，佐助在二十二年老年孤独的生活中“于心中塑造了一个与在世之春琴迥异的春琴，愈益鲜明地看到了她的姿容”。

【作品鉴赏】

中篇小说《春琴传》1933年6月发表在《中央公论》杂志上，同年年底由创元社出版单行本。当时日本政府正紧锣密鼓地筹划侵略战争，这篇优美而精致的作品引起许多读者的兴趣，以川端康成为首的许多小说家对此大加赞赏，正宗白鸟还说，如果平安朝时期的作家能留下一两部类似《春琴传》这样的作品，那么就会在历史上获得不朽之名。

小说一开始，说“我”得到了一本小册子叫《鵙屋春琴传》，于是去寻访了还活在人世的一位老妪，拜谒了春琴和佐助的坟茔。以后，随着故事情节的发展，作者忽而引用传记中的文字记载，忽而夹进我和老妪的谈话，并引入峨山和尚的插话，巧妙地运用圆熟的写作技巧，写出了和现实一模一样的真实气氛，把读者自然地引入小说的境界。

这部作品强调了勤奋方能成才，艺人需经过刻苦磨难方能领悟艺术的真谛。作者对男女主人公在追求艺术的过程中培养起来的忠贞不渝的爱情深表同情。由于谷崎润一郎是著名的唯美派作家，主张艺术第一、生活第二，所以从他的成名作《文身》发表以后，大多数作品都宣扬“谷崎美学”的观点——为了美可以以苦为乐，本小说中对佐助变态心理的描写也说明了作者在文学上追求强烈刺激，追求自我虐待的变态快感或病态性官能享乐的特点，而这些都反映了谷崎文学的颓废面，是不足为训的。

本作品在笔调上显得古朴，用的是说书体，引用古书中的记载，叙述文和对话文混为一体，不用或少用标点，尽量多用假名来表述，据说这是作者受了司汤达的影响，喜爱用这种文体来表现逼真。

选文一①

これを春琴伝は記して汝等妾②を少女と侮りあえて芸道の神聖を冒さんとするや、たとい幼少なりとて③苟くも人に教うる以上師たる者には師の道あり④、妾が佐助に技を授くるは素より一時の児戯にあらず、佐助は生来音曲を好めども丁稚の身⑤として立派なる検校⑥にも就く能はず独習するが不憫さに、未熟ながらも妾が代りて師匠となり如何にもして彼が望みを達せしめんと欲する也、汝等が知る所に非ず疾くこの場を去るべしと毅然として云い放ちければ、聞く者その威容に怖れ弁舌に驚き這々の体にて引き退る⑦を常としたりきと云っている以て春琴の勢い込んだ剣幕を想像することが出来よう。佐助も泣きはしたけれども彼女のそういう言葉を聞いては無限の感謝を捧げたのであった⑧彼の泣くのは辛さを怺えるのみにあらず主とも師匠とも頼む少女の激励に対する有難涙も籠っていたゆえにどんな痛い目に遭っても逃げはしなかった泣きながら最後まで忍耐し「よし」と云われるまで練習した。春琴は日によって機嫌のよい時と悪い時とがあり口やかましく吐言を云うのはまだよい方で黙って眉を顰めたまま三の絃をぴんと強く鳴らしたりまたは佐助一人に三味線を弾かせ可否を云わずにじっと聴いていたりするそんな時こそ佐助は最も泣かされた。

【选文注释】

①本节引自作品第十段，叙述春琴为教佐助学艺，经常责骂至深夜，女仆们不忍，前来劝阻春琴，又遭春琴呵斥。这一节既描写了春琴的严厉和高傲，又表现了佐助为学艺而坚忍不拔，含辛茹苦的情景。作者在叙述中不时引用古书中的记载，为的是增加真实感，这里春琴对女仆们的训斥就是一例。

②妾：春琴称自己，系引用传记中的用词。

③なりとて：虽然是。相当于“であると言っても”。

④此句意为：但既为人师，便有为师之道。

⑤丁稚の身：仆人、学徒的身份。

⑥検校：指教琴的先生。

⑦聞く者…引き退る：闻者怖其威言、惊其雄辩，惶恐退下。

⑧佐助も…であった：此处生动反映了佐助对春琴所怀有的感情。

选文二[1]

佐助痛くはなかったかと春琴が云ったいいえ痛いことはござりませなんだお師匠様の大難に比べましたらこれしき[2]のことが何でござりましょうあの晩曲者[3]が忍び入り辛き目をおさせ申したのを知らずに睡っておりましたのは返す返すも私の不調法毎夜お次の間に寝させて戴くのはこう云う時の用心でござりますのにこのような大事を惹き起しお師匠様を苦しめて自分が無事でおりましては何としても心が済まず罰が当ってくれたらよいと存じまして何卒わたくしにも災難をお授け下さりませこうしていては申し訳の道が立ちませぬと御霊様に祈願をかけ朝夕拝んでおりました効があって有り難や望みが叶い今朝起きましたらこの通り両眼が潰れておりました定めし神様も私の志を憐れみ願いを聞き届けて下すったのでござりましょうお師匠様お師匠様私にはお師匠様のお変りなされたお姿は見えませぬ今も見えておりますのは三十年来眼の底に沁みついたあのなつかしいお顔ばかりでござります何卒今まで通りお心置きのうお側に使って下さりませ俄盲目の悲しさには立ち居もままならず[4]御用を勤めますのにもたどたどしゅうござりましょうがせめて御身の周りのお世話だけは人手を借りとうござりませぬ[5]。

【选文注释】

①本节引自作品第二十三段，佐助得知春琴不想让自己看到丑容就刺瞎了自己的双眼，并把对春琴的深情和爱用对师傅表示忠诚的形式表达出来，是本小说的一个高潮场面。整节文章中几乎没有标点，有人把这种黏着性的文体称为“蔓延体”。本作品的成功与作者采用这种独创的文体来表现主题不无关系。

②これしき:这点。相当于“これくらい”“こればかり”。

③曲者:歹徒。

④立ち居りもままならず:行动不方便自如。

⑤人手を借りとうござりませぬ:勿借他人之手。“借りとう”是“借りておく”的音变。

【作者简介】

谷崎潤一郎(たにざきじゅんいちろう)(1886—1965)生于东京。1908年入东京大学国文专业学习。学生时代和小山内薰等人创办第二次《新思潮》同人杂志,发表了初期代表作《文身》《麒麟》等,受到永井荷风的赞赏,马上成为知名作家。1923年关东大地震后迁居关西,又连续发表了《痴人的爱》《吉野葛》《瞽者谭》《武州公秘话》。第二次世界大战期间将日本古典名著《源氏物语》译成现代语,获得好评。(作者介绍请参看《文身》《细雪》)

43 人生剧场/人生劇場（じんせいげきじょう）

尾崎士郎

【作品梗概】

青成瓢吉诞生在三州(今爱知县)的横须贺村,那儿曾是吉良上野的领地。父亲瓢太郎是该村辰巳屋的老爷,是一个侠义之士,他按照自己的人生准则用独特的方法教育瓢吉。瓢吉8岁那年,瓢太郎让儿子爬上院子里高高耸立的银杏树顶端,并许愿说,倘若爬上去,要什么就给买什么。瓢吉每天练习爬树,一个月后,终于爬上了树顶,瓢太郎还在树下不停地摇晃树干,用这种方法来培养瓢吉的胆量。之后,瓢吉进了当地的中学,果然成了一个胆大妄为的少年,入学不久便和同学一起发行了一张专门批评校长和教员的小报,因此受到学校的处分。瓢太郎被叫到学校,不仅没有责骂儿子,反而鼓励了他。这时瓢太郎身患疾病,辰巳屋也开始破落。瓢吉来到父亲跟前说决心去东京苦读。他披上父亲给的外套,戴上陈旧的老式帽子,拄着雨伞闯到东京,靠朋友夏村大藏的帮助,进入早稻田大学政治经济专业预科学习。

瓢吉入学后觉得早稻田的一切与他期待的相距甚远,教授和学生都缺乏朝气,他想发动一个事件来改变学校的气氛。当他听到学园里要建造大隈侯夫人的铜像时,马上利用这个机会,以总长不能把学校私有化为理由,公开反对大隈总长。他的演说赢得了学生们暴风雨般的掌声。瓢吉因此成了早稻田的英雄,名声大振。他的身边聚集了九州人新海、因偷看女子洗澡而被第三高等学校开除的石上、能言善辩的鬼高等人，他们成了左右学生运动的人物。可是，不久，他们搞的运动引起了教授间的派系斗争，进而又被政友会、民政党搞的政治斗争所利用，虽然瓢吉力图把一切重新纳入学生运动的轨道，但是已经为时太晚，他怀着孤独和失望的心情离开了早稻田学园。这时，父亲已经自杀，辰已屋彻底破落，瓢吉心中铭记着名妓阿林的形象去新桥的酒馆解闷。

此时，瓢吉就像一片树叶在社会和人生的惊涛骇浪中飘浮，在很长一段时间里，他徘徊、流浪，听任变化的命运摆布。他的周围先后出现了各种人物：孤独地沉溺在酒中的黑马先生、旧式侠客吉良常和飞车角、与瓢吉共同渡过青春时代的夏村、吹冈、高见、横井等人，还有名妓阿林、学生时代的情人阿袖、飞车角的情人阿丰、瓢吉写的小说获奖后与他同居的新作家照代等。日本发动侵略战争时期，瓢吉流浪到大陆和南洋，最后到战后混乱期时，他面对逝去的青春感到十分悲哀。

【作品鉴赏】

长篇小说《人生剧场》的《青春篇》于1933年3月至8月在《都新闻》上连载，1935年由竹村书房出版单行本，很快成为畅销书，接着作者又发表了《爱欲篇》《残侠篇》《风云篇》《远征篇》《梦幻篇》和《望乡篇》，整部小说的创作用了将近二十年的时间。作品以主人公瓢吉为主线，从明治时代一直写到第二次世界大战以后，舞台从主人公的家乡和从事学生运动的早稻田写到战时过着悲惨流离生活的大陆和南洋，写出了多变的时代对人生、命运的影响，多侧面地反映了这段时期里日本人的生活经历，展现了一个洋溢着人情味的新世界，同时也充满了悲哀和幽默。

作者的这部长篇代表作，由于写作时间跨度大，随着时势的变化，前后篇目的创作风格不尽一致，作为一部完整的作品，确有不少值得推敲的地方，有些情节流于庸俗。相比之下，第一部《青春篇》写得比较成功，被认为是日本近代文学中青春浪漫气息最为浓郁的作品之一。就像夏目漱石先生的名作《哥儿》成功地塑造了一个日本青年的形象一样，《青春篇》也成功地写出了当时日本人的青春时代。川端康成最早在他撰写的文艺时评中赞扬了这部作品。之后，坪田让治也被它吸引，他撰文指出："这部作品是明治末年到大正初期残留在学生中的一首崩溃了的旧日本的挽歌，同时又讴歌了新日本诞生时的痛苦。另一方面它又是这个时代的学生漫画，一幅优秀的漫画必定是悲喜之情并存的。"

选文[1]

竜のウロコ(鱗)のような雲が空にひろがっている。(遠く空につづく海の色。風がうすら寒い。陽が落ちて灰色に澄んだ大気の中に、山も森も村落もいちように黒い輪郭を描いた窓のそとにうねっている)

——吉良常と瓢吉を乗せた汽車が、今、大磯の海岸にそって走っているのだ。瓢吉の前のベンチでは吉良常がぐったりと両足を伸ばして、いかにも疲れ切ったという風にかすかな鼾を立てて眠っている。

まるで夢のようではないか。汽車が東京に近づくにつれて、つい今朝までの出来事がまるで遠い昔の出来事のように思われてくるのだ。回想の距離がしだいに遠ざかり、——しかし、遠ざかるにつれてあわただしい出来事が一つ一つハッキリしたかたちをとってうかんでくる。

朝までは目まぐるしくうごく感情に追われて、悲しみも喜びもすべて一つの渦になって落けていたが、しかしこうやって、落ちついてみると、はじめて郷村を逃れでたという感じが冷えびえと胸にしみとおるようだ。

お袖はどうしたろうか、——次次に眼の前をとおりすぎるあたらしい事件にまぎれてわすれていた女のすがたが風のようにうかんできたが、しかし、それさえもわかれてきたときの胸を締めつけられるようなかんじはどこにも残っていなかった。今の瓢吉にとってはお袖への心の距離はあまりにも遠い、——すべての

ものがあたらしく、まるでもう五年も十年も時間が経過してしまったように思われるのである。（略）

窓の外には夕闇が深く、瓢吉の胸にも、たよりなくもの悲しさが忍びよってきた。一歩一歩、東京が、——そして生活の現実が近づいてくるのだ。

「ごしんぞさんが——」と吉良常が言った。「お可哀そうでなりませんよ、わたしも東京で一踏張りしますから、若旦那もしっかりやってください、——ねえ、二三年経ったら、わたしも若旦那のお伴をして、せめて一ぺんは立派に大旦那と仁吉つあんの墓に詣りてえと思いますよ」

瓢吉は黙っていた。——先祖の墓のならんでいた福泉寺の墓地に、蕭条たる秋風に吹かれてしょんぼりと立っている瓢太郎の卒塔婆[2]がちらっと彼の脳底をかすめたのである。

「辰巳屋[3]」の没落が、今、卒塔婆の侘しい姿の中にありありと見えるようだ。——

【选文注释】

①本段引自《人生剧场·青春篇》中"青春的传说"一章，叙述瓢吉在父亲死后奔丧结束返回东京时的心情。永别了对自己一生有着重要影响的父亲和破落了的辰巳屋，加上对学生运动的失望，此时瓢吉的心中充满悲哀和忧伤，而主人公的这种心情颇能感染读者，引起人们的思乡情。

②卒塔婆：（立在坟墓后面，上面写上梵文经句的）塔形木牌。为佛教用语。

③辰巳屋：即瓢吉家的庄园，面积有半个法六町大小。

【作者简介】

尾崎士郎（1898—1964）生于爱知县。家里祖祖辈辈以辰巳屋为号经营烟草业。1916 年入早稻田大学后结识了石桥湛三等人，之后在出版社和报社工作过。1921 年出版长篇小说《逃避行》，翌年又发表《狱室的阴影》，引起文坛注目。因为作者参加过无政府主义的一派，因此很长一段时期内在作品上也缺乏稳定的方向。1923年与女作家宇野千代结婚后不久又离婚。《人生剧场》发表后成为流行作家。其主要作品还有《石田三成》《篝火》《小说四十六年》等。在日本侵略战争中作为随军作家支持战争，战后受过处分。

44 家徽/紋章

横光利一

【作品梗概】

雁金八郎是关东地区代代为勤王的名门之后，一生孤独，与众不同，他没有文化，却是个很有天赋的发明家，工作作风顽强，也没有受过什么挫折，对未来充满着希望。欧洲大战结束后，专利酱油受骗陷入困境，这使雁金的发明天才和不屈不挠的精神得到了发挥，他马上研制成一种四季豆酱油，但是由于原料价格猛涨，他的事业没有成功，从此，生活一直充满了苦难。酿造学权威，雁金的对立面山下清一郎博士的儿子久内是个不会干活，只是大量吸取西方精神毒素、自我意识极强又经常为之苦恼的知识分子，他娶了曾经和雁金商定结婚的姑娘敦子为妻。久内一直对父亲的敌手雁金十分敬畏，因此婚后更加迷惘，甚至对自己的婚后生活也持一种怀疑态度。雁金在所长多多罗谦吉领导的物产研究所内又研制成一种沙丁鱼酱油，久内被雁金脚踏实地说干就干的精神打动，开始去保险公司工作。然而，和雁金从事同一课题研究的山下博士却遭到了失败，雁金的新发明使山下博士既损失了财产，其权威亦受到损害。另一方面，想在雁金发明专利上也写进自己名字却遭到拒绝的多多罗所长也成了雁金的对立面，不久，山下和多多罗对雁金的专利申请提出剽窃的指责，使他的名誉大受损害，于是，雁金又和学阀作后盾的官僚机构开始了艰苦的斗争。目睹这一切的久内对父亲的行为深感耻辱，对雁金的精神更加佩服。雁金终于赢得了胜利，他向镇上的渔民们公开了专利，又开始进行下一个研究发明项目。久内一直注视着雁金的举动，通过自己和雁金的对比，来确认一个知识分子的自我。

【作品鉴赏】

长篇小说《家徽》1934年1月至9月连载于《改造》杂志，同年9月由改造社出版单行本。1935年获得第一届文艺悬谈会奖。

主人公雁金八郎虽然贫穷，却很有天赋，是个意志顽强的实干家，在艰难困苦的环境中，他不向困难低头，而且最终取得了胜利，作者用艺术派的观点塑造了雁金的形象。之所以用《家徽》作书名，为的是把雁金当作"勤王"家出身的具有"日本精神的实体"来加以肯定。另一方面，作者又塑造了一个自我意识很强又缺乏实干精神的知识分子久内的形象，用来衬托雁金，作者在小说开头处写道："现在已经不是欧洲精神看不起日本精神的时代了。"作者通过雁金和久内，旨在提出日本近代社会中始终成为主要矛盾的东西方关系问题。本作品正是在日本无产阶级文学出现低潮、行动主义有所抬头的时候发表的，因而作者这种倾向于传统主义、全盘肯定东方式、日本式东西的主张十分引人注目。

本作品中，作者还想给那些在日本迅速滑向法西斯主义时代的违背自己所受的近代教育、失去支撑行动主心轴、在组织机构控制下不知所措的知识分子指出一个自律的方向，因为这也是作者自身当时面临的一个重要的课题。作品中的久内就是这种知识分子的代表，而雁金的行动则充满了"自由精神"，给久内指明了方向。但是，作者的这一意图在作品中表现得有失自然，显得唐突，雁金和久内的精神交锋几乎没能得到较好的表述，写的大多是久内一人的想法，因而雁金的"自我精神"成了一个空洞的观念，缺少感染力。另外，把雁金的干劲写成日本精神，是其家徽光辉的体现也显得牵强、武断，有悖于现实主义的原则。

虽然有上述的不足之处，但本作品仍是作者创作中最有积极意义的作品，在描写恋爱心理及主人公向学阀和官僚机构进行斗争方面，体现了作者的艺术才华，所以作品发表后还是引起了包括进步革命文学家在内的广泛的注意并受到好评。

选文一[①]

雁金の研究所のあるその町では、このたびの彼の不幸について、同情するものも少なくはなかった。ことに多多羅謙吉の平素の行状を知っているものはなおさらのことであった。けれども、雁金の予想のごとく乾物の新製品につきかかっていた資本主だけは消えてしまった。彼の乾物は製法が単純でもあり、人人の嗜好に適してもいたので、もしこれが成功すれば金銭に不自由する恐れは当分の間はなかったのだが、それも多多羅の妨害をとり除いて、異議申立を破るためには雁金にはまたそれに応じた資金と時日と策略とが必要であった。ことによしたとい雁金が多多羅の申立を破る反証を握り、答弁書を作って特許局へ出したとしても、多多羅がいつか雁金に話したように特許局に、多多羅の友人であり同時に山下博士の門下生の審査官が多数いる以上は、雁金の奮闘も無効になる危険性を持っていることなど何者も想像すればいちおうは出来がたいところではない。とにかく、まずそれはさて措き、一個人でもって学閥を顚覆させた雁金に、そのまま何らの災害の降りかかって来ないはずはないと思わねばならぬとしても、雁金とて発明家である限り、他人の仕事を窃取した詐欺師と書かれたこの計略的な侮辱には、何に換えても耐えがたいことにちがいなかった。

このことあっていらい、雁金は何ものにも取りつくことのできぬ孤立した無援の立場に気づいて、深く茫然とすることが多かった。

【选文注释】

①本段引文叙述了山下和多多罗对雁金的发明进行诬陷后，由于专利局的官员大多是多多罗的朋友和山下的学生，雁金申诉反击无门，陷入困境的局面。

但是，在这种孤立无援的情况下，雁金并不气馁，还是顽强斗争到最后取得胜利。

选文二①

「君は今夜は怒っているんじゃないのか。それならもっと自由になれ。おのれの精神一つさえ自由に出来ずに、正義を云云したって始まらないじゃないか。自由というのは自分の感情と思想とを独立させて冷然と眺めることの出来る闊達自在な精神なんだ。雁金君なんかは僕にとっちゃたしかに敵だが、敵なればこそあの人の行動は、僕に誰よりも自由という精神を強く教えてくれたのだ。僕は雁金君に負かされ詰めだけれども、結果としてはとうとう僕の方が勝ったのだ。ところが、こいつは誰にも通じやしない②。もっとも、僕は通じなくたって悲しんでやしないがね。」

【选文注释】

①本节引文触及《家徽》的主题。知识分子久内通过与实干家雁金的交往，自感得到了"自由的精神"。其实，在无产阶级文学运动处于低潮、许多革命作家变节转向、资产阶级作家提倡"文艺复兴"的困难时期，作者认为每个知识分子都应该具有这种自由的精神，应该找到一边思考一边行动的理想型人物作为自己的楷模。这种理想人物不仅是小说中久内所憧憬的，同时也受到当时日本社会上知识分子的关注。

②通じやしない：相当于"通じはしない"。口语"や"起加强否定语气的作用。下句中的"悲しんでやしない"的"や"的用法相同。

【作者简介】

横光利一（1898—1947）生于福岛县，童年时代因父亲的工作关系多次迁居。由早稻田大学中途辍学。1924年与川端康成等人创办《文艺时代》杂志，受西方达达派、表现派、未来派的影响，主张"文学的革命”，即用大胆、崭新的表现技巧去表现事物和人物的心理。作为新感觉派的主要作家，在思想艺术上一直站在与日本无产阶级文学对立的立场上。其主要作品还有《日轮》《蝇》《机械》《旅愁》《上海》等。虽然作者终身只是在文学艺术的道路上彷徨、摸索，不过，在借鉴西方现代派写作手法和技巧方面还是取得一些成绩的。

45 苍生/蒼氓

石川达三

【作品梗概】

1930年春天，神户港的国立海外移民收容所里聚集着志愿去巴西当移民的乡下人，他们怀着对国外生活的种种忧虑等待上船。“到了巴西以后，俺要下死力气干活儿。”“反正待在日本也无路可走，与其饿死还不如……”“要是能混饱肚皮，谁还当移民呀，唉！”这些操着东北方言的农民都是长期和贫穷苦斗的人，他们疲惫不堪，走投无路，有些已经变得自暴自弃，刚到神户时，许多人沉默不语，萎靡不振，不过，现在他们渐渐燃起了新的希望。他们幻想自己也能像那些在土地肥沃、风调雨顺、物价低廉的人间乐园般的巴西做出成就的先驱者一样取得成功。他们中有些因沙眼和疾病身体不合格的人由于连回家的路费也没有而千方百计地设法通过体检；有的在上船之前还想捞一把进行诈骗而被抓走。移民中有一位名叫阿夏的姑娘，原是纺织女工，她答应弟弟孙市的请求，为了符合“需补助旅费移民”的条件，与门马胜治结为假夫妻，说好一年后再回日本。这是专门办理移民事务的公司教给她的办法。实际上，阿夏在故乡早已有了恋人。

移民船起航的日子到了，两次鸣锣后，轮船启动了。送行的小学生们一起摇动手中的小旗。人们齐呼万岁，万岁的呼喊声宛如惊涛，这是一种不解其意的叫喊。船舷和伸入海中的堤堰之间用纸带连接的网越织越密了。在离别的悲痛气氛中，阿夏离开激动的人群，独自一人回到舱内，倒在行李上，泪水夺眶而出，她放声痛哭起来。

【作品鉴赏】

《苍生》的第一部写于1932年，1935年发表于同人杂志《星座》，同年荣获首届芥川奖。作者怀着强烈的正义感正视现实，采用现实主义的手法，真挚地描写了成为日本帝国主义牺牲品的广大移民离乡背井、漂洋过海之时的悲惨情景。作者并不是只写一个主人公——可悲的23岁姑娘阿夏，而是写了大正末期到昭和初期赴巴西的穷苦移民的群体。当时，日本无产阶级文学运动受到残酷镇压后处于低潮，这部力作不仅体现了作者的胆识，而且它所具有的反私小说性、社会性和时代意识在日本近代文学中都是少有的。作家菊池宽赞扬说："最近新作家的创作题材都是来自个人生活的千篇一律的东西，与此相反，《苍生》写了一群无知的移民，而且反映了时代的气息，写作手法坚实，是杰出的力作。"

作者在1930年曾和移民一起去过巴西，并深入到巴西内地，实地参加过垦荒作业。他想模仿左拉的《鲁贡玛卡一家人的自然史和社会史》，写一部庞大的社会小说。第一部移民、第二部农民、第三部有产阶级、第四部知识阶级、第五部政治、第六部国防、第七部文明、第八部文明的惨祸。但是，由于局势恶化，他只完成了移民在船上生活的第二部《南海航行》和到巴西后的第三部《无声之民》，在第三部中，移民们的美梦——踏上巴西的土地就被粉碎，他们的凄惨生活被写得入木三分。此外，阿夏的纯朴、无知及其顽强的生命力在第二、第三部里也有出色的描写。

选文[1]

「そうですなあ、まま、暢気(のんき)なだけ、ええでひょう[2]かなあ」堀内(ほりうち)さんは考(かんが)え考(かんが)え言(い)った。

労働(ろうどう)が暢気(のんき)なのだ、と勝田(かつだ)さんは思(おも)った。暢気(のんき)に働(はたら)いていれば食(く)って行(い)ける。土地(とち)は肥沃(ひよく)だし気候(きこう)は良(よ)いし物価(ぶっか)は安(やす)い！これこそ地上(ちじょう)の楽園(らくえん)であるように思(おも)った。しかし堀内(ほりうち)さんはそういう意味で言ったのではなかった。しかし堀内さんはそういう意味で言ったのではなかった。珈琲園の労働は日本の農業に劣らず苦しい。変化にも乏しい。移民たちは誰一人本当のブラジルを知ってはいない。空想だ。話に聞いたブラジルの良いところに日本の良いところだけを付け加えての空想だ。事実のブラジルは大変なところだ。僻遠の農村はこの世から隔離された別世界だ。隣の部落までは近くて三里遠ければ十里、そこにはラジオは愚か新聞雑誌は愚か、郵便の配達さえもない。百姓たちは土間に自分で寝台を作って住む。働くと食うと寝るより他にすることもない所だ。猛獣もいれば毒蛇もいれば鰐もいるが医者のいる部落はほとんどない。そしてマラリヤの絶えざる脅威がある。その他名も知らず素姓も知れぬ毒虫どもが家の軒に住み土台の間に住んでいる。そんなことは移民は誰も知りはしない。けれどもブラジルへ行った移民たちはいっこうに帰って来ようとはしない。これら無数の迫害よりももっと恐ろしいものが日本にあるからだ。日本の農村の津津浦浦までも行き亘った文明の脅威に比べれば猛獣毒虫の迫害はまだ何でもないのだ。日本の農村のどこに農村らしい駘蕩としたものがあろう。生活の絶えざる脅威と圧迫、絶えざる反抗と焦慮、不安と怒りと絶望とがあるばかりだ。ブラジルには数百千町歩③の大地主の簡素な邸を取り巻いて二十軒三十軒の淳朴な農奴にも似た農民の家がある。部落の百人百五十人は全部顔見知りで、他との交通が少ないから十日以上も知らない顔を見ないこともある。法律のありやなしや、政府のありやなしやにも無関心に、都では政権争奪の革命が五年ごと十年ごとに起こるのに、知る人もなく語る者もない。野飼いの牛は夕方になると沼地から鳴きながら戻ってくるし鶏は裏のバナナの下で眠る。関心事は珈琲の稔りと子供の成長とだけである。桃花源の物語り④にも似たゆうゆうたる生活は、昨日と今日との間に何の区別もなく、昨年と一昨日との間に何の変化もない。堀内さんはこれを指してブラジルのほうがいいと言ったのであった。彼は珈琲園に四年間働いた。世界のことは愚か日本のことさえも年に一度か二度か風の便りに聞くばかりで、いわば何一つ知らずに、日の出から日没まで汗だくになって働いた。今から思えばそれが楽しかったのだ。

【选文注释】

①当聚集在收容所里的移民怀着忐忑不安的心情谈论巴西的生活时，一位曾在巴西咖啡种植园里工作过又回日本的堀内说，巴西的生活是愉快的，这使新移民们产生了希望和憧憬。本段叙述了堀内这样说的理由。其实巴西的开拓生活十分原始、艰苦，但是，与当时的日本社会相比，去巴西的移民不再需要担心比自然困苦更令人胆战心惊的日本社会现实的迫害，从这个意义上说，巴西的生活是愉快的。这里，作者以强烈的正义和道德感，抨击了30年代初期日本走向帝国主义道路时广大农村和整个社会的黑暗，对流离失所的贫苦农民的生活寄予了深切的同情。

②ええでひょう：方言，相当于“いいでしょう”。

③町步：日本以町计算面积时的用语，1町步约相当于1公顷。

④桃花源の物語り：指中国晋代诗人陶渊明写的《桃花源记》。

【作者简介】

石川達三(1905—1985)生于秋田县。由早稻田大学中途辍学。1930年移居巴西半年，回国后写了游记《最近南美往返记》。参加过《新早稻田文学》和《星座》等杂志的编辑工作。日本发动侵略战争时，写了揭露日本侵略军制造南京大屠杀的作品《活着的士兵》，被军方查禁，受到刑事处罚。作者擅长写各种暴露社会问题的作品，被誉为“社会派作家”。著名作品还有《不见阳光的村庄》《风中芦苇》《人墙》《破碎的山河》《金环蚀》和《青春的蹉跎》等。不少优秀作品已被翻译介绍到中国。

46 黎明前/夜明け前

島崎藤村

【作品梗概】

青山半藏是木曾街道马笼驿站的老爷,又是该庄的庄头,他家属世家,到半藏已经是第十七代了。半藏爱好学问,他在宫川宽斋的教导下学习了平田派的日本古典学,成了一个狂热的复古主义者。他娶了妻子阿民,从事祖传的家业,生活安定,但是江户末期的各种自然灾害,尤其是动荡的时势使得半藏一次次受到震动,他从万福寺的住持和来往于街上的过路人那儿听说了种种事件,如美国的培理海军司令来日本、井伊大志的暗杀、朝廷和幕府的公武合体、武田耕云斋的起兵等,为了实现自己所信奉的日本古典学的理想,半藏真想投身于恢复王政的运动,无奈身上的职务使他不能离开,为此,他深感忧郁和苦闷。好在后来又出现了尊皇和排外的主张,到了庆应三年,第十五代将军德川庆喜终于把国家大政还给了天皇,半藏觉得他的神武复古的理想不久将要实现了,为此兴奋不已。(第一部)但是,明治新政府奉行的政策,使半藏的期待完全落空了,什么采用公元制、实行邮政制,这些分别是为了让日本渐渐成为一个近代国家。过去盛极一时的日本古典学如今也衰落了,渐渐失去了原有的光辉;文明开化、启蒙运动的浪潮也冲到了木曾的群山之中,驿站也罢、村庄也罢,封建色彩浓郁的"良风美俗"崩溃了。半藏为穷苦农民们奔走,却受到官府的白眼,他提出砍伐山林的建议不仅没有被采纳,反而失去了明治维新后得到的户长职务。半藏来到东京,在教部省供职,由于他主张复古的思想陈旧,落后于时代潮流,所以不能为他人接受和理解,每天的生活充满着失望和郁闷。一天,在向天皇队列叩拜时,半藏突然冲动起来,把写有自己创作的忧国诗句的扇子扔进了天皇队列的马车中,为此被罚了款。过后不久,半藏把自己的家督权让给儿子,跑到飞驒水无神社去当了一名宫司(神官),这样还是不能使郁闷和焦躁的心情得到排遣,只能再次返回马笼。这时,铁路已经开通,近代文明开化在步步发展,而过去的世家大多破落,青山家也一样倾家荡产了。人们把这一切的责任全怪到不顾家庭、只知与时势对抗、沉溺于忧国之情的半藏头上,这使他震惊。儿子宗太取走了誓约书,让他另居他处。彻底绝望的半藏长吁短叹,产生了幻觉,终于发疯了。他要放火烧掉万福寺,被人抓住关进禁闭室。半藏口中嚷着"敌人来啦,敌人来啦!"于56岁时死去。(第二部)

【作品鉴赏】

长篇小说《黎明前》自1929年1月至1935年10月在《中央公论》杂志上每年连载四次,单行本由新潮社于1932年和1935年分别出版第一、第二部。

本作品以明治维新前后约三十年间日本近代黎明时期为背景,以作者的故乡马笼为舞台写成,作者为写这部作品,进行了长时间的规模宏大的构思,并用现实主义的手法,排斥自身的想象、推测,如实地写出了明治维新前后的种种政治、社会动乱,通过主人公的历史,折射出整个封建时代崩溃后朝资本主义发展的转折时代的历史进程。整部作品显示出一般历史小说中少见的真实、严谨、和谐、深厚、凝重的风格,被称为"杰作的标本"。

一般认为,主人公青山半藏的原型是作者的父亲岛崎正树。这个关心日本古典学的忧国之士,是生活在封建时代到近代资本主义的过渡时期的人物,作者通过半藏这个人物,不仅从动荡的社会中重新认识了明治维新的历史意义,确认了近代资本主义社会的成立,同时在半藏的形象中寻找日本以"忠诚"为核心的传统精神和民族性,在社会发展中探究符合社会进化规律的因素。因此,可以说这部小说中倾注着作者晚年的全部心血和对日本前途的希望。正像宫本百合子等人所指出的，昭和初期如火如荼的群众运动和要求重新认识明治维新意义的呼声，是促使作者产生创作冲动的部分因素，评论家三好行雄又进一步指出："这部作品其实是创作了《家》和《新生》之后岛崎藤村创作活动的一个必然的成果。"

本作品篇幅很长，人物形象比较呆板，与其说是小说，还不如说是一部长长的驿站日记，所写的事物多呈平板罗列状，显得过于细小琐碎，使人有单调、枯燥和难读之感，这不能不说是本作品的缺憾。

选文[1]

半蔵がそのさびしい境涯の中で、古歌なぞを紙の上に書きつけ、忍ぶにあまる昔の人の述懐を忍んでわずかに幽閉中の慰めとするようになったのも、その時からであった。お粂が伏見屋から分けてもらって来た紙の中には、めずらしいものもある。越前[2]産の大高檀紙[3]と呼ぶものである。先代伊之助あたりの遺して置いて行ったものと見えて、ちょっとこの山家で手に入りそうもない品であるが、ほどのよい古びと共に、しぼの手ざわりとてもなかなかにゆかしい料紙である。半蔵は思うところをその紙の上に書きつけたのであった。

以下不レ勝二憂国之情一濺二慷慨之涙一之士上、

為二発狂之人一。豈其不レ悲乎。無識人之
眼亦已甚矣。

観斎

観斎とは、静の屋あるいは観山楼にちなんだ彼が晩年の号である。お粂の目には、父が筆のはこびにすこしの狂いも見いだされなかった。墨痕淋漓としたその真剣さはかえって彼女の胸に迫った。

お粂も実はそう長く馬籠にとどまれないで、二、三日の予定で父を見舞いに来た人であった。めったにひとりで家を離れたためしのない彼女はその方のことも心にかかり、それに馬籠と木曾福島との間は途中一晩は泊まらねばならなかったから、この往復だけでも女の足には四日かかった。そこで生家に着いた三日目の午後には彼女は父にも暇乞いして、せめて妻籠泊まりで帰りの路につこうとしたが、この暇乞いする機会をとらえることがまた容易でなかった。というのは、父の見舞いに来る人も、来る人も、しまいには皆隠れるように消えて行くというふうで、その父のさびしがりようがお粂にも暇を告げさせないからであった。

結局、お粂もまた隠れるようにして父から隠れて行くのほかはなかったのである。彼女はそれとなく暇乞いのつもりで、しばらく座敷牢④の外に時を送った。秋は最早木小屋の周囲にも深い。父の回復を祷ろうとして裏の稲荷⑤へ願掛けした母お民は露にぬれたお百度の道⑥を踏むに余念もなく、畠へ通う下男の佐吉も病める旧主人を思い顔である。

【选文注释】

①本段引自《黎明前》第二部终章“三”，叙述青山半藏发疯被关后，五个子女中的女儿阿粂从别处赶来探望久别的父亲，又不得不匆匆离去的情景。半藏的悲惨结局意味着作者父辈那一代守旧的过渡时代人物的精神追求的失败，深化了本作品对传统以及通过日本近代黎明期对近代日本进行再认识的主题。

②越前：今福井县。

③大高檀紙：一种有皱纹的白纸，常用来做包装、裱糊纸。

④座敷牢：专门关押疯子之类人物的禁闭室。

⑤稲荷：供奉仓稻魂神的神社，该神被日本人作为守护神而信仰。

⑥百度の道：一种迷信，为求得保佑，在神社或佛寺里来回走，拜一百次。

【作者简介】

島崎藤村(1872—1943)代表作《破戒》发表后，妻子去世。后因与侄女发生不正常关系于 1913 年至 1916 年去法国居住，正好第一次世界大战爆发，为了重新认识传统和履行对孩子的义务又回到原先不想回的日本。回国后发表了清算与侄女发生违背人伦关系的告白式作品《新生》，引起文坛众多的议论。57 岁起费时七载写完《黎明前》，1943 年起着手创作《东方之门》，写到第三章便不幸去世。(作者介绍请参看《破戒》)

47 生命的初夜/いのちの初夜

北条民雄

【作品梗概】

尾田高雄患了麻风病，他还很年轻，脸上出现了宿痾，只得住进东京郊外的麻风病医院。虽然病情不是很严重，但当时麻风病还是不治之症，只要想到不久的将来死亡将向自己袭来，他便呻吟、自嘲、内心充满了绝望，几次自杀都没成功。尾田不忍目睹医院里那些重症患者的惨状，深夜，他独自来到黑暗的树林里不停地走着，决心再次用缢死的方法来结束自己年轻的生命，不过，他又失败了。与尾田同一病房的佐柄木是个重症病人，已经住院五年，他失去了昔日英俊的美貌，残留的一只眼睛也几乎失明，然而，他对生存却充满着难以置信的信心。佐柄木常常不顾自己，全力看护其他患者。他激励自杀未遂的尾田说：即使双目失明了，肯定还有生存下去的办法。麻风病人更应找到自己的生活道路。他说："苦恼，会伴随我们到死的。但是，不是有人说过吗，正因为有苦恼才需要才能。""只有生命还在栩栩如生。""当我们具有新的思想、新的目光时，当我们完全赢得了麻风病患者的生活时，我们就得到了第二次生命。""人的新生活将从这时开始。"尾田听了深受感动，他沐浴着清晨的阳光，决心顽强地活下去，他要拿起笔来，发挥自己的文学才能，去求得第二次生命的诞生。

【作品鉴赏】

短篇小说《生命的初夜》1936 年 2 月发表于《文学界》杂志，同年收录于创元社出版的同名小说集。本作品以一个患了不治之症被宣判了死刑、面临难以逃脱的死亡深感恐怖、绝望的人，在失去一切东西，只留下一具必将死亡的躯体的情况下如何对待生命为主题，用准确、鲜明的现实主义描写方法，表达了麻风病人与厄运抗争、顽强生活下去的意志。

作者北条民雄写的《间木老人》和《生命的初夜》是日本最早描写麻风病患者生活的文学作品。起初，作者用《最初的一夜》为题，把自己住进麻风病院后第一天的感受写成小说，送给他尊崇的川端康成以求指教，作品中尾田和佐柄木的形象体现了作者当时本身的精神面貌。川端康成阅后将题目改成《生命的初夜》，并让它发表。小说发表后引起了很大的反响。以小林秀雄为首的众多的日本评论家和作家深受感动，对作品大加赞扬。后来，川端康成还为单行本作跋。他写道："这部文学作品是文学和生命最紧密的结合，虽然患了最残酷的疾病却仍然体现了我国罕见的健全、顽强的精神，它使当今社会上的千万人重新思考人生和生命，或者给他们以精神食粮和支柱……它将因其炽热燃烧的灵魂而成为一部不朽的作品。"

应该看到，本作品发表的年代正是日本法西斯主义横行和许多作家在苦苦探索自己前进道路的时期，在这种动荡不安的时代里，这篇题材独特的小说使许多知识分子受到鼓舞。高良留美子读后认为，这部作品是"虽然身边滋生着普遍的贫困和荒废、却仍要陷入侵略战争的日本近代社会的本来面貌"，是昭和文坛上一篇优秀的有象征意义的作品，它获得了文学界奖。

选文[①]

佐柄木は馴れきった調子で男を背負い、廊下へ出て行った。背後から見ると、負われた男は二本とも足が無く、膝小僧[②]のあたりに包帯らしい白いものが覗いていた。

「なんというもの凄い世界だろう。この中で佐柄木は生きると言うのだ。だが、自分はどう生きる態度を定めたら良いのだろう」

発病以来、初めて尾田の心に来た疑問だった。尾田は、しみじみと自分の掌を見、足を見、そして胸に掌をあててまさぐってみるのだった。何もかも奪われてしまって、ただ一つ、生命だけが取り残されたのだった。今さらのようにあたりを眺めて見た。膿汁に煙った空間があり、ずらりと並んだベッドがある。死にかかった重症者がその上に横たわって、他は包帯でありガーゼであり、義足であり松葉杖であった。山積するそれらの中に今自分は腰かけている。——じっとそれらを眺めているうちに、尾田は、ぬるぬると全身にまつわりついて来る生命を感じるのであった。逃れようとしても逃れられない、それは、鳥黐[3]のようなねばり強さであった。

便所から帰って来た佐柄木は、男を以前のように寝かせてやり、

「ほかに何か用はないか」

と訊きながら、布団をかけてやった。もう用はないと男が答えると、佐柄木はまた尾田の寝台に来て、

「ね、尾田さん。新しい出発をしましょう。それには、まず癩に成りきることが必要だと思います」

と言うのであった。便所へ連れて行ってやった男のことなど、もうすっかり忘れているらしく、それが強く尾田の心を打った。佐柄木の心には癩も病院も患者もないのであろう。この崩れかかった男の内部は、我々と全然異なった組織でできー上がっているのであろうか、尾田には少しずつ佐柄木の姿が大きく見え始めるのだった。

「死にきれない、という事実の前に、僕もだんだん屈伏[4]して行きそうです」

と尾田が言うと、

「そうでしょう」

と佐柄木は尾田の顔を注意深く眺め、

「でもあなたは、まだ癩に屈伏していられないでしょう。まだ大変お軽いのですし、実際に言って、癩に屈伏するのは容易じゃありませんからねえ。けれど一度は屈伏して、しっかりと癩者の眼を持たねばならないと思います。そうでなかったら、新しい勝負は始まりませんからね」

「真剣勝負ですね」

「そうですとも、果し合いのようなものですよ」

（略）

あたりの暗がりが徐々に大地にしみ込んで行くと、やがて燦然たる太陽が林のかなたに現われ、縞目を作って梢を流れて行く光線が、強靭な樹幹へもさし込み始めた。佐柄木の世界へ到達し得るかどうか、尾田にはまだ不安が色濃く残っていたが、やはり生きてみることだ、と強く思いながら、光の縞目を眺め続けた。

【选文注释】

①本段引自《生命的初夜》的后半部及其尾声处，叙述刚住院的新患者尾田被不顾自己重病，热心关心其他患者生活和思想的佐柄木对麻风病泰然处之的神态和含蓄深情的话语打动，决心活下去与疾病斗争的场面，集中体现了本作品的主题。

②膝小僧：膝盖。

③鳥黐：粘虫胶、粘鸟胶。

④屈伏：对尾田来说，完全意识到自己的“屈服”正是通向战胜不治之症获得新生的唯一道路，因此这个发现是极其重要的。本作品发表时，正是许多日本人面临被迫放弃革命信仰和难以反对军国主义侵略战争的现实之时，因此，尾田的发现可以说对许多人抱有的“什么样的生活思想才行得通”这一重大问题作了解答。正因为本作品蕴含着这种象征意义，因而深得众多读者的青睐。

【作者简介】

北条民雄（ほうじょうたみお）(1914—1937)生于四国农村，家乡和真名不详。2岁时失去生母，由祖父母养育成人。1929年到东京，做过各种工作。1932年回乡务农，结婚，翌年因发麻风病离异。再上东京后在小工厂工作。此时受马克思主义影响，参加过工人斗争。1935年5月，将作品《间木老人》送川端康成要求指教，受到川端鼓励。除本作品外，还作有《麻风病院怀胎》《麻风家族》和《麻风病医院记录》等作品。23岁时死于肠结核。

48 直奔真实/真実一路（しんじついちろ）

山本有三

【作品梗概】

少年守川义夫听说母亲在自己年幼时已告别人世，家里只有父亲义平，代替妈妈照料家中生活的是姐姐静子和女佣人。上小学后，他对那些有母亲的同学羡慕不已，逆反心理大增，学习成绩下降。有一天，有个叫清作的孩子丢了钱，老师怀疑义夫，他感到世上没有人能理解自己的真实心情，又听到父亲呵责，说他不想学习就让他去当佣工，于是在一个雨夜离家出走。他从周围人们的言行中察知妈妈似乎还活着。静子也去和舅父素香商量，究竟要不要把真相告诉弟弟，两人决定叫开咖啡馆的义夫生母睦子回家，但是母亲没有应允。当天晚上，静子的对象通过介绍人吉川来回话，说是由于静子出生有秘密，所以这门亲事不愿再谈下去。此时，舅父素香终于把一切真相说了出来。原来静子并不是义平的女儿，而是妈妈和已经去世的情人生的孩子。母亲怀孕时，静子生父的父母不同意这桩婚事，于是外祖父母只得硬让母亲嫁给由她家出学费供上学并照料其生活的义平，然后让母亲生下的静子做义平的女儿。义平接受了这个非己亲生的孩子，真心相待，精心照料，还去静子生父的墓地报告他女儿出生的消息。然而，睦子却不爱义平，义平对她越情真意切，睦子的心里也就越痛苦，她终于离开义平，自己独立谋生去了。

有一年夏天，义夫在海水浴场垂钓，有个名叫隅田的人教他钓鱼的方法，隅田是和情人睦子一起来的。义夫和生母见了面也互不认识。就在这时，姐姐静子来了，睦子这才发现义夫原来就是自己的亲生儿子，她的心动了，坚持不回儿女身边的立场开始动摇。这时，义平的旧病复发卧床，睦子送来了白玫瑰花篮，并精心护理。义平去世后，母亲趁机请学校归来的儿子义夫去吃饭，义夫患盲肠炎时，母亲终于离开了隅田回到家中，然而，知道一切真相的义夫却不肯叫她一声"妈妈"。期末考试义夫不及格，留了级。最后，隅田服毒自杀，睦子也用煤气自杀殉情，她在遗书中把义夫托给静子照管，并遗憾地写道："让义夫叫我妈妈，这太为难他了。就像义平所说，不论怎样，你就当义夫的母亲早就死了吧！"

【作品鉴赏】

《直奔真实》一作1935年1月至9月在《妇女之友》杂志上连载，同年由新潮社出版单行本，发行后受到好评。本作品似乎没有主人公，义平、义夫、睦子、静子好像都是主人公又好像都不是。虽然真实的含义有所不同，这四个人都希望在自己人生的道路上永远追求真实，受到丈夫厚爱却扔下家庭和孩子另谋出路的睦子同样也在为追求真实而奋斗，然而，正因为如此，才产生了悲剧。这部长篇小说从一个侧面反映了当时社会中部分人的思想状况，因而具有较强的现实意义和伦理性。评论家吉田精一评价作者创作特点时说："他的作品具体地涉及了亲子问题、夫妻问题以至社会问题等人类的根本的生活方式问题。他面对一个时代最主要的问题不是采取逃避态度而是正面接触，从这里可以看出他作为一个作家的诚实性格。他在这些作品里提出的解决办法一般也是健康的，具有适应时代的合理性和进步性。"在艺术上，作者用其不同寻常、老练的手法把故事写得娓娓动人，作品结尾处"白色之路"的运动会场面写得美妙动人，荒正人曾称其为"散文的顶点"。

选文[①]

しず子(こ)にあてたほうにはこうあった。

義夫のこと　くれぐれも頼みます

こんなことになったあたしを母と呼ばせることは義夫にかわいそうです守川が言ったように母はどこまでもむかし死んでしまったことにしておいてください

女が母おやになるのはなんでもないことです　そんなことはどんな女にだってできることです

でも母おやであることはなかなかできることではありません　このことはよくよく思案してください

あなたに言い残したいことはこれだけです

警察の人たちが帰ったあとで、しず子はもう一度、母の遺書を読み返した。父の遺書を読んだ時と同じように、強く心を打たれた。父のように綿密には書いてないけれども、短いことばが、かえっていなずまのように、ぴかっとはらわたにしみ通った。（略）

だが、おかあさんの一生を思うと、なんということだろう、と思った。おかあさんぐらい不幸な人は、世の中にはないだろう。おかあさんはうそつきで、空想家で、素行のおさまらない人[2]だけれども、いくらそうだからといって、この結果はひど過ぎる。いったい、おかあさんがこんなふうになったのは、おかあさんひとりの罪だろうか。

【选文注释】

①本段引自作品“白色之路”一章的“二”，叙述女儿静子读了母亲睦子遗书后的感受。睦子为了忠于真实的感情，不仅害了家庭，自己也终身受苦。静子在可怜这样的母亲的同时，不禁产生疑问，难道这一切都是母亲一个人的过错吗？这一描述为读者留下了反思的余地。作者一贯注重和致力于日本文字和国语问题的研究，他的作品语句通俗流畅，很少用生僻汉字，以上引文便是一个实例。

②素行のおさまらない人：品行不改的人。

选文二①

ふと、疾走している義夫のまなざしに、しず子はきらっと母のおも影を見た。彼女はこわくなった。彼女は思わず子どもを押しのけて、前に出た。

「すみません、子どもが見えませんから。」

そばにいた、おかみさんふうの人にそう言われたので、しず子は赤くなった。彼女はまた子どもを前に出してやった。

しかし、義夫は姉の見ていることなど、まるで知らなかった。「わあっ！」「わあっ！」とわめいている声が、ただ遠いあらしのように聞こえるだけで、応援している友の顔も、いや、サクのまわりにぎっしりつまっている見物すら、いっさい目にはいらなかった。彼の前にはひと筋の白い路があるだけだった。

と、背なかに人間の熱い息を感じた。彼は「畜生。」と思った。彼は猛烈なラスト・スパート②を出した。

彼は目がくらみそうになった。駆けているのか、駆けていないのか、自分にもわからなかった。ただ、からだがふわり、ふわり浮いて、地面がうしろへ、うしろへ、ずれて行くのが感じられるだけだった。

【选文注释】

①本段引自作品的结尾部。"白色之路"运动会实际上凝聚着作品的主题。义夫这个人物自始至终贯串作品，虽然不是唯一的主人公，却在作品中起到了很大的作用。最后一节被文艺评论家荒正人认定是该作家所有作品中最成功的小说结尾。

②ラスト・スパート：最后冲刺。

【作者简介】

山本有三(1887—1974)生于枥木县。原名山本勇造。在东京旧制第一高等学校学习期间，和菊池宽、芥川龙之介、久米正雄等人为同学。1915 年毕业于东京大学。在校期间，创办第三次《新思潮》同人杂志，为新思潮派作家。早期发表剧本《生命之冠》《杀婴》《同志的人们》，成为一名现代戏剧领域里有影响的作家。1925 年后开始创作小说，接连发表了《想活而能活的人》《波浪》《女人的一生》《路旁之石》等。日本发动侵略战争时期，作者停笔。作者批判军国主义、具有严肃主题和严谨结构的作品赢得了声誉。此外，作者为日本的文字改革、新假名、国民祭日的制定做出了很大的贡献，1956 年获文化勋章。

49 普贤菩萨/普賢

石川淳

【作品梗概】

主人公“我”是没有思想信仰的“徒劳的渣滓”，“为了挣得糊口的薪金”，有时为杂志《政论》搞点翻译，再不就写一些披露政界秘闻的“如同废纸一般的稿件”，借以维系自己无所作为的生命。不过，“我”又是一个浪漫之徒，决定为赞美法国圣女的女诗人什丽斯蒂娜写一本传记，并盼望能生活在“馥郁芳香的普贤大道”上。然而，生活在陋巷之中的“我”自然也受到陋巷的各种干扰，不能如愿执笔写作。像专过寄食生活的无聊之极的垂井茂市，他的朋友——吗啡中毒者阿组，以及受妻子折磨、只知养鸟喝酒、为人谨小慎微的阿组丈夫田部介彦，低档公寓的女主人葛原安子，还有爱宕下的甚作和他的情妇阿网，这伙人全是清一色的拜金主义者。他们影响了“我”的生活，“我”像陷入了一个泥潭，想摆脱也摆脱不了，从而使“我”完全偏离了既定的生活方向。住在隔壁房里的庵文藏原先是“我”大学预科班时的同学，当初，两人住在同一家民宿里，对英国和法国的文学艺术有着共同的爱好，后来，“我”家破了产，文藏也回了北海道，之后就音信皆无。如今，文藏已变成一个酒色之徒，自称是“与善恶、卑伟和一切批判、反省无缘的、游弋在黑色大海中的一条透明的鱼”。文藏有个妹妹叫缘理，还是个学生，她积极参加无产阶级革命运动，白色恐怖盛行时，她和同志们一起转入地下。现在，她成了“我”心目中的“圣女”，成了普贤菩萨，“我”心中一直思慕着她。有一次当她写给文藏的一封信落入警察之手、面临危险之际,“我”立刻到现场去报信,使她幸免于难。不过,这时出现在“我”眼前的缘理已经不是过去的妩媚少女,她已经变成了一个“惨不忍睹的魔女”。后来,“我”变得弄不懂自己为何物,除了讲话之外,好像再也没有别的事需要做。“我”自言自语地说,“我”想死也死不了,这种时候,对“我”来说,普贤菩萨只是一个词。不久,“我”和《政论》杂志闹翻了,违心地迷上了阿网,企图把这个无知的女人当作自己再生的秽土。而缘理终于被警察抓走,吗啡中毒者阿组惨死,连文藏也自戕身亡。整个故事用叙述主人公五天中的所作所为并夹叙过去往事回忆的形式写成。

【作品鉴赏】

中篇小说《普贤菩萨》1936年6月发表于《作品》杂志,第二年3月再次刊于《文艺春秋》杂志,并获得当年颁发的第四届芥川奖。

作品以主人公为主线,夹写了几个别的人物和事件,构思比较复杂。故事发生的年代,正是马克思主义革命运动受到残酷镇压而处于失败低潮之时,文学界和思想界笼罩着一片绝望、不安的气氛。作者用完全不同于自然主义文学的联想和象征性手法,写出了30年代中期生活在动荡不安年代里的日本知识分子企图摆脱绝望、寻求新生转机的心情。作品通过主人公不相信现实生活中的人物、不相信“说”和“话”、只相信“人间真实”的描写,鞭笞了在军国主义统治重压之下因迷茫和不安而呈现的一派混乱的社会风貌。艺术上,作者还采用了模仿井原西鹤说书体的巧妙的说话技巧,并自如地运用了极为丰富的汉语语汇和富有幽默感的寓意,生动地表现了陋巷人的悲惨生活以及知识分子们的颓丧和绝望。评论家佐佐木基一和村松刚等人认为:对这位作家来说,语言所寄托的精神运动本身就是小说。石川淳以大胆的虚构和游戏文学作家的隐晦,活灵活现地表现了走投无路的绝境,从而反过来思考打破这种梗塞状态的方法。

选文一①

「ほかのはなしをしましょう。ぼくが説明を回避するのを不誠実だと思われるなら、では誠実のはなしをしましょう。ひとが誠実について語るときしかつめ顔をしてみせる習慣をもつのは、あれは何の禁厭ですか。あたかも尻尾をはやさなければ悪魔のはなしができないかのごとくです。およそ誠実というものはしかつめ顔②や力瘤③などにうかうか釣りだされるほどたわいのないものでしょうか。それですむなら、世は収税吏と車曳の天下です。しかるに近代の作家は、作家の名に値する人物は車を曳く代りペンを…さてそのペンのうごくところに、ペンを持つ手に脂、つまり作者の額の青筋とか、鼻の頭の汗とか、肩のいかりとか、そんな悪臭芬芬たるもの④がこびりついているとしたら、ああ、誠実の花はどこに咲き出るのか。何か書いて、書いている当人のからだの格好が見すかされるとは、惨澹たる茶番ですね。ところでジョーヂ・ムウア⑤は用意に姿をあらわしてみせたい縹渺たる怪紳士の一人です。だが、あれはウォルター・ペエタア⑥を心棒にしてくるくる廻っている独楽のようなもので、その心棒をつかんだときムウアの指先をにぎってしまうのではないか。このウォルター・ペエタアとはなにものであるか…」

【选文注释】

①本节引自作品“三”，是主人公和学友文藏谈论爱尔兰作家摩尔的场面，话题为“诚实”。讲话者主人公追求心灵诚实和生活浪漫，对世人把有些人的装模作样和卖力死干当作诚实不以为然，他之所以居身陋巷、生活在谎言、轻薄和自甘堕落的环境之中，正是为了追求所谓的“诚实之花”。主人的这一段议论，简洁地表现了作品的主题。

②しかつめ顔：装模作样的脸部表情。

③力瘤：本意为使劲时臂上隆起的肌肉疙瘩，亦作卖力气，竭力解。

④悪臭芬芬たるもの：这里，主人公把对社会风气的批判发展到揶揄近代作家，说这些身子臭烘烘的作家不过是在演着一幕滑稽戏而已。很明显，这是在嘲

讽那些标榜自己诚实的私小说作家。在主人公眼里，那些装模作样的、卖力死干的人和满身酸臭的作家都不是诚实的，从而显示主人公自己置身陋巷、遥想佩特、与众不同的“怪绅士”的立场和位置。

⑤ジョーヂ・ムウア：摩尔（1852—1933）爱尔兰作家，深受自然主义影响。

⑥ペエタア：佩特（1839—1894）英国唯美主义文艺批评家、小说家。

选文二[1]

ここでわたしの舌がまだうごいているついでにずばりといってしまえば、じつはわたしはときどき深夜の寝床を蹴って立ち上り、突然「死のう」とさけぶことがあり、それを聞きつけた文蔵に「まだ死なないのか」とひやかされる始末であるが、わたしがまだ死なないでいる秘密はおそらくこのさけびに潜んでいるらしく、「死のう」ということばの活力が一刹那にわたしの息を吹きかえさせるのであろうか、げんにわたしが黙々と死について考えているあいだは眼前の闇は暗澹として涯なく、「死のう」とさけんだとたん、たちまち天に花ふり地に薫立ち、白象[2]の背ゆたかにゆらぎ出ずる衆彩荘厳[3]の菩薩のかんばせ…このとき、普賢とはわたしにとってことばである。

【选文注释】

①本节引自作品“七”，具体说明了题目《普贤菩萨》的含义。主人公认为，私小说所信任的自我在现实生活中已被证明完全不可信赖，只有生活在社会底层的人的话里反映的现实，才是他唯一可信的人间真实。从这个意义上说，本作品不仅是借语言来表达的精神运动，也是对当时混乱社会的有力嘲讽。

②白象：指普贤菩萨所骑的白象。

③衆彩荘厳：意为像另一个世界的美丽和严厉。

【作者简介】

石川淳（1899—1987）生于东京。毕业于东京外国语学校。30

年代起，先后发表小说《佳人》《贫穷问答》和评论《文学大观》《森鸥外》等作品。战后与太宰治、坂口安吾等人一起被称作无赖派或新戏作派。著有小说《黄金传说》《废墟的耶稣》《鹰》《紫苑物语》《白头吟》，剧本《你的敌人就是你》，随笔《夷斋笔谈》等。

50 冬季的栖身处/冬(ふゆ)の宿(やど)

阿部知二

【作品梗概】

"我"回想起几年前租住过的雾岛家,心中笼罩着"从头至尾的阴冷的寒气"。——那时,身边要好的朋友们全都争相投入轰轰烈烈的社会运动,"我"只是在一旁目送他们,没有那种勇气。"我"很少走出校门,捧着毫无进展的毕业论文,以一种忐忑不安的心情阅读古老的外国文学作品。"我"和喜爱音乐的少女恋人庵原滨江的关系也没处好,孤独之中想到外面去租房栖身。于是,"我"在一个下着淫雨的寒冷冬日,来到郊外杂乱的住宅区的尽头,搬进了雾岛家破旧房屋的二楼。

雾岛家充斥着一种异样的氛围。男主人嘉门个子高大,原本是世家出身,因为投机取巧和贪恋女色而破落,如今沦为一个门卫,对外称自己在政府内阁调查局工作,他是纯粹靠本能和冲动过日子的原始人似的男人,既嗜烟酒又好色,只要有钱,就外出鬼混,回家后便虐待妻子末子。末子是基督徒,过着狂热信仰导致的自虐和逆来顺受的生活,健康状况极糟,"呼吸道、心脏、肠胃,全是坏了的机器",她忍受着丈夫的暴虐,拼命干活支撑家庭,还把拯救丈夫的灵魂当作自己的天职。他们有两个孩子,夫妻间却没有爱情。

"我"内心同情着末子,却又感到好色、奢侈的嘉门身上有一种自己缺少的强处,被他吸引着。隔壁房间住着一个姓高的朝鲜人医学士,他经常陪末子去教堂,"我"更加怜悯嘉门了。高所在的医院失火之后，他就销声匿迹，后来才知道，那是姓高的一伙为骗取保险金而放的火。“我”和末子一起天天外出找高，为此引起了嘉门的怀疑，挨了揍的“我”只能逃离雾岛家。“我”来到在结核病院中疗养的滨江处看她，在海岸町的旅馆中，“我”紧紧地拥抱着滨江，她很虚弱，“我”无法使她的身子得到温暖，很是急躁，白白地度过了风雨交加的一夜。逃亡中的高在写来的信中说，他对思想运动、基督教都已绝望，因在日朝鲜人的悲惨处境，只得与女人在逃。

“我”搬进了新的住宿地，表妹打电话告诉“我”，因为自暴自弃，滨江已经死了。嘉门因对上司撒野而丢了饭碗，他去赌马失败来问“我”借钱。“我”送嘉门去雾岛家，正逢唾弃了嘉门的末子为搬到 R 镇去而整理行李。R 镇是这个山丘背面谷底的有名的贫民窟。“我”在冬季阴霾中，目送着嘉门和末子拉着摇摇晃晃的破车走下山坡、朝 R 町走去的背影。

【作品鉴赏】

长篇小说《冬季的栖身处》最初发表于 1936 年 1 月至 10 月的《文学界》杂志，同年 12 月由第一书房社出版单行本。

这是一部反映日本昭和初年代在分裂、混沌所造成的颓废社会氛围中，青年知识分子阶层精神充满怀疑和苦恼的作品，主题是探讨知识分子生存的可能。20 世纪 30 年代，革命的思想运动遭到军国主义政府的禁止和镇压，法西斯主义日益抬头，作者以这一闭塞的时代为背景，紧紧抓住了青年知识分子精神动向。

作品中的“我”是假借作者眼睛来观察记录的行为者和说话者，与当时自然主义或私小说中的“我”大不相同。主人公与作者并不是私小说性质的同一人格，两者之间在行为与认识、行动与思想上均是分裂和游离的，这是一种新的表现手法。作者当时作为新兴艺术派的作家活跃于文坛，有意识地在创作中采用了现代主义的新的写作技巧。本作品中，读者不难看到英国文学基础厚实的作者所表现的自由主义和人道主义的倾向。在本作品的创作中，作家改变了迄今为止的旁观的认识作风，希冀努力去“接触时代的暗流”。

这部小说以雾岛一家为中心，写出了当时漆黑的人与人之间的关系。无论是嘉门、妻子末子还是高医师都写得极有个性，而他们的行动又局限在“我”的视点观察、理解、判断的范围内，在丑恶的现实中得到了充分的展现。主人公既是行为者，又是旁观的观察者。作品中，把女人认定为肉欲对象的嘉门与停电之夜因深感对面坐着的末子美而情欲冲动却什么也没干的“我”；充满阴郁气氛的雾岛家与我对明快、自由甚至于轻薄的庵原滨江所玩的一系列不负责任的恋爱游戏等的描写形成了极为鲜明的对照。作者在其创作的《主知主义文学论》一著中提出，作家往往对实际存在与幻想的二律相反的处置感到为难，因而采用逃避现实的方法来创作。而在本作品的创作中，作者使主人公始终保持着对于行动的强烈意欲，“主知的”认识态度并未缩短与现实的距离，却抒情地写出了主人公诚实内心中的悖理导致的孤独和苦恼。其手法的创新引人关注。作者的文坛地位因本作品的成功得到提升，以此为契机，作者又创作了《街》《风雪》《北京》《光与影》等一系列积极挑战日本困难现实的作品。由于本作品与横光利一的《家徽》在主题上有相通之处，因此亦被视为日本文艺复兴时期的代表作之一。

选文[1]

私はそれを見ながら、このかつて美しくあどけなかったという、蒼白なまつ子の心は、いま一体なんであろうか、と考え出した。あらゆる罪と汚辱とによって、地獄の底の底まで堕ちてゆく悪魔の傍に、どこまでもつき従って見届けてやろうとしている、愛情と仁慈との天使の姿であるか。それとも、片時も鞭を離さずに讐敵を追い詰める復讐の女神の姿であるか。いや、これは、キリスト教へであるか東洋の習俗であるか知らぬが、ただ「貞淑」という単純な一言葉に尽きる心であるか、——まったく測り知りようはなかった。それから、今むずかってある嘉門はなんだろう。彼もやはりまつ子に対して一筋の愛というものをでも持っているのだろうか。いや、これはそうではあるまい。

彼はただ、一時間の後に対してもなんの意志も計画もない幼い童子のようなもので、環境と衝動とのほかには何物も持たない人生を送っているだけのものであろう。それから俺は、——俺は船が沈んでゆく時に群がる鷗のようなものだ。

【选文注释】

①引用文取自作品的结尾。雾岛嘉门的妻子末子为了迁往贫民窟，让嘉门拉着车离开主人公租住过的栖身地。正好去他家的"我"目送着嘉门夫妇离去的背影，看到曾发誓为基督教献身、对人对已均希望过严厉的禁欲生活的末子，"我"在思考她的生活的令人不可思议的一面。相对隐忍着难以预测的挫折、靠信念去生活的末子，丈夫嘉门完全是一种肉体的存在。而"我"呢，则是像海鸥那样靠着"浮动性和冷酷"来生存的人。夫妇俩和所拉的板车，正朝着未知的生活快速地顺坡滑下，"我"则站在坡道上凝视着他们，以这一三角形成的视点为主线，加上朝鲜人高医生和恋人庵原滨江，作者写出了当时的社会现实。这些人物缺少由衷的交流，分别生活在闭塞的孤独之中，集中反映了20世纪30年代知识分子悲剧性的精神状态和作者如实表现社会现实的诚实态度。这一主题成为日本文艺复兴时期的共同倾向。

【作者简介】

阿部知二(1903—1973)生于冈山县。毕业于东京大学英语学科。在校期间参加同人杂志《朱门》，发表了《日德对抗竞技》等小说及《主知的文学论》，成为引人注目的新兴艺术派的一员。运用乔伊斯、普鲁斯特等人的方法论，追求感情、热情、情绪混沌之中的理性光辉的合理性。1935年成为《文学界》杂志的同人。

代表作品除本篇外，还有描写抵抗军国主义的自由知识分子内心的长篇小说《风雪》，战后的《黑影》《人工庭园》《白塔》等。曾任日本文化人会议议长。另有许多译作。

51 暗夜行路/暗夜行路（あんやこうろ）

志贺直哉

【作品梗概】

时任谦作6岁时失去了母亲，由祖父抚养成人，他记得自己小时候受到妈妈的宠爱，可是不知为什么，父亲却很憎恨他。祖父死后，谦作向堂妹爱子求婚，遭到对方婉言拒绝。从此，他过着一种放荡不羁的生活，对自己越来越感到厌恶。他逃到尾道开始撰写自传小说。第二年春天，谦作打算和祖父的妾阿荣结婚，并给哥哥写了封信。哥哥的回信使他意外了解到自己出生的秘密，原来谦作是祖父和母亲生下的孩子。至此，谦作总算知道了爱子不嫁给他的原因，他颓丧了，感到身心异常疲劳。谦作努力使自己在这一沉重的打击下重新站起来生活，他和阿荣住到大森，再次过起放荡的生活来。这一年夏天，谦作在古都京都看到古寺，接触到古典艺术，心中郁结的不快得到了排遣，还在住处附近结识了一位温文尔雅的女性直子，她是敦贺人士，被谦作的朋友称为“鸟毛立女屏风”式的美人。谦作与她完了婚，他感到幸福，看到了光明的前途。然而，婚后的道路并不平坦，儿子生下后一个多月就死了，谦作的文学创作也不如意，特别是自己不在家的十天间，妻子竟和其堂兄犯下过失。谦作有意原谅直子，但是感情上总是别别扭扭地过不去。有一次去宝琢，姗姗来迟的直子奔跑着想乘上已经启动的火车，等得烦恼之极的谦作竟打伤了妻子。直子忍受着，她知道丈夫还没有原谅自己。直子怀孕又生了孩子，而谦作却跑到伯耆大山，拖着虚弱的身躯连夜登山，以往每逢心情不愉快时，他总是离家外出旅行。这次，他在山上待到天明，看到橙色的曙光，他深深感动了，整个身心都陶醉在大自然之中，感到自己找到了一条“永远通畅的路”。他听说山里有个妇女因不孕症而挨打的事件，扪心自问，不禁怜悯起直子来，他提起笔给妻子写了一封信。几天以后，谦作病倒了，闻讯从京都赶到谦作病榻边的直子用“温柔的、充满爱的眼光”凝视着“心平气和”的丈夫，无论丈夫能否痊愈，她决心永远追随他。

【作品鉴赏】

《暗夜行路》被誉为日本近代文学中的一座纪念碑，作者一生创作中这部唯一的长篇小说于1921年起在《改造》杂志上连载，以后时而中断、时而持续地发表。直至1937年才最后完成，前后经历十七载。作品最初题名《时任谦作》，作者创作时十分注意观察事实，采取宁缺毋滥的极其慎重的创作态度，说这部作者从29岁写到54岁的作品是志贺半辈子努力的结晶倒也不算言过其实。

小说一开头对少年时代的回忆可视作整部作品的巧妙伏笔，它与作品的展开形成呼应。本作品的一大特点是充分描绘了主人公克服种种精神危机的经历，对复杂的心理变化采用独特的通过具体媒介来表现的方法，因此，一些章节写得很有现实性。作者本人在《续创作余谈》中说：“与其去深写外来的事件，还不如描写事件中主人公的心理变化及其心情的发展。”确实，本作品准确地写出了主人公面临生活危机时，如何坚持自己的道德精神以及克服危机的成长过程。谦作洁身自好的伦理感贯穿全书，表现了作者力图追求的泛神论和安定调和的主张。本多秋五在《论暗夜行路》一文中盛赞作品的结尾部分，说它“达到了顶点”，类似“探求有深度的幸福”“优秀的恋爱小说”“罕见的教养小说”“不朽的名作”之类的赞辞就更多了。但是，由于这部作品创作时间跨度太长，客观上也存在着各种问题。比如，有人提出疑问，主人公谦作是否是个游离社会的孤独人；也有人觉得与上半部主人公与各种苦恼作斗争的故事相比，后半部谦作变化的可能性极小；还有人为作者不遗余力地追求小家庭的幸福感到遗憾。

这部小说在结构上存在着前后缺少有机联系的缺点。尽管如此，本作品仍是作者所有创作中最成熟的作品，对于日本文学爱好者来说，不论好恶，都是值得一读的优秀作品。

选文一①

彼はぶらぶらと一人海添の往来を帰って来た。彼の胸には淋しい、謙遜な澄んだ気持ちが往来していた。お栄②でも信行③でも、咲子④でも、妙子でも、其姿が丁度双眼鏡を逆に見た時のように急に自分から遠のき、小さくなってしまったよう感ぜられた。そして誰も彼もが。それは本当に孤独の味だった。しかも彼にはそれらの人人に対し、実に懐かしい気持ちが湧き起こっていた。そして彼は又亡き母を憶い、何といっても自分には母だけだった、という事を今更に想った。幼時の様様な記憶が甦って来た。彼は臆面もなく感傷的な気持ちに浸ってそれらへ振り返った。（略）然し母の床に深くもぐって行った時の事⑤を憶うと、彼は不意に何かから突き返されたような気がした。其時の母の情けない気持ちが彼に映ったのだ。母にはそれが自身の罪を突きつけられることだったに違いない。罪の子、自分は本当に罪の子なるが故に生まれながらにしてそう出来ていたのではなかったか。こんなに考えられた。

彼は段段自分が、そういう気分に惹き込まれつつある事を意識した。坂路で惰性のままに段段早くなる、それを踏み止るような心持で、寧ろ意志的に彼は気分を惹きもどそうとして、彼は広い広い世界を想い浮べた。地球、それから、星、（生憎曇っていて、星は見えなかったが）宇宙、そう想い広めて行って、更にその一元子程もない自身へ想い返す。すると今まで頭一杯に広がっていた暗い惨めな彼だけの世界が急に芥子粒程のものになる。——これは彼のこういう場合の手段で、今も或る程度には成功した。

【选文注释】

①本段引自作品的第二章“七”，为谦作看戏回家时的部分。谦作从哥哥的来信中得知了自己出生的秘密，虽然深受打击，但还是决心忍耐下去，把创作当作自己唯一的道路，出色地表现了一个面临人生紧要关头的青年的精神状态。引用文最后谦作的想象表现了主人公与自然融为一体的切实情感，这种描写是非志贺莫属的。

②お栄：祖父的妾，年轻时就和谦作家生活在一起。

③信行：谦作的哥哥，在本作品中起到了父亲和谦作之间的中间人作用。

④咲子：和妙子同为谦作的妹妹。

⑤…行った時の事：指谦作幼时有一次睡觉时以为母亲睡着就钻到被窝底下，不想被母亲狠狠掐住手拽到枕边的事。

选文二[1]

かつてそういう人間の無制限な欲望を賛美した彼の気持ちは何時かは滅亡すべき運命を持った此地球から殉死させずに人類を救出そうという無意識的な意志であると考えていた。当時の彼の眼には見るもの聞くもの総べてそう云う無意識的な人間の意志の現われとしか感ぜられなかった。男という男、総てそのため焦っているとしか思えなかった。そして第一に彼自身、その仕事に対する執着から苛だち焦る自分の気持ちをそう解するより他はなかったのである。

然るに今、彼はそれが全く変って居た。仕事に対する執着も、そのため苛立つ気持ちもありながら、一方遂に人類が地球と共に滅びて了うものならば、喜んでそれも甘受出来る気持ちになっていた。彼は仏教の事は何も知らなかったが、涅槃[2]とか寂滅為楽[3]とかいう境地には不思議な魅力が感ぜられた。

【选文注释】

①本段引自作品的第四章“十四”，是小说的高潮。谦作投入高山大自然的怀

抱，在抵达漫长的暗夜行路的终点时，对佛教寂灭为乐的境界产生神往，他要在这种恍惚感中去探求永远畅通的大道。这里不难看出作者所追求的最终的安定、调和为何物。

②涅槃：领悟到超脱烦恼和生死的境界。

③寂滅為楽：佛教指达到死亡的境界才是真正快乐之意。

【作者简介】

志賀直哉（しがなおや）（1883—1971）日本帝国主义发动侵略战争期间，作者几乎一直停笔，以沉默抗议。一生作品量少质佳，富有人道主义精神，尊重自我，主张发展个性，反抗旧的道德观念，十分注重采用现实主义手法，以纯熟的技巧写个人心境和身边琐事，私小说味道很浓。在日本大正和昭和文坛上占有重要地位。（作者介绍请参看《在城崎》）

52 濹东趣谭/濹東綺譚

ぼく とう き たん

永井荷风

【作品梗概】

“我”是单身的老作家大江匡，正在构思一部题名为《失踪》的小说，出于了解作品中人物生活舞台的需要，“我”独自拄着手杖，来到隅田川的东岸濹东走访。那是六月底的一个傍晚，“我”乘上去玉之井的汽车，在郊镇的河堤下了车。忽然间电闪雷鸣，下起了大雨。每次外出必带伞的“我”正在伞下望着灰蒙蒙的天空以及被大雨洗刷着的城镇，冷不防一个女人钻进“我”的伞里来“借光”，闲聊后才知道她叫阿雪，是玉之井的妓女。梅雨季节过后，连续几天高温，天气十分闷热，“我”被邻居家收音机中的噪声闹得不得安宁，于是，再次到位于濹东蚊子活动猖獗的臭水沟边的阿雪家造访，从此以后，“我”每天散步去她家，把那儿当作傍晚逃避噪音的休息场所。老是梳着岛田式圆发髻的阿雪的古朴的形象，污水沟的臭气以及群蚊嗡嗡的叫声都刺激着“我”的感觉，诱发起“我”脑海深处三四十年前的幻影。阿雪虽然境遇悲惨，但是性格开朗。起初她以为“我”是搞秘密出版的人，对“我”毫不介意，相处十分融洽，后来竟渐渐对“我”颇有好感，希冀通过“我”改变自己的境遇和生活。

夏去秋至，为了不使她悲伤和失望，“我”送给她可以买一件秋夹袄的钱，因为她是“使一位被当今社会抛弃的老作家完成最后一部作品草稿的神奇的激励者”，然后，带着无限留恋的情感不辞而别了。月半时，传来了阿雪得病住院的消息，“我”竟莫名其妙地惦念起她来，于是，即兴赋诗一首。

【作品鉴赏】

中篇小说《濹东趣谭》于1937年4月至6月，分三十五次在《朝日新闻》上连载，8月由岩波书店出版单行本。作品发表后受到许多读者和批评家的喜爱。佐藤春夫说它是“充分发挥了荷风文学的独特性和集大成著作”，现在，把本作品看作永井荷风的最高杰作已成为日本文坛上的定评。

这部小说没有什么像样的情节，作品发表时正值日本帝国主义大规模发动侵略战争前夕，日本国内对思想、言论的统治也日见严厉，就在这时，作者以濹东的风物为背景，用充满诗情的随笔笔触写出了一个在泥潭中挣扎的妇女的活生生的形象，他喜欢“去发现被抛弃的破衣碎布上的漂亮的针迹”，要说明“在堕落的深渊里有着美丽的人情之花和芳香的泪水之果”，以此来对黑暗的社会表示一种“反骨”。

永井荷风作为日本唯美派的代表作家，其大多数作品都有追求享乐的倾向，他以十分敏锐的感觉，对那些颓废的、极端放荡的或被时代抛弃的东西寄予同情，进而用笔去对其进行美化，对人生的态度亦很消极。另一方面，荷风也具有一种叛逆精神，他习惯以西方的文明去嘲笑日本过渡时期的文明的驳杂，也会因为对现代社会的不满和憎恶而对江户时代的成功产生怀古和憧憬的情绪，他对日本军国主义发动侵略战争是深痛恶绝的。可以说，作者的这些特点在本代表作中相当程度地得到了体现，以至于后来他的作品被当作“反国策”的东西，一度遭到禁止发行。

作者在艺术上具有很深的造诣，他的文笔圆熟，作品中诗情洋溢，很注意把季节的推移、自然风光的描绘和近代文明批评及风俗人情巧妙地糅合在一起，使之达到完美、和谐的境地，从而克服了日本自然主义文学在描写上平板单调的缺点，这也是他的作品受到读者欢迎的原因。

选文一[1]

「彼が十年一日の如く花柳界に出入する元気のあったのは、つまり花柳界が不正暗黒の巷である事を熟知していたからで。されば若し世間が放蕩者を以て忠臣孝子の如く称賛するものであったなら、彼は邸宅を人手に渡してまでも、其称賛の声を聞こうとはしなかったであろう。正当な妻女の偽善的虚栄心、公明なる社会の詐欺的活動に対する義憤は、彼をして最初から不正暗黒として知られた他の一方に馳せ赴かしめた唯一の力であった。[2]つまり彼は真白だと称する壁の上に汚い種々な汚点を見出すよりも、投捨てられた襤褸の片にも美しい縫取りの残りを発見して喜ぶのだ。正義の宮殿にも往々にして鳥や鼠の糞が落ちていると同じく、悪徳の谷底には美しい人情の花と香しい涙の果実が却て沢山に摘み集められる。」

【选文注释】

①本节引自《濹东趣谭》“七”，主人公在谈到自己为什么不怕河洪恶臭，不惧嗡嗡蚊虫袭扰，不畏丑陋，甚至在与生活在这种环境中的妓女们见面之前就对她们怀有好感的原因时，引用自己写的文章《做不完的梦》中的一段来加以说明。作者认为人对进步的努力是白费劲，而那些违背常识的事情是值得夸耀的，上述引文反映了作者对人生的消极态度和强烈的叛逆精神。

②这句话意为：“……义愤是驱使他奔向一开始就知道的邪恶、黑暗的另一世界的唯一推动力。”

选文二[1]

今夜あたりがそれとなく別れを告げる瀬戸際で、もし之を越したなら、取返しのつかない悲しみを見なければなるまいと云うような心持が、夜のふけかけるにつれて、わけもなく激しくなって来る。

物に追われるような此心持は、折から急に吹出した風が表通から路地に流れ込み、あち等こち等へ突当った末、小さな窓から家の内まで入って来て、鈴のついた納簾②の紐をゆする。其音につれて一しお深くなったように思われた。其音は風鈴売が檑子窓の外を通る時ともちがって、此別天地より外には決して聞かれないものであろう。夏の末から秋になっても、打続く毎夜のあつさに今まで全く気のつかなかっただけ、その響は秋の夜もいよいよまったくの夜長らしく深けそめて来た事を、しみじみと思い知らせるのである。気のせいか通る人の足音も静に冴え、そこ等の窓でくしゃみをする女の声も聞える。

お雪は窓から立ち、茶の間へ来て煙草へ火をつけながら、思出したように、

「あなた。あした早く来てくれない。」と云った。

「早くって、夕方か。」

【选文注释】

①本段引自作品“九”。当主人公发现阿雪想把自己当作恋人和庇护者来改变境遇，意识到他们之间无法再以迄今为止的纯洁心情进行交往时，果断决定与她分手。引文叙述了此时主人公被“什么东西追赶”似的寂寥感和与残留着江户时代风俗的玉之井难舍难分的心境，反映了作者把历史和文化、悲和美、人和自然统一起来认识的审美观。

②納簾：挂在店家门上，印（写）着店号的门帘，同“暖簾”。

【作者简介】

永井荷風（1879—1959）生于东京。曾在外国语学校学习，初期受左拉的影响写过颇有影响的小说《地狱之花》，后去美国留学，又去法国工作。1910 年任庆应大学教授，主办《三田文学》杂志。1914 年与新桥一艺伎结婚又离异，后长期独居。早期作品有《美国故事》《法国故事》《各显神通》；30 年代主要作品除本篇外，还有《梅雨前后》《紫阳花》等；战后发表了《沉浮》《舞女》《勋章》等作品。从 1917 年到

去世为止的日记《断肠亭日乘》为日本近代文学史上著名的随笔。1952年获得日本政府颁发的文化勋章,1954年当选为艺术院会员。(作者介绍请参看《各显神通》)

53 雪国/雪国（ゆきぐに）

川端康成

【作品梗概】

穿过县境上长长的隧道，便是雪国。东京的舞蹈研究家岛村，冒着岁末的严寒来到雪国会艺伎驹子。这一年春天，坐吃祖产、无所事事、精神空虚的岛村，为了追求艺术美和女性美，曾到这个地方来过，并结识了驹子，他感到自己来到了一个该来的地方。这次重逢，望着微笑着握着自己的手的驹子，岛村更加被她的娟秀妩媚吸引。驹子住在专教三弦、舞蹈的师傅家，她常来见岛村，还拿来三弦为岛村表演，她常在山里面对大自然习琴，因而弹得铿锵有力。驹子有时也"露出风尘女子不拘形迹"的样子，但心地纯洁、感情真挚，虽然孤独、悲哀，对生活却很认真、意志顽强，这使岛村受到感染并尊重她。师傅夫妇的儿子行男病了，驹子就是为了给他治病才不惜牺牲自己，下海当了艺伎。可是，当驹子送岛村回东京来到车站时，叶子跑来告诉她行男病危的消息，驹子仍对岛村流连忘返，没有赶回去看望将死的行男。

到了秋天，岛村第三次来到雪国。在小虫和飞蛾漫舞的房间里，驹子怀着炽热的感情投入岛村的怀抱。岛村得知上次驹子为了送自己没赶上为行男送终，便邀驹子去扫墓，在墓地，他们遇到了叶子。精神上的孤独使驹子想找一个知音依托终身，她对岛村一往情深，随叫随到，明明知道这种关系一旦在偏僻的北国雪乡被人议论起来，自己也许就会毁灭，却仍然痴情地对岛村倾注感情。叶子曾当着岛村的面说讨厌这样的驹子,又一本正经地请求岛村好好对待她。终于又到了下雪的季节,一天晚上,蚕茧仓库失火,坐车偶然经过那儿的岛村和驹子看到叶子从二楼坠落下来。驹子磕磕绊绊地跑过去把她抱在胸前,仿佛抱着自己的牺牲品或对自己的惩戒物一样。

【作品鉴赏】

《雪国》在1935年1月至1937年5月间断发表于《文艺春秋》和《改造》等杂志,以后不断续稿,直至1947年10月完稿。在漫长的创作期间,作者对作品反复推敲修改,倾注了大量的心血。《雪国》在结构上呈短篇组合状,与古典名作《源氏物语》有相似之处。作品发表后,受到大多数评论家和读者的欢迎和赞扬,1937年获得文艺恳谈会奖,1968年又成为诺贝尔文学奖的主要入选作。

本作品没有一般小说中常见的曲折情节和鲜明主题,作者通过岛村三次去多雪的北国山村与艺伎驹子和少女叶子的接触交往,为读者展现了一个充满诗情画意、哀怨幻想的世界,在隐晦的主题和扑朔迷离的意境中,以美丽的自然景观为背景,描绘了驹子和叶子渴望爱情、认真生活的纯洁形象。在大规模侵略战争爆发前夕和白色恐怖统治的年代,这种与现实生活对立的独特世界中的人物形象给日本人以清新、美好的感觉。只要认真地阅读原文,便很容易体味到这种神韵。

三次到雪国去的岛村贯串整部作品,他生活阔绰,以虚无的态度游戏人生,认为一切努力都是徒劳,他无法理解驹子对生活的憧憬和爱的追求,但是他尊重驹子的人格,对驹子和叶子的爱和同情也并非完全虚伪。岛村身上集中体现了30年代中产阶级知识分子对现实无能为力、消极遁世的人生观,一定程度上反映了当时作者自己的思想、兴趣和情感。主要实写人物驹子虽然刻苦努力、感情专注、纯真,又懂得做人的本分和生存的价值,但在卖笑境遇之中要想“正正经经地过日子”的愿望很难实现,她的苦恼和悲哀令人同情。叶子的描写着墨不多,形象有点虚幻,可以说是作者刻意追求朦胧的精神美的体现。作者在驹子和叶子两人身上恰到好处地运用了虚实相间的笔墨。

《雪国》充分表现了日本民族文化的心态和艺术特色，确实是一部为日本昭和文学史增辉的名作。

选文一①

鏡の底には夕景色が流れていて、つまり写るものと写す鏡とが、映画の二重写し②のように動くのだった。登場人物と背景とはなんのかかわりもないのだった。しかも人物は透明のはかなさで、風景は夕闇のおぼろな流れで、その二つが融け合いながらこの世ならぬ象徴の世界③を描いていた。殊に娘の顔のただなかに野山のともし火がともった時には、島村はなんともいえぬ美しさに胸がふるえたほどだった。

遥かの山の空はまだ夕焼の名残の色がほのかだったから、窓ガラス越しに見る風景は遠くの方までものの形が消えてはいなかった。しかし色はもう失われてしまっていて、どこまで行っても平凡な野山の姿が尚更平凡に見え、なにものも際立って注意を惹きようがないゆえに、反ってなにかぼうっと大きい感情の流れであった。むろんそれは娘の顔をそのなかに浮べていたからである。姿が写る部分だけは窓の外が見えないけれども、娘の輪郭のまわりを絶えず夕景色が動いているので、娘の顔も透明のように感じられた。しかしほんとうに透明かどうかは、顔の裏を流れてやまぬ夕景色が顔の表を通るかのように錯覚されて、見極める時がつかめないのだった。

【选文注释】

①本段引自作品开头部分。岛村从东京坐火车去雪国，正好叶子陪着重病的行男同车回去。叶子的美貌、美极生悲的声音和悉心照料病人的一举一动无不吸引着岛村，他不好意思正面久视叶子，只能把车窗当镜子观察，引文叙述了车窗里的叶子形象，作者出色地写出了叶子清澈单纯、朦胧虚幻的美和心灵

为之震颤的岛村的惆怅。这一描写为《雪国》中脍炙人口的段落。

②映画の二重写し：重叠摄影。

③この世ならぬ象徴の世界：本句寓意着作品虚构的整个雪国世界。

选文二[1]

「こんな日は音がちがう」と、雪の晴天を見上げて、駒子が言っただけのことはあった。空気がちがうのである。劇場の壁もなければ、聴衆もなければ、都会の塵埃もなければ、音はただ純粋な冬の朝に澄み通って遠くの雪の山々まで真直ぐに響いて行った。

いつも山峡の大きい自然を、自らは知らぬながら相手として孤独に稽古するのが、彼女の習わしであったゆえ、撥の強くなるは自然である。その孤独は哀愁を踏み破って、野性の意力を宿していた。幾分下地があるとは言え、複雑な曲を音譜で独習し、譜を離れて弾きこなせるまでには、強い意志の努力が重なっているにちがいない。

島村には虚しい徒労[2]とも思われる、遠い憧憬とも哀れまれる、駒子の生き方が、彼女自身への価値で、凛と撥の音に溢れ出るのであろう。

【选文注释】

①本段引自《雪国》中部，叙述驹子为岛村弹奏三弦的情景。驹子靠着顽强的意志，凭曲谱练出的三弦使岛村听了慑服。引文表现了出身贫贱、沦落风尘的艺妓驹子对生活的坚定信念和刻苦自励的精神。

②虚しい徒労：岛村听了驹子的演奏虽受感染，却仍然认定她的努力是一种徒劳。“徒劳”一词在作品中反复出现，集中反映了岛村其人无所追求、否定创造生存价值的虚无人生观。

【作者简介】

川端康成(1899—1972)《伊豆的舞女》发表后，又有《浅草的少男少女》《水晶幻想》和《禽兽》等佳作先后问世。1938 年本因坊秀哉的围棋告别赛时，作者为《朝日新闻》撰写实战报道，之后以此为素材写出《名人》。战后又著有《千鹤》《山音》《睡美人》《古都》等，除《古都》外，均有颓废、虚无倾向。1968 年荣获诺贝尔文学奖。任日本笔会会长和国际笔会副会长期间，为日本文学走向世界和国际文化交流作出了贡献。1972 年 4 月口衔煤气管自杀。（作者介绍请参看《伊豆的舞女》）

54 年轻人/若い人

石坂洋次郎

【作品梗概】

间崎慎太郎到北海道一所基督教教会学校当国语教师仅两年，对教育、人生和恋爱都抱着理想主义的态度，可实际上有些地方却显得相当保守。毕业于女子大学、和间崎几乎同时到这所学校任教的女教师桥本澄子是这个地区共产主义研究会的成员，一个容貌端丽、思想进步的共产主义者，她在心里悄悄地爱着间崎，却又不愿直率地承认。间崎和桥本都热爱美丽的青春年华、洁身自好，但是，由于对教育的见解不同和桥本不满间崎的妥协思想，两人进行过激烈的思想交锋。

间崎赴任后不久，结识了女学生江波惠子。她身材高大、年轻美貌，她的大胆和早熟给间崎留下了深刻的印象。经过了解，才知道惠子是港町清风亭饭店老板娘的私生女，她不知道自己的父亲是谁，只知道母亲和好几个男人有关系。七月的一天，间崎看见惠子躺在地上，胸前摊着一本红封面的书，正闭着眼吹口哨，就规劝说："你是个女学生，这样人家会看不顺眼的。""是吗？我想只要先生不故意这样看就行了，我只是在先生您面前才这样的。我，不，我们都喜欢先生。"惠子向单身汉间崎老师表现出特别的亲近感，间崎被她那热情奔放的性格吸引，后常去她家访问。他同情惠子的遭遇，两人互表相爱心迹。间崎为了使惠子精神充实，不像她母亲那样在生活上堕落，作了种种努力和尝试。可是，不久，惠子便知道间崎是出于可怜自己才说爱她的，而且当她直感到桥本老师全身心投入革命运动并遭到逮捕是因为失恋，便主动离开了间崎，从此不再去上学，也去过母亲那样的生活。间崎和桥本都辞去了学校的工作，惠子那批学生毕业的那天，在东北线驶往东京上野的列车上，坐着获释的桥本和抚慰着她的间崎。他们决定去东京建设新生活并憧憬着美好的未来。

【作品鉴赏】

长篇小说《年轻人》1933年至1937年在《三田文学》上不定期地连载，1937年由改造社出版单行本两册。作品发表后在很长一段时间里畅销，并获得三田文学奖。本作品是作家的成名作，也是代表作。作者从庆应大学毕业后，先后在家乡弘前高等女子学校和横手中学任教，《年轻人》就是以当时的经历为素材创作的。

小说中的主要人物惠子和桥本老师分别属于感情型和理智型的年轻女性，间崎则介乎于两者之间，既不积极偏信理性，也不盲目堕入爱河，是一种对现实持怀疑态度的知识分子。这几种人物，比较准确、典型地体现了30年代中期日本知识青年的形象，作品生动，逼真地描写了战前日本女子学校这一特殊环境内部的情况，间崎对人生、社会和恋爱的议论颇能打动读者，起到了"教育小说"及"人生论"的作用。

作者笔下江波惠子的形象格外饱满。她是一个私生子，从小受到母亲和环境不良风气的影响，她美貌、早熟，却又顽皮、淘气；她大胆、天不怕地不怕，敢于直言好恶，却又显得纯洁、天真；她不仅聪明伶俐而且懂得怎么发挥自己的聪明才智；她婀娜多姿，沾有一些不良习气但没有放荡不羁。这个"活跃异常、无比妩媚"的少女热情奔放和充满青春气息的情感被描绘得栩栩如生，在日本军国主义发动对华侵略战争、德意日法西斯结盟和二·二六事件爆发的黑暗年代里，惠子这个人物很受读者欢迎。相比之下，间崎和桥本的形象就逊色些，桥本只起到烘托惠子的作用，间崎的中立立场有中庸和过于稳健之嫌。不过，本作品体现出的健康、明快、生动、流畅等特点之后成了作者创作的最大特色。

选文[1]

間崎はそうした噂[2]を聞き、またときどき訓育係の先生に呼び出されてお叱言を食っている、大柄な、美貌の本人を見知ってからも、特別な関心を持つことはなかったが、ふとした機会で江波との間に個人的交渉が生じて以来、疲れた時、寂しい時、江波の姿が雲のように心をかげらすのに気づいて顔を赤くすることがしばしばあった。恋愛だとは思わない。絵でも文学でも人間でも、頽廃的なものに心を引かれる自分の傾向を間崎は平素から極力警戒していたし、江波に対する関心も、他の生徒にみられない成熟した一つの性格に対する興味にすぎないものだと思っていた。

七月半ばのある日、彼は時間が空いていたので、雑誌をもって裏山へ寝ころびに行った。熊笹[3]の間の小径を通っていつもの丘に上り、一本松の下の窪地に腰を下ろして、まぶしく光る海を眺め下ろしていると、ふと間近で口笛の音が聞こえた。ふり向くと彼から三間と離れてない別の窪地に、江波恵子が、両手を頭の下にあてて、あけひろげな形でのびのびと寝ころんでいた。胸に赤い表紙の本をのせ、眼をつぶって口笛を吹いている。間崎は驚くとともに、江波の地面にまかせきったような姿態に反射的な恥ずかしさを覚えた。彼は近づいて声をかけた。

「どうしたんだ、江波さん」

「とうとうみつかったわ、足音が聞こえた時先生かも知れないと思いましたの」

江波は起き上がって彼の顔を見上げ、悪戯を企てた子供のように面白そうに笑った。こうして見るとほんの無邪気な少女の顔でしかない。

「頭が痛いからこの時間だけ先生に休ませていただきましたの」

「君はわがままが通っていいんだね。何の本だ…」

間崎はぶっきら棒に言って江波の傍に腰を下ろした。空も海も青く晴れ渡って誰とでも仲よくできるすがすがしい気持ちだった。本はフランスの訳詩集だった。

「先生お上がりになる…」

ポケットから銀紙④に包んだチョコレートをつかみ出した。

「いろんなものを持ってるんだな。いただこう」

ゆっくり包紙をむいて黒い塊を口に入れた。同じ甘さが二人の舌の上で溶けるのが感じられた。間崎は豊かに肉づいた白い艶のいい横顔をこだわりなくじっと眺め下ろした。チョコレートを含んでポツンとふくれた頬だけ見ていても、眺め飽きない清らかな美しさがあふれ出てくる。江波は、片方の耳に重くかぶさった髪の束を、グイと頭を強く振って払いのけ、それとともに間崎の顔を無邪気に眺め返した。自然な微笑が目の片隅から湧いた。

【选文注释】

①本段引自《年轻人》第一章中部。间崎赴任后不久听许多教师说江波惠子是个调皮难弄的学生，可是，七月的一次接触以后，间崎竟被她与众不同的性格吸引。引文从一个侧面描绘了惠子成熟的性格，为两人感情的进一步发展设下了伏笔。

②そうした噂：指前文中提及的其他老师对惠子的议论，如任性、上课忘带学习用具，把奢侈品带到学校，住校还迟到早退、与老师顶撞争辩等。

③熊笹：山白竹。

④銀紙：一种包装用的锡纸。

【作者简介】

石坂洋次郎(1900—1986)生于青森县。小学五六年级起就开始写作少年题材的小说和冒险小说。在庆应大学求学期间与横滨圣学院女生浦子结婚。1915 年大学毕业后执教十四年。《年轻人》发表之前，已经发表过《去看海》等几篇短篇小说。1938 年受到军国主义右翼团体的迫害。代表作还有《绿色的山脉》《向阳的坡道》《石中先生行状记》《拂晓的合唱》等。是日本报刊和妇女杂志连载小说的著名作家。

55 铁石心肠/木石（ぼくせき）

舟桥圣一

【作品梗概】

医师二桐是细菌研究所从事洒尔佛散和梅毒细菌研究的人员，他远离人情，专心致志，下决心在这一研究完成之前决不沉溺于爱情。他选择追川初当自己的助手。追川初在这个研究所里已连续工作了二十五年，技术纯熟，内心深藏着对前所长R博士的爱情，而表面给人的印象却像一个完全不懂女人幸福的人，人们对她敬而远之，以为她是个禁欲的铁石心肠的女人。有一次，追川初把女儿襟子带进研究所来做帮手，而襟子却被二桐所吸引，暗中爱上了二桐。追川初发现了女儿的恋情，试图让襟子与二桐分离，然而二桐此时也爱上了襟子，两人的感情日益升温。于是追川初向二桐坦白，襟子并不是自己的女儿，而是R博士与某夫人通奸后生下的，由她在任何人不知的情况下养育至今。没过多久，追川初感染了传染性细菌，她意识到自己将不久于人世，把襟子的终身和自己遗体的解剖委托于二桐。二桐一想到追川初的真意是让自己明白，44岁的她守身如玉，还是一个处女时，就十分感动：她是一个好女人。在追川初的葬礼结束后，二桐独自去垂钓小憩，浮现在眼前的是自己即将与襟子结婚的情景。

【作品鉴赏】

本短篇小说 1938 年 10 月发表于《文学界》杂志，同年 12 月，收录于青木书店出版的《铁石心肠》集子中。

这篇小说的主题是爱情，作者既写出了追川初表面被周围同事认作铁石心肠冷血女，而内心却数十年暗恋 R 博士的真挚感情，也直率地表达了其养女襟子的清新恋情。作品发表时，正值日本军国主义政府对外大肆扩大侵略战争，对内又残酷镇压进步文化人的黑暗时代，在此背景下，作者放弃了自己擅长的官能描写，鲜明地写出了中年女性压抑的、暗藏不露的深刻的爱情，追川初的柏拉图式的精神恋爱给读者留下了极其深刻的印象。作品所设定的埋头医学研究并为之献出生命的人物形象，使作品充满了紧张感，也自然地表露了人对欲望的追求。这一战争时期发表的名作成为作家早年及日本文艺复兴时代的代表作，受到广泛的赞扬。

舟桥圣一最初对戏剧创作颇感兴趣，他曾和河原崎长十郎的剧团心座有关，亦属于新兴艺术派，写过《褴褛》等作品，后来，《行动》杂志创刊时他又作为其主要作家活跃过，1935 年成为《文学界》杂志的同人后发表的作品就是本篇。因此，本作品的主题也被认为与文艺复兴时代的作家所追求的课题相通。

选文一①

「絶望と悲しみに、私は三日三晩を泣きあかしたのでございます。あの、聡明峻厳な博士でさえ、そういうことをなされたのでございますもの。外に誰を信じ、誰を慕うことができるでございましょうか。まったく、その時以来、追川初の人生観はがらりと一変致してしまったのでございます。」

然し、三日三晩を泣きあかして、それから彼女は博士の云う通りに一切の収拾をひきうける決心をさだめた。

「どうせ一生を先生の研究の助手として捧げた体でございます。先生のために、お役に立つことであったら、どんなことでも

——」

と決心した追川初は、もうくよくよはしなかった。さすがの博士も感動に、手巾を濡らした。それからすぐ博士はその婦人に紹介した。追川初は初対面の挨拶を交わした時、博士のこの過失も又やむを得ないことがわかった。その婦人は冷たい表情の中に、何ともいえない深く豊かな情炎をたたえていた。

御覧下さいましたか。何かものをいう時の襟子の眉を、目を、口を——。あれでございます。このごろ目立って、そっくりになってまいったでございます」

博士はその婦人の冷たい氷のような情炎に吸いよせられたのである。一目で追川初はその婦人が好きになり、自分の犠牲がたのしいことになるのだった。やがて二人は携えて、山の温泉町に姿をくらました。——その婦人が月みちて生み落とした児は、きれいな白い襟児であった。追川初はそれを貰いうけた。

【选文注释】

①本段引自作品“其六”,是追川初向二桐诉说襟子出生秘密的场面。前任所长R博士才学过人,同时天性好色,与新桥、赤坂的宠妓已生过多名孩子。此次的通奸对象是名流夫人,使之怀孕后考虑到社会影响,博士走投无路。想到勤奋而敬爱自己的追川初,博士向她说明一切,还恳求她收养这名私生女。引用文描述了追川初经过激烈的思想斗争后决定承诺的情形。

选文二[①]

…閉じた目蓋のうちに、ありありと見えるのは、追川初の死体であった。四十四の女としては、珍しく水水しい肉体で、その冷たい肌には思いもよらぬ悲しい媚を見るのだった。故人の意志として、執刀は二桐一人に委かされた。

斯くして、追川初は、モルモット[②]の発情を見わけることでは、天才の聞こえがあったが、彼女自身はその一生を通じて、女の発情を知るに由なく、十九の春から勤続二十五年の生活をあげて、研究助手たるに殉じさったのである。思えば彼女を彩るものは、初代所長R博士との師弟愛から滲み出た、あの殉教的なプラトニック・ラブ③であり、その博士の不倫の落胤を我が子として、襟子を育て襟子を愛し、それによって博士との儚き師弟交歓の夢を追ったことである。人情をわきまえぬ木石の女として、研究所全体から、しばしば指弾を受けた彼女が、さもあらばあれ④、実は非凡なる人情を発露して、飽くことがなかったのである。二桐はそれを思うと、執刀はややもすれば平静を失いかけた。——ようやく解剖を終わったので、取り出した諸内臓を又元通り内部へしまい、切り裂いた部分を縫い合わせすると、いつになく敬虔な態度で、彼は死体の前に頭を下げた。それから培養試験用のと、検鏡用の細胞として、彼女の腐敗した心臓の粘膜の一片に染色処分を命じておいて、彼は逃げ出すように、そこを出て来たのである。彼の額には玉の汗が並んでいた。

【选文注释】

①本节引自作品的结尾部分，写二桐做完追川初的尸体解剖，为休息到河边钓鱼时回想解剖的情景。受细菌感染而死的追川初，被大家说成"铁石心肠无情女"，然而从她对恩师及其私生女的态度看，她是一位具有"非凡人情"的女子。作者通过追川初的形象，旨在告诉读者，应该看到外表所不能显示的人性的真实。

②モルモット：(医学实验用)豚鼠；天竺鼠。

③プラトニック・ラブ：柏拉图式的精神恋爱。

④さもあらばあれ：(连语)既已如此，就由它去吧。相当于"とまれかくまれ""ままよ"。

【作者简介】

舟橋聖一(1904—1976)小说家。毕业于东京大学国文专业。

1925年与阿部知二、北川冬彦等人创刊《朱门》，以后写戏剧。行动主义文学流行后，倡导能动精神，发表《俯冲》和本作品后，受到文坛关注。其主要作品还有《北村透谷》《康吉洗染房》《横卧的小姐》《鹅毛》《雪夫人绘图》《花的生涯》《一个女人的远景》等。二战后，参加重建的日本文艺家协会，任第一任理事长。1967年起任艺术院会员。作品曾获得野间文艺奖。战后的创作多以浓艳的笔触在传统的美意识中刻画妖冶的官能与肉体，一些作品因过于露骨地描写爱欲而受到批评。

56 与和歌的诀别/歌のわかれ

中野重治

【作品梗概】

大正末期，主人公片口安吉在金泽高等学校读书，他是个又黑又瘦、目光刺人、令人讨厌的学生，平时生活单调，成绩不良，这一年的考试又没及格。安吉爱作诗，尤其热衷于写抒情的短歌。他新投宿的民居与两次留级的理科学生鹤来金之助的住处不远，金之助爱读《金槐集》，一早一晚两人经常往来，边饮酒边谈和歌。最后一个学年的考试又要来临了，惧怕考试的两人心情不佳，一天晚上去一家叫“巴西”的酒店喝酒，正好遇见了粗野的留级生佐野和桐山他们。离店时，佐野喷着酒气对向他辞行的安吉撒野。安吉回到住处，怎么也忍不下刚才受的气，从抽屉里拿出三分木凿出了门，他说：“佐野的无礼是可以原谅的，但是，容忍佐野无理的你是不可原谅的！”(《凿》)金之助留级后退学，前来与安吉告别。在他离开东京的前夜，两人出席了高等工业学校教授家的和歌会。安吉去参加了毕业考试，他想，高等学校的学生恐怕没有留级的吧，为什么自己就不行呢？他觉得，一个人要是只满足于经常可获得的小幸福或不幸，那么就会滑到做人的“低水准”上。在送走金之助回来的路上，安吉从铁桥下走过，看见一列开过的货车的尾部和蒸汽机车后面同时伸出一只手又同时消失，他感到很激动。安吉终于通过考试、顺利毕业了。(《手》)安吉考进了东京帝大德文专业，来到东京后住在表兄家。安吉觉得大学的课程很无聊，便常去在银行工作的旧友金之助处走走。一天，安吉拿了介绍信去访问了自己长期敬重的作家藤堂高雄，因为从高中时代起，他就立志当个作家。不过，他看到一伙时髦的文学青年围着藤堂，这位作家对人生的态度使安吉大失所望，不禁怀疑起藤堂是否真是个作家。后来，在大学举行的短歌会上，安吉的作品竟然获得最高分，但是大家批评他的作品不是自己的语言。安吉漫步在本乡的大街上，他意识到，自己该向短歌诀别了，应去对付那些凶暴的东西。(《与和歌诀别》)

【作品鉴赏】

中篇小说《与和歌诀别》发表于1939年4月至8月的《革新》杂志，第二年由新潮社出版单行本。作者在《我的文学自传》中写道："我进了高等学校，在宿舍和教室，人们经常议论文学和艺术。我在这所高等学校待了五年，两次留级。我如饥似渴地阅读小说……进大学后，我进了德语专业，一开始就碰到许多困难。……一天听说开短歌会，我带了两首和歌出席。我的一首咏草歌得分最高，另一首名列第二。很不幸，这使我离别了和歌。"由此可见，本作品的自传性质十分明显。据说金之助的原型是洼川鹤次郎、藤堂的原型是室生犀星，主人公安吉是作者自己。

小说没有像样的情节，作者在创作本小说的前一年被军国主义政府禁止写作，他是在第二年形势稍有缓和时写出本作品的。作为一个无产阶级作家，为了继承和发展无产阶级文学的传统，作者只能用这种形式的作品来对压抑人的青春、破坏和蹂躏人的感情的时代表示反抗，并以自己独特的思维和感觉确认热爱无产阶级文学的青年所具有的强烈的自我意识和精神成长的过程。小说的抒情性很强，但是并无矫揉造作之情，笔法明快，表达确切，尤其是将战时那无法发泄的愤恨隐藏在文章深处的内在美感使本作品成了战争年代日本荒凉文坛上的一朵朴素的鲜花，成为日本近代文学中有代表性的青春小说。

选文①

安吉は唇を動かしかけたがそのままドアを押した。一秒か二分の一秒かの絶頂の時を逸したのであった。

下宿へ帰ると彼は台所へ行って冷たい水を一ぱい飲みほした。それから歯をきれいに磨いて自分の部屋へはいり、机に坐って漢文の試験勉強にとりかかった。（略）

しかし、彼は蒼い顔になって机の抽出しを引いた。そして鉛筆やバットの箱の奥から小さい木箱を引き出して蓋をあけ、六七本並んだ鑿のうちから三分の丸鑿を取り出して右のポケットに入れた。

「佐野の無礼は許せるが、佐野の無礼をお前が許すことは許せぬぞ。」

彼は細い三角鑿へちらりと眼をやったがそれはそのままにした。それは鋭いだけに肉のなかで折れる心配があった。

彼は黙ってもう一度階段をおりた。そうして靴をはいて、被覆なし②の刃がポケットを破かぬようポケットのなかで柄から刃へかけての部分を握り、ややうつむき加減になってすたすたと片町のほうへ出て行った。

【选文注释】

①本段引自作品《凿》的部分，叙述安吉在酒店遇到佐野的非礼，越想越气，温不进功课，从抽屉里拿出凿子外出的情景。这一描写意味着主人公对于卑俗的人物要确认做人的权威，这是一个青年在成长过程中应该学会和做到的。

②被覆なし：没有包裹的东西、裸露的。

选文二①

心をこめて作った作品が、心をこめたことをも入れて認められた時のほてるような恥ずかしさのまじった嬉しさ、そういうものは結局して安吉は感じられなかった。げっそりした[2]気持ちで彼は本郷通りを歩いて帰った。彼は袖を振るようにしてうつむいて急ぎながら、なんとなくこれで短歌ともお別れだという気がしてきてならなかった。短歌とのお別れということは、このさい彼には短歌的なものとの別れということでもあった。それが何を意味するかは彼にもわからなかった。とにかく彼には、短歌の世界というものが、もはやある距離をおいたものに感じられだしていた。頼子につながっていた長い間の気持ちもどこかへ溶けてなくなってゆくようであった。

彼は手で頬を撫でた。長い間彼をなやましてきたニキビがいつの間にか消えてしまって、今ではそこが一面の孔だらけになっていた。いつから孔だらけになったか彼は知らなかった。しかし今となってはその孔だらけの皮膚をさらしてゆくほかはなかった。彼は凶暴なものに立ちむかってゆきたいと思いはじめていた。

【选文注释】

①本段引自作品《与和歌的诀别》部分的结尾，集中体现了作品的主题。安吉虽然在和歌会上得到了最高分，但是他听了大家的意见后怎么也高兴不起来，由此，他对和歌的本质产生了怀疑，最后下决心与和歌诀别。引文中“和歌的なもの”不仅仅是指“和歌的世界”及“现代和歌”，而且还寓意着和歌象征的日本人传统的感受性、表现法和思考方法，也就是整个生活中的精神内容。“赖子”是代表这种精神生活的存在，而“兇暴なもの”是取代“和歌的なもの”的。因此，这段叙述充分体现了作者作为一个马克思主义信仰者的精神面貌以及强烈的自我意识。

②げっそりした：扫兴、失望。

【作者简介】

中野重治（1902—1979）生于福井县。毕业于东京大学德语专业。在校期间，与崛辰雄、窪川鶴次郎等人创办《驴》。1928年，成立全日本无产者艺术联盟(纳普),为该联盟的骨干,日本无产阶级文学的优秀作家,发表过许多诗歌和评论的佳作。1934年被迫“转向”后出狱,又写下许多用艺术反抗军国主义统治的作品,代表作有《农家》五部曲、《空想家与剧本》《斋藤茂吉笔记》《五勺酒》《梨花》《甲乙丙丁》等。

57 在什么样的星辰下/如何なる星の下に

高见顺

【作品梗概】

小说家仓桥在东京浅草租了低档公寓做工作室，他在浅草结识了许多朋友：有面饼店的惣太郎、有帮店里做事的舞女出身的岑美佐子、对美佐子很有好感的土佐贯，还有末弘和其他许多艺人。通过过去写过优秀小说、而现在只能写写杂文、如同寄生虫一般生活着的朝野的介绍，仓桥与他一直向往的K剧场可爱的舞女小柳雅子见了面。在茶馆的一个角落里，当仓桥和雅子对面而坐时，仓桥不禁喜悦万分，但是，不知什么缘故，一种他不曾预料到的悲哀也同时袭来。他问自己：见了面又该怎么办呢？不过，仓桥还是通过这些朋友，接触和了解了那些他并不陌生的生活在人生逆境之中、在社会底层拼命挣扎的浅草人。

美佐子对仓桥怀有好感，但是，当她知道她所倾心的对象就叫仓桥时，态度发生了复杂的变化。一天晚上，美佐子看到仓桥用面粉在铁板上写上“Koyanagi Masako（小柳雅子）”时忙问：“你认识雅子？”仓桥答：“她是我的恋人。”“恋人？”美佐子顿时声色俱变。几天后，土佐贯吓唬仓桥，告诫他不准碰浅草的女人，并揭开了这个秘密：原来，美佐子的妹妹市川玲子也是舞女，仓桥离异的妻子鲇子夺走了玲子的丈夫大屋五郎，玲子受到打击后病情恶化死亡。雅子又是美佐子最小的妹妹，她和K剧场的喜剧演员瓶口黑须兵卫的关系已经难解难分。最近，雅子加入了慰问团，即将出发去前线。新年伊始，仓桥在K剧场的支持下，组织了“爱浅草会”，由于雅子在这前一天已经出发，所以仓桥的熟人没有一个来参加成立仪式。这一天，仓桥从大屋五郎处听说，鲇子已离开大屋家，逃到上海去了。

【作品鉴赏】

长篇小说《在什么样的星辰下》于1939年至1940年在《文艺》杂志上连载，同年4月由新潮社出版单行本。1938年，由于局势的不安和朋友之间的纷争，作者的心绪极坏，于是他在浅草五一郎公寓租了一间工作室，每天往返于浅草和大森住家之间。来到浅草后，作者感到了健康和自由的气氛，也目睹了穷苦人的堕落和悲哀，他怀着对浅草人莫大的亲近感和同情心，以出入面饼店和茶馆的舞女和艺人为中心，插进各种小故事，写出了在战争逐步升级的黑暗年代生活在浅草地区的凡夫俗子们的悲欢。作者试图把本作品写成一部描写浅草景物的风俗小说，同时通过自己对雅子的虚无的恋情，用隐晦的笔触表现自己既不愿意屈服于时代的重压，又无法安居乐业的异常烦恼的心境。在小说的开头处，作者引用了高山樗牛的话作为引子：“诞生在什么样的星辰下哟，我真是世上的懦弱者！”在第九章的开头，作者又引用了法国诗人魏尔伦的诗句：“怎么样，啊，旅行者！这灰色的景致，会影响苍白的你！”很明显，作者就是要写出懦弱者的孤独、苦闷。作者在本作品中，熟练地运用拿手的颠来倒去的饶舌文体，出色地表现了在艺术遭到蹂躏、废弃的年代，知识分子表面上韬晦，实际上内心具有的强烈自我意识，想方设法对时代采取消极反抗的姿态。有些评论家把本作品看成是作者的代表作《故旧忘得》的续作。

选文[1]

如何(いか)なる星(ほし)の下(した)に生(うま)れけむ[2]、われは世(よ)にも心(こころ)よわき者(もの)なるかな。暗(あん)にこがるる[3]わが胸(むね)は、風(かぜ)にも雨(あめ)にも心(こころ)して、果敢(はか)なき思(おもい)をこらすなり。花(はな)や採(と)るべく、月(つき)や望(のぞ)むべし[4]。わが思(おもい)には形(かたち)なきを奈何(いか)にすべき。恋(こい)か、あらず、望(のぞみ)か、あらず…。

樗牛

——アパートの三階の、私の侘しい仕事部屋の窓の向うに見える、盛り場の真上の空は、暗くどんよりと曇っていた。窓の近くにあり合わせの紐で引っ張ってつるした裸の電灯の下に、私は窓に向けて、小さな仕事机を据えていたが、その机の前に、つくねんと何をするでもなく、莫迦みたいに坐っていた。できるだけ胸をせばめ、できるだけ息を殺そうと努めているみたいな恰好で両肘を机の上に置いて手を合わせ、その合掌した親指の先に突き出した顎を乗せて、私は濁った空を眺めていた。空というより、空をみつめていたと言った方がよろしいかもしれぬ。空には何も見えないのであったが、眼もまた何も見ていないごとくであった。だが、するうち、異様なものが、——それはちょうど滅多に掃除しない部屋をたまに掃除したりすると、黴菌みたいな形の、長い尻尾を生やした黒い埃がフワフワとそこらに飛び立って驚くことがあるものだが、まるでそんなようなヘンなゴミみたいなものが、盛り場から休みなく立ち上る埃で曇っているように見える向うの空に飛んでいるのが眼にとまった。そのゴミは黴菌のようにごちゃごちゃと集団をなしていたが、見ているうちに細長く延びてへの字を描いた。

雁であった。——空飛ぶ雁をゴミのようだったと私が言うのを、読者はあるいは私の下手な作り話、大げさな言い方と笑いはせぬか[5]と、私は恐れる。そうした誤解を解くためには、私が見た実際の光景を読者に見て貰うよりおそらく他に手がなく、そしてそんなことは願っても不可能なことであるのはなんともくやしいことだ。実際に見ないと、ゴミのようだったその異様さはわかって貰えぬほど、雁は実にとんでもない、全くあきれ果てた高いところにいたのである。雁の飛行は、いつもそうしたものなのか。——私はその前にかつて雁の飛んでいるところを見たことがあるかどうか、あるいは絵でしか見たことがないのではないか、そこのところがはっきりしない。だから、雁がそんなに物凄く高いところをいつも飛ぶものかどうか、私にはわからない。だから、——私はそうして浅草の盛り場の近くの部屋から偶然見た雁の姿に、ほう雁だというのと、なんてまあ魂消たところにといった二重の強い印象を与えられた。何か今は忘れた、——今は私のところから去って行った昔の懐しい夢のようなものに、ふと邂逅することができたみたいな、胸のキュッとなる想いであった。——夢が遠くの空を飛んで行く。手のとどかない、捉えられない高さ。夢は、すげなく見る見る去って行く。

私は机の上に乗り出して、雁の飛び去るのを眼で追った。しまいに私は机から離れて、窓辺に立った。雁は隅田川の上流の方へ飛んで行った。ながいこと、私は窓際に突き立っていた。

——秋も、はや終ろうとしている。

【选文注释】

①本段引自《在什么样的星辰下》第一章开头部分，描述了主人公仓桥所租的浅草低档公寓的环境以及他凝望飞翔在混浊、阴霾天空中大雁时的心境。当时，日本的革命处于低潮，政治局势就像阴沉、混浊的天空，看到南飞的大雁，仓桥似乎重新见到了自己过去的理想，既感到亲切又觉得可望而不可即。这段引文形象、细致地把一个不愿屈服时代重压又深感失望、孤独的知识分子心理呈现在读者面前。开头一节高山樗牛的话点明了本作品的主题。作者擅长运用巧妙的说话技巧和大谈特谈的饶舌文体叙述，这一特点，通过引文也可略知一二。

②けむ：表示推量的文语助动词，上接用言连用形。

③こがるる：文语下二段动词“焦がる”的连体形，意为“烤焦”“思慕之极”。

④べし：表示当然、推测。可能的文语助动词，连用形为“べく”，连体形为“べき”，终止形为“べし”。

⑤笑いはせぬか：相当于“笑いはしないか”。“か”是表示自问、感叹之意的终助词。

【作者简介】

高見順(たかみじゅん)(1907—1965)生于福井县。原名高间芳雄。毕业于东京大学英语专业。青年时代受到达达派、无政府主义和马克思主义的影响,参加过日本无产阶级作家同盟,发表过小说和评论。1933年被捕后放弃信仰,出狱后与涉川骁等人创办《日历》杂志,并用独特的饶舌文体写出反映"转向者"苦恼和颓废心境的名作《故旧忘得》。代表作还有《树木派》《激流》《讨厌的感觉》和许多优秀的诗歌和随笔。

58 菜穗子/菜穗子（なおこ）

堀辰雄

【作品梗概】

毕业于私立大学、在银座事务所工作的都筑明数年之后又见到了菜穗子，她正与矮个子丈夫并肩行走着，“显得特别憔悴”。都筑明和菜德子在信州的某村度过了美好的少年时光，当时，他们一个是“本能地追求梦幻的少年”，另一个是“与之相反正欲从梦境中醒来的少女”。三年前，菜穗子为了从“当时九死一生的劫难中逃脱出来”，嫁给了一个比她年长十多岁的公司职员黑川圭介并和婆婆一起过着平凡的生活。不知内情的朋友们都不理解菜穗子为什么要选择这样一个平庸的男人做终身伴侣。不久，母亲去世了，菜穗子越来越对庸俗、冷冰冰的家庭生活感到绝望。都筑明就是在这时遇见她的。后来，菜穗子患了肺病，住进了高原疗养所，她在极端的孤独之中竟然奇妙地有所觉醒，奇迹般地在精神和肉体上重新感受到了生的愉快。菜穗子的丈夫担心她即将病故，冒着暴风雨前来探望。正要外出漫游的都筑明也失魂落魄地来到菜穗子的病房，一开始菜穗子对突然出现的都筑明还抱有戒心，后来，她看到猛烈咳嗽着离去的都筑明，才对自己的怀疑感到悔恨，菜穗子感到了都筑明的一番真情，说话不由变得温和了。之后，一种求生的苦恼促使菜穗子下决心在大雪天离开疗养院跑回东京，她来到银座的咖啡店里，在心中描绘着丈夫见到此时自己的表情，她感到，不可能向大吃一惊的丈夫说清自己跑回来的动机。这天晚上，她听从丈夫的吩咐，独自一人住在麻布的小饭店里。丈夫走后，菜穗子隔着玻璃窗望着雪景，她觉得："老是停留在一个位置上很难触及的人生的某些横断面会时隐时现地出现在自己的面前，并向自己毫无保留地展示着新的人生道路。"

【作品鉴赏】

中篇小说《菜穗子》发表于1941年3月号的《中央公论》杂志上，同年由创元社出版单行本。据说作者创作这部中篇小说经过几次反复的构思，前后大约孕育七年写就，可谓一部呕心沥血之作。

作家中村真一郎认为，本作品是"崛辰雄文学的总决算"。作者想用一贯追求的生、死、爱的主题，通过菜穗子这个人物，把小说写成一部"真正的长篇"，本作品的素材、构思、表达方法和语言风格都体现了作者创作的个性。主人公菜穗子虽然在家庭、婚姻、恋爱、健康诸方面遭到不幸，但是，她就像作者在《风雪黄昏》和《旷野》里塑造的女主人公们一样，在人生的道路上不是一种被动消极，而是具有反抗自我、向往积极生活精神的主动性人物，作者既写了菜穗子和都筑明的苦闷，又写了他们在生与死的搏斗以及与家庭、社会冲突中的积极追求，因此，可以把本小说看作是一部作者探索新的自我可能性的作品。小说没有什么精彩的情节，即便是重要的菜穗子结婚的经过，写得也不怎么吸引人，不过，由于受到新心理主义影响的作者擅长运用精致、纤细、确切的笔触去描写具有不合情理、不确切和复杂性的活生生的人物形象，因此，整部作品洋溢着平静、哀愁、悲凉、清澄的诗意，人物形象美好。作品中的主要人物菜穗子和都筑明的原型被有些日本文艺评论家论证为和田芳惠和立原道造，但也有人认为最好不要把作品中的两个人物认为是根据原型写出来的。

当年10月，东条英机内阁成立。日本开始陷入太平洋战争泥潭的年月，作者写出这部作品是不容易的。正如吉田精一所指出的那样："他所走过的道路是依靠理智和感性的巧妙统一和细致的心理分析方法，就是说以心理传奇为主题，深入到平静、普通的生活中，在那儿发现'生命'的新意义。他和周围装模作样的气氛对抗，喜爱匀称和有条不紊，保持自己古典诗人的作风。"

选　文①

冬空を過った一つの鳥かげのように、自分の前をちらりと通りすぎただけでそのまま消え去るかと見えた一人の旅びと、…その不安そうな姿が時の立つにつれていよいよ深くなる痕跡を菜穂子の上に印したのだった。その日、明が帰って行った後、彼女はいつまでも何かわけのわからない一種の後悔に似たものばかり感じ続けていた。最初、それは何か明に対して或感情を佯っているかのような漠然とした感じに過ぎなかった。彼が自分の前にいる間じゅう、彼女は相手に対してとも自分自身に対してともつかず始終苛ら立っていた。彼女は、昔、少年の頃の相手が彼女によくそうしたように、今も自分の痕を彼女の心にぎゅうぎゅう捺しつけようとしているような気がされて、そのために苛ら苛らしていたばかりではなかった。——それ以上にそれが彼女を困惑させていた。云って見れば、それが現在の彼女の、不為合せなりに、先ず落ち着くところに落ち着いているような日々を脅かそうとしているのが漠然と感ぜられ出していたのだ。彼女よりももっと痛めつけられている身体でもって、傷ついた翼でもっともっと翔けようとしている鳥のように、自分の生を最後まで試みようとしている、以前の彼女だったら眉をひそめただけであったかも知れないような相手の明が、その再会の間、しばしば彼女の現在の絶望に近い生き方以上に真摯であるように感ぜられながら、その感じをどうしても相手の目の前では相手にどころか自分自身にさえはっきり肯定しようとはしなかったのだった。（略）

現在をいえば、為合せなんぞと云うものからは遥かに遠く、とは云え此の世の誰よりも不為合せだと云うほどのことでもない②。只、こんな孤独の奥で、一種の心の落ち着きに近いものは得ているものの、それとてこうして陰惨な冬の日々にも堪えていなければならない山の生活の無聊に比べればどんなに報いの少ないものか。殊に明があんなに前途に不安そうな様子をしながら、しかもなお自分の生のぎりぎりのところまで行って自分の夢の限界を突き止めて来ようとしているような真摯さの前では、どんなに自分のいまの生活はごまかしの多いものであるか。それでも自分はまだこの先の日々に何か恃む③ものがあるように自分を説き伏せて此の儘こうした無為の日々を過していなければならないのか。それとも本当に其処に何か自分をよみ返らして呉れるようなものがあるのであろうか。…

【选文注释】

①本段引自《菜穗子》"十八",叙述都筑明去疗养院探望菜穗子后她的心理活动。都筑明来时只是以不安的神色向菜穗子施了礼,请她多保重,没说更多的话,但是情真意切,而一开始抱有戒心的菜穗子直到这时才真切地体味到悔恨。引文细腻地反映了她苦闷和不甘寂寞的心境,这里还能看到受到本世纪法国作家普鲁斯特等人影响的作者是如何运用新心理主义手法、用富有近代理智和感性的清新文笔来描写人物心理的。

②…ことでもない:这句话意味着"生命重于命运",这是作者创作的《风雪黄昏》《神圣家族》及本作品中一脉相承的主题。

③恃む:依靠、寄托。同"頼む"。

【作者简介】

堀辰雄(1904—1953)东京人。毕业于东京大学,在校期间与中野重治等人一起创办《驴》杂志,爱好并翻译法国现代文学作品,曾就教于芥川龙之介。1930年发表成名作《神圣家族》,以后又连续发表《美丽的村庄》《风雪黄昏》《蜉蝣日记》《旷野》《起风了》等佳作。因作者从少年时代起就染上肺结核,因此作品大多反映主人公凝视生死以及灵魂深处的搏斗情况。战后长期卧于病榻直至去世。

59 缩影/縮図

德田秋声

【作品梗概】

均平出身于一个儒者之家，在明治中期进步的时代潮流中觉醒。从学校毕业后，一直想摆脱束缚自己成长的环境和命运。他先后做过地方官吏、新闻记者、公司职员，对人生有所领悟，同时，也在岁月之中渐渐磨平了棱角。他是董事三村家的养子，对三村家的做法却很反感。妻子死后，他把两个长大的孩子均一和加世子留在三村家，自己和在白山开艺伎馆的银子同居。

银子的父亲是开鞋店的，她从小就学会了做鞋的技术，帮助家里挣钱维持生计。后来，父亲受伤，鞋店难以维持，一家人的生活靠银子一个人终于支撑不下去的时候，她只能到千叶莲池去当了一名艺伎，在那儿，银子爱上了当医生的栗栖，由于和雇主发生纠纷，她没能同栗栖结婚又回到了东京。为了让父亲借到钱开店，银子又被卖到东北I町的艺伎馆，结识了当地的富豪仓持真吾。银子不愿做妾，又迁至芳町。这时银子已经是30岁的女人了。虽然人生道路坎坷不平，但银子热爱生活，一直梦想建立一个真正的家庭，她和均平同居后，生活仍不安定，只能重操旧业。不久，她的面前又出现了两个男性，一个是年轻的股东若林，另一个是点心公司的经理永漱。银子在犹豫选择谁为终身伴侣的时候，患了急性肺炎，差一点儿毙命。九死一生的银子重新开始工作，可是，她的面前，又出现了一个叫漱川的男人。（小说到此中断）

【作品鉴赏】

长篇小说《缩影》从1941年6月至9月在《都新闻》上连载八十次，1946年7月由小山书店出版单行本。作品发表后获得好评，当时正是日本法西斯军国主义横行的年代，他们对外扩张侵略，图谋发动太平洋战争，对内加强文化统治，镇压具有民主主义思想的文化人士。作者应报刊编辑之邀，执笔写了这部小说。作者曾说："因为要我写的东西是和买卖意识无关的纯艺术的东西，所以我有点感动，想在时代准许的范围内自由地写作。"可是，小说写到八十二回，在报上发表了八十回后就中断了，原因是受到了政府情报局的干预。作者认为：倘若妥协，作品就写不好。我不能突然改变立场，所以，现在就毫不留恋地停笔。因此，这是一部作者尚未写完的最后之作，两年后，作者怀着对国家将来的担忧和对下一代的希望离开了人世。

本作品用交替叙述现在和回忆过去的二线平行的手法描写了银子悲哀的生活和命运。为了父亲和众多的家庭成员的生活，她不惜牺牲自己，沦落风尘，但是她又热爱生活，憧憬未来，充分体现了作者"心灵的温情"。虽然作者创作时并不想人为地赋予作品什么思想或揭露什么问题，但是，客观上作品还是反映了当时日本中下层人民的生活实态，并根据直观巧妙地写出了复杂的人生。作品的风格质朴、剔透，描写纤细、生动，体现了老作家的文字功力。这部成功老练的作品被公认为作者创作中最优秀的作品。广津和郎说，在这个人生的"缩影"上充满着的慈爱的微笑，朦胧、柔美地笼罩了这部作品，显示了自然主义文学的庄严。川端康成也赞扬说："人生或人是艺术，同时也是作者本身。作品是以上三者融为一体的稀有的一例。"不过，这部作品也存在着自然主义文学的通病，即只写现象，缺少人物对立的矛盾冲突，故事性和思想性都不够强。

选文[1]

銀子(ぎんこ)が若(わか)かったころの自分(じぶん)の姿(すがた)を振(ふ)り返(かえ)り、その時々(ときどき)の環境(かんきょう)

やら出来事やらの連絡を辿り、過去がだんだんはっきりした形で見えるようになったのは、ついこのごろのことで、目にみえぬ年波が一年一年若さを奪って行くことにも気づくのであった。

「今のうちだよ。四十になると若い燕か何かでなくちゃ[2]、相手は見つからん[3]からね。」

均平は銀子を憫れみ、しばしば自分が独りになる時のことを考え、孤独に堪え得るかどうかを、自身に検討してみるのだったが、それは老年の僻みに見えるだけで、彼女には新しい男性を考えることもすでに億劫になっていた[4]。貞操を弄ばれがちな、この社会の女に特有な男性への嫌悪や反抗も彼女には強く、性格がしばしば男の子のように見えるのだった。

「みんなどうして、あんなに色っぽくできるのかと思うわ。」

「恋愛したことはあるだろう。」

「そうね、商売に出たてにはそんなこともあったようだわ。あんな時分は訳もわからず、ぼーっとしているから、他哩のないものなのよ。先だって若いから、恋愛ともいえないような淡いものなの。」

銀子にもそんな思い出の一つや二つはあったが、彼女が出たての蕾のような清純さを冒された悔恨は、今になっても拭いきれぬ痕を残しているのであった。

父[5]が何にも知らず、行き当りばったりに飛び込んで行った浅草の桂庵につれられて、二度目の目見えで、やっと契約を結んだ家は、そうした人生の一歩を踏み出そうとする彼女にとって、あまり好ましいものではなかった。

彼女は隣りの材木屋の娘などがしていたように、踊りの稽古に通っていたが、遊芸が好きとは行かず、男の子のような悪さ遊びに耽りがちであった。そこは今の江東橋、そのころの柳原で、日露戦争後の好景気で、田舎から出て来て方々転々した果てに、一家はそこに落ち着き、小僧と職人四五人をつかって、靴屋をしていたのだったが、銀子が尋常を出る時分には、すでに寂れていた。ちょうど千葉街道に通じたところで水の流れがあり、上潮の時は青い水が漫々と差して来た。伝馬[6]や筏、水上警察の舟などが絶えず往き来していた。伝馬は米、砂糖、肥料、小倉石油などを積んで、両国からと江戸川からと入って来るのだった。舟にモータアもなく陸にトラックといったものもまだなかった。

【选文注释】

①本段引自《缩影》第四章“素描”之“三”，叙述从小为家庭挑重担，在悲哀的生活中苦斗的银子看到自己一年年见老，不由回想起往事。银子为了家庭，牺牲自己，沦落风尘后也开始感受到异性的爱情，然而，那时由于年幼，并不懂得珍惜，引文通过银子的感叹和回忆，表现了她怀念少女时代的纯洁、热爱生活的真切情感以及作者对人生的直观态度和质朴、细腻的文风。

②ちゃ：相当于“ては”，表示假定顺接条件，后项往往是消极或否定的。

③見つからん：即“見つからない”。“ん”是表示否定的助动词。

④億劫になる：嫌麻烦，懒得……

⑤父：银子的父亲原是赌徒，后来洗手不干开了鞋店。

⑥伝馬：传马船，即运货物的大舢板或划子。

【作者简介】

德田秋声(1872—1943)生于金泽市。是江户诸侯家臣的后代。父亲死后从旧制第四高等学校退学，1895 年入博文馆工作。拜尾崎红叶为师学写小说，是尾崎门下“四大天王”之一，自然主义文学的代表作家。从明治时代末期至大正时代先后发表过《足迹》《霉》《糜烂》《强暴》等作品。这些作品大多用浓缩的方法反映女性追求私利和爱情的生活，写得消极、简洁，细节描写细致。昭和时代又写了《镇上的舞场》《假面人物》和《追求光明》等佳作。

60 细雪/細雪（ささめゆき）

谷崎润一郎

【作品梗概】

大阪船场地区的豪商莳冈家的鼎盛期终于大正时代，父母双亡后，家里留下四个女儿。大女儿鹤子招婿入赘，继承本家，女婿辰雄不善经商，把生意店铺转让他人，自己仍当银行职员。二女儿幸子嫁给商业大学毕业的会计师辰之助，分家另居在芦屋。三女儿雪子和小女儿妙子讨厌辰雄的刻板，多半住在芦屋二姐家。雪子腼腆老实，但个性很强，几次相亲均未成功，一晃已到30岁。妙子多才多艺，活泼有主见，20岁时就和奥畑启私奔，引起轰动，她现在芦屋附近租了公寓，靠制作人偶、裁剪缝纫独立生活。这时，神户美容院的井谷又来给雪子提亲，对方是化妆品公司的职员，但是，由于雪子家后来知道其母是精神病患者，所以这门亲事又告吹了。

不久，辰雄因工作需要调往东京，妙子借口要做人偶仍然留在芦屋，而雪子只得随大姐迁往东京。幸子夫妇可怜雪子，常常以相亲和舞蹈表演会等事由把雪子叫来芦屋住上一两个月。虽说其间又相亲了两三次，但都没有成功。这一年，阪神地区遭到台风袭击，照相馆的板仓拼死救出妙子，使她幸免于难。与纨绔子弟奥畑相比，妙子很快爱上了纯朴的板仓，并不顾压力，明确表示要与社会地位低下的板仓结婚，但是，板仓因中耳炎手术失败死亡。妙子的事固然让幸子操心，但更令人可怜的是雪子。井谷再次为雪子提亲，男方叫御牧实，出身子爵家庭，在美国修完工学学业。幸子带着两个妹妹去东京，一则为去美国的井谷送行，二则为雪子相亲。这次，亲事谈得很顺利。就在这时，妙子告诉二姐自己已经怀孕，男方是酒吧男招待三好。板仓死后，妙子虽然在奥畑金钱的利诱下一度与之交往甚密，但是，为了追求真正的爱情和幸福，她最终选定三好，并大胆地采用一箭双雕的办法，既让家庭承认她的婚姻，又使纠缠她的奥畑不得不与她分手。雪子的亲事终于谈成了，决定在4月29日举行婚礼。幸子一家和雪子去京都赏花的第二天，妙子产下了一个死女婴。随着雪子婚期临近，幸子感到了寂寞和悲哀，因为一家人的命运竟然一下子都确定了。雪子看到为她准备的奢华嫁妆，一点儿也高兴不起来，不知怎么，她开始腹泻，直到上火车出嫁时还在持续。

【作品鉴赏】

长篇小说《细雪》最早发表于1943年1月、3月的《中央公论》杂志，后被禁止发行，至1944年7月自费出版了上卷，战后于1946年至1947年间连载于《妇女公论》杂志，1947年由中央公论社出版单行本。小说出版后引起很大反响，至今深受日本读者欢迎。

作者完成了日本古典名作《源氏物语》的翻译之后，怀着对日本传统文化和风俗人情的浓厚兴趣开始创作《细雪》，据说与作者再婚的松子夫人是作品中幸子的原型。本作品在艺术上表现出的哀婉、暗示、余韵、典雅，结构上像画卷般连锁式的事件、会话、插曲的特色以及关西阪神地区的文化、习俗、人情、季节感等浓郁的地方色彩，无不体现出《源氏物语》的影响和作者的唯美情趣。

作品没有明显的政治倾向，作者通过没落商家四姐妹的家庭婚姻生活，客观上反映了侵略战争给人民生活带来的影响，作者借作品中人物之口，多次对战争表示不满，小说舞台上这些生活相对比较优裕的中上层资产阶级尚且如此，生活在社会底层的劳动人民生活更是可想而知。本作品在曲折地反映人民遭受灾难和厌战情绪的同时，也表现了他们受到法西斯主义毒害、盲目崇拜法西斯头目的一面。

《细雪》把莳冈家四姐妹的形象塑造得栩栩如生，呼之欲出，作者细腻地刻画了大姐鹤子的老练成熟，幸子的善良高尚、优柔寡断，雪子的娴静清冷、羞涩内向，妙子的热情活泼、大胆泼辣。其中雪子和妙子的形象写得尤为饱满：一个是日本传统式的妇女形象，一个是现代女性的典型。雪子是20世纪30年代的中流社会妇女的代表，她在终身大事上既不愿"忍从美德"，俯首听命于兄长，又不能不把命运寄托在未来丈夫的身上，从属男子，这是因为她没有独立的经济地位和自立技能，而妙子则与之相反，具有强烈的叛逆性格，她蔑视和嘲笑世俗偏见，完全摆脱了门第、财产、地位的羁绊，独立、自由地与能使她得到幸福的下层男子结合，她所追求的是一个充实、和谐的普通家庭生活。这两个人物具有一定的现实意义。除此之外，先后与雪子相亲的六个男子和闯入妙子爱情生活的三个男子的性格也各不相同，真实可信，体现了老大家的艺术造诣。除了少数作家指责这是一部"缓慢单调"、对资产阶级家庭进行毫无意义的悠闲描写的作品之外，大多数评论家认为《细雪》不仅是作者创作中的一座高峰，也是近代日本小说中一部出色的、占有特殊地位的杰作。

选 文[1]

幸子は、そんな工合に急にここへ来て人々の運命が定まり、もう近々にこの家の中が淋しくなることを考えると、娘を嫁にやる母の心もこうではないかという気がして、ややもすると感慨に沈みがちであったが、雪子はひとしお、貞之助夫婦に連れられて二十六日の夜行で上京することに極まってからは、その日その日の過ぎて行くのが悲しまれた。それにどうしたことなのか数日前から腹工合が悪く、毎日五六回も下痢するので、ワカマツやアルミリン錠[2]を飲んでみたが、あまり利きぬが現れず、下痢が止まらないうちに二十六日が来てしまった。と、その日の朝に間に合うように、大阪の岡米に誂えておいた鬘が出来て来たので、彼女はちょっと合わせてみてそのまま床の間に飾っておいたが、学校から帰って来た悦子[3]がたちまちそれを見付け、姉ちゃんの頭は小さいなあと云いながら被って、わざわざ台所へ見せに行ったりして女中たちをおかしがらせた。小槌屋に生立てを頼んでおいた色直しの衣装も、同じ日に出来て届けられたが、雪子はそんなものを見ても、これが婚礼の衣装でなかったら、と、呟きたくなるのであった。そういえば、昔幸子が貞之助に嫁ぐ時にも、ちっとも楽しそうな様子なんかせず、妹たちに聞かれても、嬉しいことも何ともないと云って、きょうもまた衣えらびに日は暮れぬ嫁ぎゆく身のそぞろ悲しき④、という歌を書いて示したことがあったのを、はからずも思い浮かべていたが、下痢はとうとうその日も止まらず、汽車に乗ってからもまだ続いていた。

【选文注释】

①本节引自《细雪》下卷“三十七”，是作品的结尾，叙述了雪子婚期临近时幸子和雪子的心情。在女校英语专业受过西方文化教育的雪子在婚姻问题上屡遭挫折，是因为她不愿安于忍让顺从男子的命运，但是又无法摆脱社会地位和门第观念的束缚，最终还是逃脱不了依附、从属丈夫的命运，从这个意义上说，雪子的婚姻观是陈旧的，她和御牧结合的基础并非爱情，而是门第、地位和财产，这就难怪引文中雪子虽然临近佳期却高兴不起来，此刻她也许会想到自己今后是否真能得到幸福。作者不直接写她婚后的情况，而是以乘坐列车去结婚的雪子闹肚子结尾，显得含蓄、意味深长。

②ワカマツやアルミリン錠：用于止泻的松树嫩叶汤和阿鲁希林片。

③悦子：幸子的女儿。

④きょうも…そぞろ悲しき：和歌，意为“今日又择新婚衣，黄昏独哀临嫁身”。“そぞろ”是不由、不禁的意思。

【作者简介】

谷崎潤一郎(1886—1965)至昭和时期，作者的创作倾向从西方式强烈崇拜女性转向日本式的古典美，这段时期被文坛称作“回归日本时代”。晚年又写了不少反映老人精神境界的作品，其中一些具有严重的颓废意识，描绘老人的变态性欲。后期主要作品还有《少将滋干之母》《钥匙》《疯癫老人日记》《阴翳礼赞》《倚松庵随笔》《饶舌录》等。作品在艺术上构思严整，显得宽阔醇厚，语汇丰富。1949 年获得“文化勋章”。（作者介绍请参看《春琴传》《文身》）

61 李陵/李陵

中岛敦

【作品梗概】

汉代武将李陵系飞将军李广之孙，血气方刚、直率骁勇。为了抵御北方匈奴军的侵略，李陵对汉武帝进言，愿领少数军兵去北疆拒敌。天汉二年（公元前99年）李陵率步兵五千，在北疆的朔风之中奋勇作战，抗击十万精悍的匈奴大军，终因寡不敌众，昏迷时被敌军俘虏。汉武帝闻此讯大怒，他身边的那些奸臣佞人趁机一齐对李陵竭尽诽谤之能事，唯有正在着手编纂《史记》的太史令司马迁据理为李陵辩护，一吐正义之词，为此冒犯了汉武帝，被处以残酷的阉割生殖器的宫刑。这一意外的打击和屈辱使司马迁气得发狂，痛不欲生，然而，撰写史书的崇高事业不允许他结束自己的生命。从此以后，司马迁忍辱负重，潜心写作《史记》。李陵被俘后受到匈奴胡王单于的厚待，并被劝降，李陵却在寻找杀死单于逃脱的机会，而汉武帝听到了李陵辅佐匈奴，为他们出谋划策的传闻，大怒之下杀了李陵全家。李陵得悉后义愤填膺，发誓不再返回汉朝。他娶了单于的女儿为妻，归降匈奴，当上了右校王，然而，他却不敢去与汉军作战。比李陵更早成为战俘的旧友苏武怀着对祖国的热爱和忠诚，坚贞不屈，被流放到北海边地牧羊，忍饥挨饿，生活困苦。面对苏武的崇高气节，李陵不仅无法劝其归降，而且深感惭愧和不安。后来，单于和武帝都死了，匈奴和汉朝化干戈为玉帛，缔结了友好关系，李陵和苏武都可以回国。李陵想到自己的处境，决定在匈奴国了此一生。十八年之后，苏武重回故国，临行前李陵设宴送友，他又唱又跳，潸然泪下。司马迁笃志不倦，兢兢业业，经过十余年的辛勤笔耕，终于完成了传世大作《史记》，此时他已处于虚脱状态，不久便与世长辞。

【作品鉴赏】

中篇小说《李陵》1943 年 7 月发表于《文学界》杂志，1946 年 2 月由小山书店出版单行本。因作者在 1942 年 12 月去世，《李陵》是篇尚未定稿的无题遗稿，发表时由深田久弥命题。

《李陵》中写了三个主要人物——李陵、苏武、司马迁，作者依据史实，写出了三个人物的不同性格以及他们之间的友情、关系及结局。作品中的司马迁在身受酷刑、孤独、悲观的境遇中靠理智摆脱了自我厌弃、重新鼓起生存勇气、坚定完成事业的信心；苏武身处逆境、饥餐露宿，十八九年如一日，宁折不屈，保全晚节；李陵则是一个向命运低头、为敌国效劳的变节者。作品中，作者将三人的不同遭遇和性格做了鲜明的对比，生动地反映了生活在动乱战争年代的人们的喜怒哀乐，明显暗示了在军国主义统治下日本知识分子的各种生活态度，严肃地提出了引人关注的问题。

作者从小受到祖父、父亲的熏陶，汉学知识极其丰富，造诣深厚，他的作品题材独特、格调高雅、精炼雄劲、文采斐然、饶有情趣，体现了文学的纯洁性，读来又十分感人。评论家中村光夫认为，中岛敦的优秀作品，不仅可以与人称鬼才的芥川龙之介的作品相媲美，而且有过之而无不及。

选文[1]

李陵の心はさすがに動揺した。ふたたび漢に戻れようと戻れまいと蘇武の偉大さに変わりはなく、したがって陵の心の笞たる[2]に変わりはないに違いないが、しかし、天はやっぱり見ていたのだという考えが李陵をいたく打った。見ていないようでいて、やっぱり天は見ている。彼は粛然として懼れた。今でも、己の過去をけっして非なりとは思わないけれども、なおここに蘇武という男があって、無理ではなかったはずの己の過去をも恥ずかしく思わせることを堂々とやってのけ、しかも、その跡が今や天下に顕彰されることになったという事実は、なんとしても李陵にはこたえた。胸をかきむしられるような女々しい己の気持が羨望ではないかと、李陵は極度に惧れた。

別れに臨んで李陵は友のために宴を張った。いいたいことは山ほどあった。しかし結局それは、胡に降ったときの己の志が那辺にあったかということ。その志を行なう前に故国の一族が戮せられて、もはや帰るに由なくなった事情とに尽きる。それを言えば愚痴になってしまう。彼は一言もそれについてはいわなかった。ただ、宴酣にして堪えかねて立上がり、舞いかつ歌うた。

径万里兮度沙漠
為君将兮奮匈奴
路窮絶兮矢刃摧
士衆滅兮名已隤老母已死
雖欲報恩将安帰

歌っているうちに、声が顫え涙が頬を伝わった。女々しいぞと自ら叱りながら、どうしようもなかった。

蘇武は十九年ぶりで祖国に帰って行った。

司馬遷はその後も孜々として書き続けた。

この世に生きることをやめた彼は書中の人物としてのみ活きていた。現実の生活ではふたたび開かれることのなくなった彼の口が、魯仲連[3]の舌端を借りてはじめて烈々と火を噴くのである。あるいは伍子胥[4]となって己が眼を抉らしめ、あるいは藺相如となって秦王を叱し、あるいは太子丹[5]となって泣いて荊軻を送った。楚の屈原の憂憤を叙して、そのまさに汨羅に身を投ぜんとして作るところの懐沙之賦を長々と引用したとき、司馬遷にはその賦がどうしても己自身の作品のごとき気がしてしかたがなかった。

稿を起こしてから十四年、腐刑の禍に遭ってから八年。都では巫蠱の獄⑥が起こり戻太子の悲劇が行なわれていたころ、父子相伝のこの著述がだいたい最初の構想どおりの通史がひととおりでき上がった。これに増補改刪推敲を加えているうちにまた数年がたった。史記百三十巻、五十二万六千五百字が完成したのは、すでに武帝の崩御に近いころであった。

【选文注释】

①本段引自《李陵》“三”的结尾处，叙述苏武回国前后李陵的心情及司马迁身受酷刑后潜心著书、完成伟业的情景。李陵的苦闷是由他的自尊心和羞耻心导致的，他的变节固然有着个中原委，而且时过境迁，人们不再追究，可是，在苏武面前他永远深感自惭，决定终身流落他乡；而司马迁则只能沉浸在历史的海洋中，借古喻今，奋笔疾书，伟业刚就便猝离人世。两人的悲惨结局无不象征着深受时代权势迫害的知识分子的命运，同时也提出了知识分子在个人能力难以违抗的重压面前应该选择何种道路的问题。

②心の笞たる：“笞”是古代的一种刑具。“たる”是文语助动词“たり”的残留现象，上接体言，意为“であるもの”。

③鲁仲連：战国时代齐国人，为当时一高风亮节的名士。

④伍子胥：春秋时代楚国人，因吴王听信谗言被逼自杀。

⑤太子丹：战国时代燕王的太子，曾暗杀秦王，失败后被生父杀死后献于秦王。

⑥巫蠱の獄：“巫蛊”是汉武帝晚年时流行的一种妖术。当时奸臣江充谋害太子，太子自卫杀死江充，后被迫自杀。待武帝知道太子无辜时只得悲叹。“戾太子”即指不幸的皇太子。

【作者简介】

中島敦（1909—1942）生于东京。祖父是汉学家中岛抚山，父亲是中学的汉语教师。毕业于东京大学国文专业，曾在横滨高等女校任教八年。年轻时爱读卡夫卡和庄子作品。1941 年以南洋厅国语教科书编辑书记的身份到帕劳群岛任职，翌年 3 月回国。因哮喘病发作，辞去工作，之后一直与病魔搏斗，先后发表了三年前起写作的《古谭》(《山月记》和《文字祸》)、《光、风、梦》《悟净出世》。这一年 10 月完成《李陵》，去世后发表。12 月去世，年仅 33 岁。

62 在圣约翰医院/聖ヨハネ病院にて

上林晓

【作品梗概】

主人公“我”住进了名为“圣约翰”的精神病院，为的是照料病妻武智德子。妻子发病已有九年，终于受到了死的宣判。“我”所见到的分居七年的德子已经是面孔浮肿、双目失明、身体极度衰弱。“我”想在妻子为时不多的余生中，朝朝暮暮地陪伴她，尽量对她好一些。在第二次世界大战刚刚结束不久的物资极其匮乏的年代，对每天仅有的一点山芋、萝卜、半只苹果等食物，精神失常的妻子和作为看护者的“我”有时分食，有时争夺。有一次，妻子因为饥饿，半夜里“偷”吃了“我”从家里带来的第二天的口粮山芋，引起了夫妻间的争吵。又有一次，妻子用污秽物污染了厕所，“我”只得极不情愿地去打扫。“我”自己也呈现出营养不良的状况，在看护中去捡橡子，也被人当作精神病患者看待。每天往返家庭与医院的生活使“我”身心疲惫，不由滋生出离开病妻过一阵的念头，也曾对任性的病妻发过火。然而，一想到曾经将食物分给自己吃、在一片看不到光明的黑暗中宛如童女般对“我”无限依赖的妻子，“我”就开始责备自己，决心把与妻子在一起的所剩无几的时光当作“夫妻生活的最后余光”来美好地度过。在圣约翰医院举行十周年弥撒之际，一瞬间，“我”感受到一种宗教式的陶醉，觉得“自己应比任何基督教徒做得更基督教”，要为病妻尽心尽力，从吃到排便，无微不至地照顾。几天后，“我”因营养不良而无法坚持看护，于是让妻子坐上手推车，将她转到多摩川附近有看护设备的医院去。

【作品鉴赏】

本短篇小说于1946年5月在《人间》杂志上发表,同年9月收录于樱井书店出版的《晚春日记》集中。

作家上林晓是一位在日常生活中追求艺术的作家,在《安居之家》出版后,他建立了自己作为私小说作家的地位,自1942年起,非常勤奋的他几乎每年出版一本单行本。二战结束前后的数年间,妻子发病、住院、出院、去世、孩子疏散外地、自己营养失调,作家经历了许多的磨难:他创作的《病妻》写了发疯的妻子住院、出院、因无食物成为饿鬼的经历,在这一系列的创作中,本作品成为最受欢迎并得到高度评价的名作。

在本作品中,作家写道:"任何生活,总有高潮",这部作品也可以说是作者一系列"病妻故事"中的高潮。主人公带着一种任何时候都会发生难以预料的事的准备,全心全意地呵护病妻,因为她是精神失常的女人,所以常常做出不合常理的举动,夫妇间最终会爆发争吵,然而,平息后,主人公立即反省自己缺少同情心,去主动和解。日常生活中的这种喜怒哀乐的感情起伏得到了极为出色的纤细描写。此外,当时地狱般的近亲相克的世态、医院的风景和情趣也写得栩栩如生。生活在阴郁的时代、加上对妻子死期临近的感知,主人公的心绪理应不佳,但是,读者并不会感到消极,反而为主人公慰藉病妻的最后人生的努力而感动。作品后部写做弥撒的场面颇为精彩,主人公突然间得到启示给整篇作品带来了紧张感,与日常医院生活的闲散相比,十分融洽。主人公对病妻的照料如同"一切为了上帝"一样,灵魂得到了净化。

本作品发表的第二天,作家的妻子与世长辞。作者在前一个创作集的后记中曾写道:"可以说正因为有了这位妻子,我的文学精神才得以支撑并保持。"描写夫妇恩爱的小说,在日本近代文学中并不多见,写到如此纯粹地步的则更少。本作品不仅是作家本人的代表作,也是日本私小说中最有代表性的作品。

选文[①]

病院を囲む生垣に沿って右に折れると、片側には、大根畑を縁取って茶の株が列んでいた。茶の木は蕾をつけていたが、まだ固かった。先には、赤松の聳えた林があった。百舌鳥が鳴いていた。今はもう怒りを忘れ、唯しんしんと湧く悲しみを抱いて、僕は小径を歩いていた。[②]病気の妻に向かって、無慈悲な言葉を浴びせたのが悔やまれた。病室に一人取り残された妻の心を思い遣った。病院へ来たら、やさしくしてやろう、美しい生活を始めようと意図しておきながら、それを我と我が足で踏みにじった自分自身に腹が立った。そうかと思うと、急に現実に立ち返って、そうだ、明日からは弁当箱を持ってくるのは止そう、米を炒って、袋に入れて、ポケットに入れて来れば、妻に気取られずに済むにちがいない、罪は自分の不注意にあったと、自分自身に言い聞かすのであった。

林の下草は秋枯れて、それに交って薊の花が咲いていた。小径の先には、野川を溢れた出水が芋畑を浸して光っていた。僕は、軽く勾配をなした小径を水際まで降って、暫くそこにぼんやり立って、林の影を映して、緩く動く水の面を眺めていた。

そうして僕は、考えるともなく、妻が一本の牛乳を分けてくれたことや、二かけの栗の実を取っておいてくれたことなどを思い出していた。それからまた、ある朝菜っ葉の浮いた一杯のおつゆを半分分けてくれたことを思い出した。牛乳を分けてくれた時と同じに、その時も、菜っ葉は僕の方に来てしまって、自分の椀には汁の実は残っていなかったが、妻は委細構わなかった。それからまた、おひるに出た薩摩芋を分けてくれたこともあった。丸太の芋が四つだったが、どうしても分けてくれると言うので、そんなら一番小さいのを一つ呉れと言ったら、無理矢理二つ握らせねば承知しなかった。それこれ思うと、自分の妻ながら、きれいな心に僕は洗われるようであった。自分だったら、とてもそんなことは出来そうに思えなかった。僕は、自分の所行を恥じた。僕は自嘲的な舌打ちをしながら、水の上にペッペッと唾を吐き飛ばした。

【选文注释】

①作家"我"的妻子患精神病住进了圣约翰医院，因为失明、身体衰弱、行动不便，"我"也住进她的病房照料。一天早晨，我打开从家里带来的装有山芋的饭盒，一看里面已空空如也。是"我"睡着时，饥肠辘辘的妻子吃光了山芋。当时正值日本战败后粮食奇缺的年代，搞到一点充饥的食粮是何等的困难。围绕食物的问题，"我"指责了妻子，又因为对病妻的指责感到"情绪低落"和"绝望"，便从医院的后门跑到外面。引用文即上述场面的持续。

②主人公对妻子指责后立刻后悔，他想到了妻子以往对自己的情感，感到羞愧。作者的笔法纤细，感情真挚，略带伤感的笔调整体明快、通达明朗，体现了作家的功力。

【作者简介】

上林晓(1902—1980)小说家。原名德广岩城。毕业于东京大学英语专业，曾在改造社工作七年，创办过同人杂志《风车》。1931年起从事文学创作，翌年发表《盗蔷薇人》一书后引起文坛关注。作为日本私小说的代表作家，其创作具有正统、稳重的独特风格和乐观主义的情趣，擅长描写自然和身边琐事，富有抒情味。其主要作品还有《二闲人交游图》(1941)、《春坂》(1957)、《白色的屋形船》(1963)、《讽咏诗人》(1963)等。作品先后获得过"读卖文学奖"和"川端康成文学奖"。

上林晓的文学创作虽然硕果累累，但五十年的创作生涯却饱含艰辛。妻子病故后，他曾两次脑溢血发作，60年代后僵卧病榻，生活靠未出嫁的妹妹德广睦子照料。然而直到1980年病逝为止，他一刻也没忘记写作。他言语不清，没有口述的能力，用唯一还有一点知觉的左手握着4B铅笔，一字一字断断续续地写。他妹妹说："哥哥一天也不间断地写着，一部作品从开头到结尾，中途决不罢手休息。他的头脑中只有文学，因此，他写作时的形象是充满活力的。"

63 白痴/白痴（はくち）

坂口安吾

【作品梗概】

20岁的大学毕业生伊泽在深巷的一家小屋里借宿。“这座房子里住着人、猪、狗、鸡和鸭，各自的住处和食物几乎没有什么两样”，人也尽是些禽兽般的人。其中有一家邻居，男的是疯子，妻子是长着瓜子脸、容貌美丽的白痴，疯子去四国朝山拜佛时把她当纪念品带回家来。伊泽毕业后当过记者，接着又当见习导演，然而他所在的公司拍的尽是些“土豆的作法”“本土决战”等愚不可及的影片。他深感自己当记者和纪录片导演是“下流行业中的下流行业”，所知道的只有时代的流行物，根本谈不上追求自我、发挥个性或搞什么独创。他靠每月微薄的工资，抽着配给的纸烟，除了空袭警报带来的一点紧张感之外，每天都在无聊地混日子。一天晚上，伊泽回家发现那个白痴女人在他屋里，觉得把受了欺侮的她赶出去有些可怜，于是就大胆地悄悄留下了这个只有肉体、没有灵魂的白痴女人，与她同居了。伊泽憧憬艺术，但是，部长的吼叫深深地印在他心里：“在这怒涛滚滚的时代，美算得了什么？艺术是软弱无力的！”他现在已经被二百日元的月薪束缚了精神和灵魂，他可怜自己对于低贱的生活泰然自若。而白痴女人呢，除了感觉之外什么烦恼也没有，因而，伊泽感到双倍的孤独，他觉得自己的意识已经崩溃。在4月15日大空袭后的火海中，伊泽带着白痴女人逃离险区，她不时跳到河水中浸湿自己的身体，伊泽首次发现这个白痴是个有着个人意志的“人”，并为此而感动。可是，他们逃到一片杂树林中后，她又像死猪一样昏睡过去，她又不是一个“人”了，只是一块没有灵魂的肉团。伊泽没有扔掉她的勇气，因为自己“对生活，对明天都没有希望”。

【作品鉴赏】

《白痴》发表在1946年6月的《新潮》杂志上，次年5月，由中央公论社出版题为《白痴》的作品集。这是一篇将作者论著《堕落论》小说化的观念性作品。主人公伊泽相信自己独立的个性，并希望有发挥的天地。他一方面承认自己是一个卑小的人物，一方面又厌恶“卑小的生活”，期待着充满生机的人生，在一种深深的孤独之中，他无法安居乐业，他和白痴女人一起生活时曾想过：对我来说，这种白痴的心、幼稚而纯朴的心比什么都重要。我却不知道把它遗忘在什么地方，我的心在烦恼的普通人的思考中变得肮脏，因追逐虚妄的影子而疲惫不堪”。在这儿，我们可以看到作者对当时所谓现代的合理精神的批判和期望恢复人类真正的纯洁灵魂的愿望。小说最后在杂树林中，晨光照射在伊泽和白痴的背上，伊泽感到这是完全不同于昨天的阳光，但是“这个早晨太冷了”，他的美好愿望还只是梦想，从而更进一步地陷入了“白痴”的世界。

作者在《文学的故乡》一文中说：“难以拯救的本身就是拯救”；在《堕落论》中还说：“让道德去颓废、混乱吧！去浑身流血、沾毒吧！必须先钻过地狱之门再向天堂攀登。”“为了活下去，必须堕落。”作者认为日本战败后，压迫和统治日本的一切旧的、封建虚伪的东西都崩溃了，这一切对人类和日本文化都是有益的，正是那种过去的“健全的道德”的堕落，才是“人类复活”的首要条件。他采用对当时社会进行讽刺、抨击、挖苦的“无赖派”常用的写作手法，表现了在战后初期一片混乱、道德颓废的时代，人们希望恢复一度麻痹了的心灵的社会心理，因而受到不少读者的欢迎，这是本短篇小说成为有影响力的名作的一个主要原因。

选文[1]

眼のさきの全べてをふさぎ、生きる希望を根こそぎさらい去るたった二百円の決定的な力、夢の中にまで二百円に首をしめられ、うなされ、まだ二十七の青春のあらゆる情熱が漂白されて、現実にすでに暗黒の曠野の上を茫々と歩くだけではないか。

伊沢は女が欲しかった。女が欲しいという声は伊沢の最大の希望ですらあったのに、その女との生活が二百円に限定され、鍋だの釜だの味噌だの米だのみんな二百円の呪文を負い、二百円の呪文に憑かれた子供が生まれ、女がまるで手先のように呪文に憑かれた鬼と化して日々ブツブツ呟いている。胸の灯も芸術も希望の光もみんな消えて、生活自体が道ばたの馬糞のようにグチャグチャに踏みしだかれて、乾きあがって風に吹かれて飛びちり跡形もなくなって行く。爪の跡すら、なくなって行く。女の背にはそういう呪文が絡みついているのであった。やりきれない卑小な生活だった。彼自身にはこの現実の卑小さを裁く力すらもない。ああ戦争、この偉大なる破壊、奇妙奇天烈な[2]公平さでみんな裁かれ日本中が石屑だらけの野原になり泥人形がバタバタ倒れ、それは虚無のなんという切ない巨大な愛情だろうか。破壊の神の腕の中で彼は眠りこけたくなり、そして彼は警報がなるとむしろ生き生きしてゲートルをまく[3]のであった。生命の不安と遊ぶことだけが毎日の生きがいだった。警報が解除になるとガッカリして、絶望的な感情の喪失が又はじまるのであった。

この白痴の女は米を炊くことも味噌汁をつくることも知らない。配給の行列に立っているのが精一杯で、喋ることすらも自由ではないのだ。まるで最も薄い一枚のガラスのように喜怒哀楽の微風にすら反響し、放心と怯えの皺の間へ人の意志を受け入れ通過させているだけだ。二百円の悪霊すらも、この魂には宿ることができないのだ。この女はまるで俺のために造られた悲しい人形のようではないか。伊沢はこの女と抱き合い、暗い曠野を飄々と風に吹かれて歩いている、無限の旅路を目に描いた。

（略）それは驚くほど短い（同時にそれは無限に長い）一夜であった。長い夜のまるで無限の続きだと思っていたのに、いつかしら④夜が白み、夜明けの寒気が彼の全身を感覚のない石のようにかたまらせていた。彼は女の枕元で、ただ髪の毛をなでつづけていたのであった。

【选文注释】

①本段引自《白痴》中部，写的是白痴女人受欺后逃到伊泽房内，伊泽不忍将她逐出，留她同居时，充满同情地抚摸着她的头发，脑中浮现出种种想法。日本发动的侵略战争也残害了本国人民，使他们失去了爱情和希望，在孤独和绝望之中灵魂扭曲、堕落。引文中伊泽甘愿拥抱着白痴女“在黑暗的旷野上随风飘荡地行走”的想法，形象地表达了作者“为了活下去，人必须堕落”的主张，这一主张否定了战前和战时日本流行的伦理观，对战后日本新的生活方式观念及战后派文学的诞生起到了影响和推动作用。

②奇天烈な：非常稀奇古怪的，常与“奇妙”一词连用。

③ゲートルをまく：打绑腿、裹腿。

④いつかしら：不知何时。“かしら”是连语，由“かしらぬ”演变而成，常接在“何”“どこ”“誰”等词后表示不确定的意思。

【作者简介】

坂口安吾（1906—1955）生于新潟市。原名坂口炳五。在东京一中学毕业，充当一年代课教师后入东洋大学印度哲学专业学习，毕业那年发表小说《风博士》和《黑谷村》，受到前辈作家牧野信一的赞赏。战后期间发表过随笔《日本文化之我见》《青春论》和小说《真珠》。战后，和太宰治、石川淳等人结成无赖派（新戏作派）。主要作品还有《道镜》《盛开樱花的树林下》《不连续杀人事件》等。患脑溢血逝世。

64 阴郁的画/暗い絵

野间宏

【作品梗概】

荷兰画家勃鲁盖尔的画上呈现着一片荒凉的景象——没有绿草、树木和果实,只有呼啸席卷而过的风雪,似乎大地也有这般苦恼和痛苦,又好像人类生存必然要伴随这样的苦恼和痛苦。主人公深见进介看了被誉为农民画家勃鲁盖尔的绘画集后印象深刻,觉得画中有深深隐藏在人类心中的炽热而又深厚的爱,有对贫困的强烈义愤,对无知、愚昧和冷酷的反抗。进介被画中表露的愤怒、悲哀之情吸引是有原因的。侵华战争发生以后,日本以建设东亚新秩序为名,强化了国内法西斯统治。曾经和进介一起欣赏过勃鲁盖尔画的同学永杉英作、羽山纯一、木山省吾等人随着战争升级,一个个步向地狱死去了,仅存在进介身边的法国版画集也在B29轰炸机投掷的凝固汽油弹引起的大火中烧毁了。进介不由想起战争爆发前后他和同学们共同度过的三年学生时代,他们曾一起学习、一起战斗,同甘共苦,有时还一起毫无意义地消磨时光。那时学生运动蓬勃开展,既有合法的左派组织,也有"不合法"的组织,进介对参加"不合法"组织的永杉他们的主张很赞同,却不能像他们那样挥动旗帜投入到斗争队列中去。京都大学事件发生以后,学园内的革命势力逐渐减弱,学生们心里都窝着一股火,他们既憎恨社会,又不满自己。在此期间,进介和恋人北住由起虽然没断绝关系,但由起明确表示不能跟随他。在大阪市政府充当下级官吏的父亲也来信告诫他要注意思想问题,贤明地坚持保全自己的方针。进介很爱自己的母亲，对父亲怎么也产生不了永杉和羽山他们对有钱的父亲所怀有的那种憎恶感，不过，只要一想到父亲，他立刻会感到一种强大的“金钱压力”。他被好友们的革命激情感染，认定他们的主张绝对正确，却又在心中盘算：虽然我们走的是同一条路，但必须分手。他从勃鲁盖尔的画上表现的阴郁、痛苦、呻吟、悲叹的气氛中受到启示，认为必须拯救日本人的灵魂。进介在孤独中默默地抚摸着勃鲁盖尔的阴郁的画，仿佛抚摸着一只既可怜又可爱的野兽一样。

【作品鉴赏】

中篇小说《阴郁的画》1946 年 4 月分三次刊载于《黄蜂》杂志，1947 年 10 月由真善美社出版单行本。

本作品描写了二次世界大战期间，在日本法西斯主义统治下明知斗争胜利无望却积极投身于革命运动的大学生以及他们中间的同情、旁观者，通过这些描写，从心理、生理、社会等各个角度，较全面地反映了那个时代大学生们的青春时代。勃鲁盖尔的阴郁的画象征着这一代年轻的知识分子的苦恼和痛苦。小说写得阴郁、沉闷、晦涩，难以读懂，不过，作品发表后仍然引起很大反响，它成了促进战后派文学迅速兴起的一个重要因素，作者也因此一跃成为战后派的代表作家。

《阴郁的画》完全不同于以往的日本近代小说，它的新鲜之处归纳起来有如下几点：一、主人公进介一方面感到保全自我的利己主义的卑劣和渺小，另一方面又一直在不断努力地追求自我完善，这是一种过去的革命文学中不曾描写过的新的典型人物。二、主人公是一个不肯投身革命运动的旁观者，可以说，在某种意义上代表了当时众多在法西斯政权迫害下放弃革命信仰的人，他们在承认革命运动正确和在面临冷酷现实保全自己的矛盾中试图解决当时日本社会尚未做到的确立个人的大问题，而这一点正是日本战后派文学所竭力主张表现的主题。三、作者用多种观点来把握和表现主人公，除了将其置身在无私投身革命运动和保全自身的利己主义的矛盾中之外，还通过金钱、亲人和性意识等各种问题来表现主人公的思想认识。本作品具有的新颖之处较典型地代表了战后派作家的风格，因此理所当然地引起了文艺评论界的重视，随着时光的流逝，越来越多的人认识到本小说在文学史上的地位。

选文[①]

草もなく木もなく実りもなく吹きすさぶ雪風が荒涼として吹き過ぎる。はるか高い丘のあたりには雪にかくれた黒い日に焦げ、暗く輝く地平線をつけた大地のところどころに黒い漏斗形の穴がぽつりぽつりと開いている。その穴の口のあたりは生命の過度に充ちた唇のような光沢を放ちうずたかい土饅頭の真ん中に開いているその穴が、繰り返される、鈍重で淫らな触感を待ち受けて、まるで軟体動物に属する生きもののように幾つも大地に口を開けている。そこには股のない、性器ばかりの不思議な女の体が幾重にも埋め込まれていると思える。どういうわけでブリューゲル[②]の絵には、大地にこの悩みと痛みと疼きを感じ、その悩みと痛みと疼きによってのみ生存を主張しているかのような黒い円い穴が開いているのであろうか。遠景の、羞恥心のない女の背のようなくぼみのある丘には、破れて垂れさがる傘をもった高い毒茸のような首吊台がにょきにょき生えている。そして長い頸と足をもった醜い首吊人がひょろ高い木の枝にぶらさがり、長く伸びた爪先がひらひら地の上に揺れている。その傍らには、同じように背の高い体の透いて骨の見える人人が長い列をつくって、首を吊ろうと自分の順番を待っている。痙攣した神経をあらわに見せる磯巾着の汚れた頭のように、何か腐敗した匂いを放って揺れているくさむら[③]。

【选文注释】

①本节是《阴郁的画》的开头，叙述主人公深见进介看了勃鲁盖尔画集后所得到

的印象。作者用了许多形容、比喻词句来描绘勃鲁盖尔的风景画,就像用同样手法来描绘与画相通的主人公的心情一样。本作品像黏液般的文体十分独特,刚发表时,林房雄曾用白井明的笔名揶揄说:"正宗白鸟和久保田万太郎写一行,这位作家可写上百行。"本多秋五则一针见血地说读这部作品就像陷入了泥潭。对此,作者自己解释说,这种文体是从法国象征派诗人瓦勒里那儿学来的。他试图用这种手法,来创造一种超过以往日本现实主义文学的新的象征派表现手法。其成败姑且不论,这一写法对战后日本文学的发展还是产生了一定的影响。

②ブリューゲル:勃鲁盖尔,荷兰画家,生于1525年,卒于1569年。他同情贫苦农民,所作油画和版画大都反映农村面貌和社会风俗,风景画也反映农民生活和大自然的结合,因此有"农民勃鲁盖尔"之别称。

③作品接下去有一节写道"これ(指勃普盖尔画集)を深見進介に貸し与え友、また彼と共にこれを繰り返し眺めた友は、ほとんどすべて若くして獄死しなければならないという生涯をたどったのであった。"这里的"獄死"一词指朋友们在革命运动受到镇压后惨死狱中,那些曾经和进介一起赏过画的同学都成了敌人,可见,《阴郁的画》完全是一个象征性的题名。

【作者简介】

野間宏(のまひろし)(1915—1991)生于神户市。在旧制第三高等学校学习期间,受到法国象征派作家纪德、普鲁斯特及日本竹内胜太郎的影响,在同人杂志上发表诗和小说习作。1938年毕业于京都大学,在校期间参加过革命运动。1941年作为补充兵员到菲律宾等地作战,次年回国,后被当作思想犯关进陆军监狱,1943年底释放。《阴郁的画》成名后,又发表《两个躯体》《脸上的红月亮》《真空地带》等佳作,成为战后派代表作家。其他主要作品还有:《志津子的去向》《崩溃的感觉》《骰子的天空》《我的塔矗立在那儿》《青年之环》等。

65 俘虏记/俘虜記

大冈升平

【作品梗概】

1944年，主人公"我"在菲律宾吕宋岛西南的民都洛岛上服役。12月15日，美军乘六十艘舰船从圣何塞登陆，"我"所在的部队只得逃往布拉拉考后面的高地，没想到在那儿又遭到美军的袭击，二百多日本士兵四处逃散，溃不成军。"我"的中队逃进山里躲了起来，在退路已被截断、要想活着出去的可能性微乎其微的情况下，"我"反倒觉得自己也许可能生还。1945年1月16日，"我"和好友滋野染上了恶性疟疾，每天发着四十度高烧。24日，指挥官命令病号隐蔽到圣何塞高地方向的哨所里，"我"和三个发烧的病人一起留下了。美军突然又来袭击，分队士兵被冲得七零八落，"我"一个人被抛弃在河谷之中。出发时，"我"曾决心与祖国共命运，但是，来到战场后才觉得"成为如此愚劣的战斗牺牲品死去毫无意义"。为了饮水，"我"扒开草丛下到河床，水牛惊讶地望着"我"的脸，"我"精疲力竭地倒在林子边。不知过了多久，"我"醒了过来，看见前面有一个美军士兵，他似乎根本没想到前面是否可能埋伏着日本兵，"我"没有向他开枪。后来，当"我"知道自己被包围不能逃脱时，想用手榴弹或枪自杀，但是，没有成功，"我"又昏了过去，成了美军的俘虏。次日早晨，"我"躺在担架上，仰望着天空和树梢，意识到自己得救了。同时觉得迄今为止时时面临死亡却一直活着的每一天是多么的奇怪。

【作品鉴赏】

长篇小说《俘虏记》写于1946年5月至6月，因有关于美军的描述，所以到1948年2月才发表于《文学界》杂志，以后，用短篇续作的形式，在各家杂志上间断发表至1954年，同年12月由创元社出版题为《俘虏记》的单行本，其中《至被俘》一篇发表后于1949年获得横光利一奖。

这是一部描述作者战争体验的记录小说，作者以冷静、正确的态度和精神分析的方法认真观察、探索了在战斗一败涂地、无可挽救的环境里，天天面临即将而至、难以逃脱的死亡却又意外生还的一个普通士兵的心理，鲜明地提出了日本侵略军土崩瓦解时，士兵们的个人主义思想、在生与死本能的矛盾和生的极限状况下人的心理、行动和追求，以及偶然性等问题。这些问题都是作者围绕主人公不杀美国兵这一点提出的，一开始，他认为不打死美国兵，对其战友、祖国和本人的命运不会有影响，他不想用别人的鲜血来污秽自己一生中的最后时刻，后来，又提出当美国兵离自己越来越近的时候，右面山上突然响起机枪声，美国兵调转方向离去的偶然性，当时，主人公非常紧张，已经打开了枪的保险。最后，当人类爱、厌恶人血和意志受挫等理由被否定后，作品中出现了父亲的感情不允许主人公向“极明显年轻”的美国兵开枪的叙述，这些问题的提出说明侵略战争破坏人的伦理感，而战败后的日本人正是希望通过上述问题的探究开始重建自己的精神境界。在艺术上，本作品对人物心理的描写极为精细，文体明快、硬朗，富有伦理性，不带任何夸张、伤感和矫揉造作之色。吉田精一评价说：“没有一部作品能够像它那样描写处于生命危险的人物，并能以冷静的观察和明晰的逻辑来做如此深刻的自我解剖，这是战争文学中的一部非凡的名作。”当年将本作品列入横光利一奖获奖作的评选委员河上彻太郎说：“作者想描写的不是战争，而是处于极端状况下的人的形象，这种诚实十分感人。”“它超越了一般文学手法的制约，产生了一种新的可能性，其丰富内涵引人注目。”

选文[1]

それは二十歳位の丈の高い若い米兵で、深い鉄兜の下で頬が赤かった。彼は銃を斜めに前方に支え、全身で立って、大股にゆっくりと、登山者の足取りで近づいて来た。

私はその不要心に呆れてしまった。彼はその前方に一人の日本兵の潜む可能性につき、些かの懸念も持たないように見えた。谷の向かうの兵士が何か叫んだ。こっちの兵士が短く答えた。「そっちはどうだい」「異状なし」とでも話し合ったのであろう。兵士はなおもゆっくりと近づいて来た。

私は異様な息苦しさを覚えた。私も兵士である。私は敏捷ではなかったけれど、射撃は学生時実弾射撃でよい成績を取って以来、妙に自信を持っていた。いかに力を消耗しているとはいえ、私はこの私が先に発見し、全身を露出した相手を逸することはない。私の右手は自然に動いて銃の安全装置を外していた。

兵士は最初我我を隔てた距離の半分を越した。その時不意に右手山上の陣地で機銃の音が起った[2]。

彼は振り向いた。銃声はなお続いた。彼は立ち止って暫くその音をはかるようにしていたが、やがてゆるやかに向きをかえてその方へ歩き出した。そしてずんずん歩いて、忽ち私の視野から消えてしまった。

私は溜息し苦笑して「さて俺はこれでどっか[3]のアメリカの母親に感謝されてもいいわけだ」と呟いた。

私はこの後度度この時の私の行為について反省した。

まず私は自分のヒューマニティに驚いた。私は敵を憎んではいなかったが、しかしスタンダール[4]の一人物がいうように「自分の生命が相手の手にある以上、その相手を殺す権利がある」と思っていた。従って戦場では望まずとも私を殺し得る無辜の人に対し、用捨なく私の暴力を用いるつもりであった。この決定的な瞬間に、突然私が眼の前に現れた相手を射つまいとは夢にも思っていなかった。

この時私に「殺されるより殺す」というシニスム⑤を放棄させたものが、私が既に自分の生命の存続について希望を持っていなかったという事実にあるのは確かである。明らかに「殺されるよりは」という前提は私が確実に死ぬならば成立しない。

しかしこの無意識に私の裡に進行した論理は「殺さない」という道徳を積極的に説明しない。

「死ぬから殺さない」という判断は「殺されるより殺す」という命題に支えられて、初めて意味を持つにすぎず、それ自身少しも必然性がない。「自分が死ぬ」から導かれる道徳は「殺しても殺さなくてもいい」であり必ずしも「殺さない」とはならない。

かくして私は先の「殺されるよりは殺す」というマキシム⑥を検討して、そこに「避け得るならば殺さない」という道徳が含まれていることを発見した。だから私は「殺されるよりは」という前提が覆った時、すぐ「殺さない」を選んだのである。

【选文注释】

①本段引自《俘虏记》第一部《至被俘》,是本作品中的一个高潮。主人公发现美军士兵,已打开枪的保险,但最终并未开枪。作品对此时主人公的心理状态有大段的分析,引文的后半部是这一分析的开头,接下去,作品又详细地剖析了明明可以打死敌兵却不扣动枪机的原因。这种分析体现了作者的厌战情绪、人道主义及对于战争的认识和反省。此外,通过引文,我们可以看到作者就是用这种独特的文体,富有伦理性地在探索人在极限情况下的心理的。

②機銃の音が起った:作者认为,此时的机枪声不过是一种"偶然性",这一偶然性也许同时使对峙的双方士兵保全了生命。

③どっか:即"どこか"。

④スタンダール:司汤达,法国作家。

⑤シニスム:厚颜、无耻。

⑥マキシム:格言、箴言。

【作者简介】

大岡昇平（おおおかしょうへい）(1909—1988)生于东京。高中时代对法国文学感兴趣并深受其影响。1928 年结识小林秀雄、中原中也、河上彻太郎等人,并于翌年创办《白痴群》杂志。京都大学毕业后热衷于司汤达作品的翻译与研究。1945 年在菲律宾被俘后于 12 月返回日本。主要作品还有小说《武藏野夫人》《野火》《氧气》《花影》《莱特战记》,传记《中原中也》,随笔《现代小说作法》《常识性的文学论》《作家和作品之间》等。其中《野火》被译成多种文字,并被拍摄成电影,影响很大。1971 年被推选为艺术院会员后辞退。

66 丧失为人资格/人間失格

太宰治

【作品梗概】

大庭叶藏出身在东北地区的一个世家，很早以前，他就怀着一种不安的心情，似乎自己和别人的幸福观是迥然而异的。这种不安时时折磨着他，使他每夜辗转反侧，长吁短叹，几乎到达发疯的地步。叶藏很惧怕人，因为他无法揣摸人们都在想些什么。为了隐匿内心的不快和忧郁，他装出一副天真无邪、无忧无虑的乐天样子，千方百计地做些滑稽动作去引人发笑，去“对人类作最后的求爱”，他变成了一个从来不吐一句真言的人。巧妙的滑稽表演，使他成了班上人人喜爱的活宝，不过，这一切还是被同班的白痴同学竹一识破，他预言叶藏今后会成为一个伟大的画家和被女人迷上的人，这又使叶藏惊慌不已。

遵照父亲的意愿，叶藏放弃报考美术学校的志愿，赴东京旧制高中学习，他也去画塾，在那儿结识了一个名叫堀木的学生。堀木教叶藏学会抽烟喝酒，使他懂得妓女、当铺和共产主义思想。叶藏发现这些都是可以从怕人的恐惧中解脱出来的有效手段，“哪怕只是短暂的一刻”。他一度参加了秘密的共产主义活动，还担任了行动队长，但又因难以忍受繁忙和劳累而脱离。叶藏跑到银座的咖啡馆和女招待同居，又到堀木处喝得烂醉。咖啡馆的女招待永子邀叶藏去镰仓海边投海殉情，结果他竟意外生还。从此，他变得更加堕落，他甘愿成为杂志社女记者静子的“面首”，没有成为“伟大的画家”，却成了混迹于酒吧间的地道“漫画家”和“春宫画家”。后来，叶藏和香烟店的姑娘良子结了婚，过了一阵平静安稳的日子。可是，一天晚上，他目睹了对他人十分信任的单纯的良子被一个小个子商人奸污的情景。叶藏服安眠药企图自杀，没有成功，他只能每天酗酒、吸毒、与药店夫人发生关系，直至吗啡中毒、咯血不止，发疯后被关进医院。出院后回到原籍，在大哥的照料下住入海滨一座废弃的房屋里过着废人的生活。

【作品鉴赏】

中篇小说《丧失为人资格》1948 年 6 月至 8 月连载于《展望》杂志，同年 7 月收录于筑摩书房出版的同名小说集中。就在本作品尚在连载的 6 月 13 日夜里，太宰治在玉川上水投水自杀。作者在本作品的第一行写道：“我度过了多耻的一生”，末尾又以“（我）是个神一般的好人”结束，很明显，本作品就像作者的遗书，而主人公叶藏的形象正是作者的自画像。

大庭叶藏是一个摸不透人的生活、严重缺乏生活能力和做人适应力的人物，他甚至对一天吃三顿饭都感到不可思议，觉得那是最痛苦的时刻，他的一生中体味不到生活的乐趣，在恐惧和苦闷中自甘堕落，一味沉溺在颓废的泥潭中无法自拔，不过，在他的身上还保留着孩子一般质朴的品质，总是默默地忍受着一切冷酷的打击和苦恼。叶藏的形象逼真地反映了出身于没落贵族家庭的作者当时的精神面貌，说明作者不安于战后日本呈现出的各种猥杂的人世生活，便横躺在颓废之河的深处，最终丧失为人的资格，只得以自杀结束生命的必由之路。因此，可以说本作品又是作者对自己一生的最后总结。

日本文坛把以太宰治为首的文学流派称作“无赖派”，这个“破灭型”的流派作品有以下特点：一、因战败造成的价值体系的崩溃使他们乐以反俗的姿态表现自我虐待。二、他们往往高举颓废的旗帜，设法以堕落和颓废的言行去反击传统的道德，并希望通过荒废、混乱和非道德的生活去恢复人的良知，寻找纯粹的“人性美”。三、否定和嘲笑一切安定和确立的东西，对一切权威表示怀疑和不信任，委身于虚无和堕落，通过这种生活去创造所谓的“虚构的真实”。《丧失为人资格》也集中体现了上述特点。

本作品以“手记”的告白式文体写成，它来源于传统私小说的写法，但又是不同于一般私小说中虚构性和现实意义很强的作品，阅后不难看到作者出众的艺术才华。

选文一①

めしを食べなければ死ぬ、という言葉は、自分の耳には、ただイヤなおどかしとしか聞えませんでした。その迷信は、(いまでも自分には、何だか迷信のように思われてならないのですが)しかし、いつも自分に不安と恐怖を与えました。人間は、めしを食べなければ死ぬから、そのために働いて、めしを食べなければならぬ、という言葉ほど自分にとって難解で晦渋で、そうして脅迫めいた響きを感じさせる言葉は、無かったのです。

つまり自分には、人間の営みというものが未だに何もわかっていない、という事になりそうです。自分の幸福の観念と、世のすべての人たちの幸福の観念とが、まるで食いちがっているような不安、自分はその不安のために夜々、転輾し、呻吟し、発狂しかけた事さえあります。自分は、いったい幸福なのでしょうか。自分は小さい時から、実にしばしば、仕合せ者だと人に言われて来ましたが、自分ではいつも地獄の思いで、かえって、自分を仕合せ者だと言ったひとたちのほうが、比較にも何もならぬくらいずっとずっと安楽なように自分には見えるのです。

【选文注释】

①本段引自《丧失为人资格》“第一手记”的前部，叙述主人公从童年时代起就对全家人一日三次围在一起吃饭感到不可思议，觉得吃饭是最痛苦的时刻，道出了自己与他人幸福观的不同。引文反映了作者空虚、苦闷和自虐的精神状态，他的资质和风格与战后秩序紊乱的混乱期的社会风潮极为相配。

选文二[1]

けれども、自分はそれからすぐに、あのはにかむような微笑をする若い医師に案内せられ、或る病棟にいれられて、ガチャンと鍵をおろされました。脳病院でした。

女のいないところへ行くという、あのジアールを飲んだ時の自分の愚かなうわごとが、まことに奇妙に実現せられたわけでした。その病棟には、男の狂人ばかりで、看護人も男でしたし、女はひとりもいませんでした。

いまはもう自分は、罪人どころではなく、狂人でした。いいえ、断じて自分は狂ってなどいなかったのです。一瞬間といえども、狂った事は無いんです。けれども、ああ、狂人は、たいてい自分の事をそう言うものだそうです。つまり、この病院にいれられた者は気違い、いれられなかった者は、ノーマル[2]という事になるようです。

神に問う。無抵抗は罪なりや[3]？

堀木のあの不思議な美しい微笑に自分は泣き、判断も抵抗も忘れて自動車に乗り、そうしてここに連れて来られて、狂人という事になりました。いまに、ここから出ても、自分はやっぱり狂人、いや、癈人という刻印を額に打たれる事でしょう。

人間、失格。

もはや、自分は、完全に、人間で無くなりました。

【选文注释】

①本段引自作品"第三手记""二"，记述主人公中毒咯血，后由堀木和义子送进医院时的心情。作者悲歌"人世恐怖"，认为温柔的女性爱是包裹自己容易受伤的心灵的必备之物，到这一切全都丧失的时候，他只能哀叹自己丧失了为人的资格。引文写出了作者不得不走向灭亡的必然结局。实际上，作者在1936年一度住进神经病医院，他一直认为这一沉重的打击意味着自己已经丧失了为人资格。

②ノーマル：正常的、标准的。

③罪なりや：是罪过吗？“なり”是文语指定的助动词，相当于“だ”。“や”是表示疑问和感叹语气的终助词，与“か”的用法相近。

【作者简介】

太宰治（だざいおさむ）(1909—1948)生于青森县，原名津岛修治。父亲是大地主，战前贵族院议员。毕业于东京大学，曾拜井伏鳟二为师学习写作。前后自杀过三次，前两次均未成功。战争时期发表过《回忆》《虚构的彷徨》《奔跑吧，梅洛斯》等佳作。战后曾著文猛烈抨击传统私小说。发表了《维荣的妻子》《斜阳》《樱桃》和《丧失为人资格》等代表作。

67 讨人嫌的年纪/厭(いや)がらせの年齢(ねんれい)

丹羽文雄

【作品梗概】

梅今年已是86岁的高龄,她终于被自己最喜爱的外孙女仙子赶到疏散在茨城一个小村子的另一个外孙女——仙子的妹妹——幸子家。梅老糊涂了,分不清自己和别人的东西,家里人晚上上厕所,她也会加以斥责,身上又长了虱子。战败后日本粮食奇缺,梅却食欲旺盛,特别能吃,家人提出时,她假装懵懂,依然我行我素,仙子夫妇实在忍不下去,才把她送往幸子家。梅只有一个独生女儿,她已去世,一个外孙当兵尚未复员回家。外孙女们都不肯接纳她,这次在去幸子家的一路上,她又叫又嚷,大呼"脚痛""要被你们杀死了",以期博得人们的同情。幸子看到梅,想到一家老少六口要挤在一起生活,脸色都变白了,但是幸子丈夫、画家美浓部留下了梅。梅有偷东西的习惯,来到幸子家还是常常犯这旧病,上厕所也是颇为麻烦的事。幸子的孩子不小心弄伤了她便破口大骂,遇到对自己不利或理亏时则装聋作哑。梅的脑袋里没有轻重缓急的顺序和事情之间互相联系的概念,一切只想到自己。每天和梅生活在一起,美浓部不由对孔子孝敬父母之说怀疑起来。后来,幸子一家从疏散地回到东京。梅就像变了个人似的,只要拿到衣服就将其撕成一厘米宽的碎布条,周围没有衣服就撕身上衣服的下摆,她的精神已不正常,每隔两小时就像饿鬼一样说肚子饿要吃,大小便也失禁了,还做出一副乞丐的模样去向人诉说家人的不是。美浓部找到了岳母——梅的独生女的照片,梅看到后流着泪说“我真想见见你”，可是一放下照片，梅就停止了哭泣，似乎完全忘记了刚才的一切，急急忙忙地把内裤里的橡皮筋抽了出来。

【作品鉴赏】

短篇小说《讨人嫌的年龄》发表于1947年2月的《改造》杂志，1948年7月收录于新潮社出版的同名小说集中。

本作品的内容是报上常见、日本生活中人们经常议论的问题。作者通过梅晚年的遭遇，折射出第二次世界大战结束后不久，日本处于困难的“饥饿时代”的庶民生活。作者笔下出现了一幅近亲相克的地狱图——因为吃不饱肚子，仙子夫妇将伦理道德置于脑后，姐妹之间可以不顾手足之情相争，“为了自己的家庭，即使断了姐妹亲戚关系”也要把梅赶出家门的仙子丈夫伊丹的心理，是经历过这一时代的日本人很熟悉的。随着战败，日本传统的家族制度从根本上被打乱，敬老爱幼的淳朴美俗渐渐被战后新一代人遗忘，利己的个人主义思想不断抬头。从这个意义上来说，本作品并不仅仅反映了战后初期的社会风俗，而且从一个侧面反映了侵略战争给日本带来的物资和精神上的严重后果。

幸子的丈夫美浓部收留梅以后就冷静地观察梅的举动和心理，他是一个有人情味却又怀疑传统的与人为善道德观的人，此外，他还对老人社会保障制度持怀疑态度，并想进一步地探究人们“嫌弃老丑”的原罪意识。这恐怕是作者通过本作品想表达的第二个问题。

作者的创作被认为是风俗小说。战后，日本有一批风俗小说家不断把当时社会中出现的五光十色的风俗性要素吸收到自己的作品之中，这些风俗性作品客观上使不满足于私小说狭小世界的读者尝到了甜头。《讨人嫌的年龄》也获得了各方面的好评。但是，风俗小说的缺点在于缺少思想性和紧迫感，作者的其他一些初期作品曾一度因此常常受到评论家们的批评。

选 文①

「伊丹の義兄さん②が、お婆さんを嫌うなら、美濃部だって嫌っていいんですからね。お婆さんはあたしひとりのお婆さんじゃないわ。女中を使って、子供もなく、大きな家に住みながら、お婆さんの一人ぐらいの世話が出来ないなんて、あんまりエゴイストすぎるわ。あたしに姉さんがなければ、お婆さんを引きうけるのも仕方はないんだけど、このままじゃあたしは我慢が出来ないわ」

仙子としては、妹の言葉はどの言葉も覚悟の上であったろう。自分ならそう言うにちがいないと思われる言葉が、妹の口から噛みつくようにとんで来た。どの言葉も急所をついているので、返す言葉がなかった。仙子はここへ来た時から喧嘩腰の興奮の表情であったが、いっそう血の色を失うと、俄かに立ち上がった。そそくさと、草色の皮の草履をつっかけたが、

「姉さんがない方がいいのなら、今日限りないことにしたらいいじゃないか。お前の方だって、お前の方だって、少しは考えてみたらいいんだ」(略)

仙子の捨台詞が後日幸子の耳にはいった時のもようは、ここに持ち出すまでもないだろうが、はからずも幸子の友達の身の上に起ったと同じことが、自分の上にも起ったのだと皮肉に思わずにはいられなかった。友達の姉妹も、母親ひとりを手古摺りながら世話をしていた。姉夫婦が北海道に転勤することになると、姉は母親を突然妹のところにつれて来た。

「姉さんは死んだものと思って頂戴」と言った。姉が死ねば、母の面倒はいや応なしに妹がなければならないからである。ところがこの姉が、いよいよ北海道に渡るという時に、再び来て、母の扱い方がぞんざいだと、姉の立場から叱りつけたというのである。

「日本人の倫理、道徳というものは、ほとんど書物の中に置き忘れになっているようだね。書物を読まない人達が、それを忘れ

てしまうのは無理じゃない」と美濃部が述懐した。

「どこの家庭だって、いやいやながら老人を扶養してるのね。この村にも、疎開者[③]の間借の二家族のところへ、それぞれ奥さんの母親とか、祖母とか、伯父を矢理やりに押しつけられて、困っているのよ。S村もとんだ姥捨山[④]になったものよ。ね、アメリカには、近代的で、衛生的で、明朗な養老院というようなものがあるんでしょうか」

【选文注释】

①本段引自作品后半部。仙子到妹妹幸子处,遭到幸子的数落,她自知理亏,却硬着头皮倒过来指责妹夫家虐待老人,并说宁可断了姐妹的手足之情。仙子走后,幸子夫妇从自己家发生的事想到社会上和他们家相像的种种情况,接下去又谈到了伦理道德、传统家族观念的崩溃、政府的养老制度等一系列问题。二十年后,当有吉佐和子的《恍惚的人》一作再次提及这个问题时,人们更感到作者的先见之明。引文部分形象地描绘了日本社会中传统的淳朴美俗被只图个人安乐的利己主义逐步取代时出现的可悲情景。

②伊丹の義兄さん:"伊丹"是仙子的丈夫,"義兄"指姐夫。

③疎開者:二次大战末,为躲避美军轰炸,许多日本城里人疏散到偏僻农村和山庄。

④姥捨山:指民间传说中被抛弃的60岁以上的老人所待的那座山。

【作者简介】

丹羽文雄(1904—2005)生于三重县。高中时代发表过处女作《秋》。1929年毕业于早稻田大学国文专业。毕业后回乡过了一段时期的僧侣生活。1932年到东京,发表了《香鱼》《象形文字》《赘肉》等作品,受到文坛重视,为多产作家。战后的代表作还有《哭壁》《蛇与鸽》《青麦》《菩提树》《饥饿的灵魂》《脸》《亲鸾》等。曾出资支持《文学者》杂志,培育众多文学新人。

68 夏天的花/夏(なつ)の花(はな)

原民喜

【作品梗概】

我去街上买花，想去祭扫妻子的墓，清晨的大街上，手捧花束行走的人只有我。我不知道手里的花叫什么，不过，“那黄色小花瓣上正散发着田野的清香，很像夏天的花”。

8月6日早晨，我在厕所里捡回了一条命。当时，头上突然来了致命的一击，眼前顿时一片漆黑，往套廊处看去，伸手不见五指，到处是垮塌的房屋，粗实的枫树被拦腰折断，这株庭院墙边的从少年时代起就给我无数幻想的葱翠挺拔的枫树竟莫名其妙地枯萎了，整个故乡失去了昔日的美貌，成了冷酷无情的无机物的复合体。街上有满脸血污的妇女在边哭边走，还有处处可见的烈焰和浓烟。尚且生存寻求避难的人们无不惊恐万状，河滩上、给水处、诊疗所聚满了难以言状的异形人。士兵们趔趄着，嘀咕着：“还不如死了的好”，一颗面目不清的黑焦的大脑袋捧着碗在喝水，空中弥漫着窒息般的燥热，耳中充斥着绝望而又痛苦的叫喊声的回响，烧焦肿胀的尸体可怕地沉默着。一个因烧伤而化脓的女佣手臂上满是蛆虫，我在路边看到一条熟悉的裤子，一看那是已经死去的外甥文彦。“救救我”“给我水”的哀号声不久便一一消失，从劫难中好不容易逃生的另一位外甥，过了一周便开始脱发，鼻子里流出殷红的血。“瓦砾闪闪发光，余烬灰雾茫茫。宛如开阔奇异的风景画，烧焦的尸体，奇特的模样。”暮色降临，我一想到今晚与无数的死尸一起夜宿露天，心里感到格外的寂寞和酸楚。

【作品鉴赏】

本短篇小说1947年6月发表在《三田文学》上，是反映核爆炸文学作品中的优秀之作。在日本，描写广岛、长崎受核攻击后恐怖状况的作品不少，但根据作者亲身体验创作的并不多见。1945年，作者因大轰炸疏散到广岛的哥哥家，不料在那儿遇上了原子弹。一如大田洋子的《尸横遍野的街》《人间褴褛》等作品一样，本作品是作家亲身经历的写照，冷静、客观，不带感情色彩，淡淡地叙述，将当时广岛市民的心理状况以散文诗的幻想性手法表述出来，文体简洁，少有修饰语，而作品深处蕴含着的日本人民的悲痛和愤怒，像无数个沉默冤魂的呼号，振聋发聩。因此，这是具有深远意义的一部珍贵的作品，作者在发表本作品的四年之后，因朝鲜战争爆发不忍再看战争造成的人间惨剧而在东京吉祥寺附近卧轨自杀。然而，本小说中作者用清澄的目光所看到的夏季的美丽的花，将成为永远讴歌时代牺牲的乐章。

广岛和长崎的原子弹爆炸后一瞬间所造成的四十万生命的丧失、更多的人所患上的原子病后遗症、毁灭性的财产损失及由此而产生的一系列精神和心理的问题，战后一直深深地潜藏在日本人民的意识中。以本作品作家为首的一批作家在自己的创作中，满怀义愤地控诉了核爆炸给人民带来的难以愈合的肉体、精神的创伤，并以作家的高度责任感道出了人民反对核战争、希求和平的心声。这类文学创作在文学史上被称为反核文学（即原爆文学）。

本作品于1948年获首届“水上泷太郎”奖。

选文[1]

馬車は次兄の一家族と私と妹を乗せて、東照宮下から饒津へ出た。馬車が白島から泉邸入口の方へ来掛った時のことである。西練兵場寄りの空地に、見憶えのある、黄色の、半ずぼんの死体を、次兄はちらりと見つけた。そして彼は馬車を降りて行った。嫂も私もつづいて馬車を離れ、そこへ集った。見憶えのあるずぼんに、まぎれもないバンドを締めている[2]。死体は甥の文彦であった。上着は無く、胸のあたりに拳大の腫れものがあり、そこから液体が流れている。真黒くなった顔に、白い歯が微かに見え、投出した両手の指は固く、内側に握り締め、爪が喰込んでいた。その側に中学生の屍体が一つ、それから又離れたところに、若い女の死体が一つ、いずれも、ある姿勢のまま硬直していた。次兄は文彦の爪を剥ぎ、バンドを形見[3]にとり、名札をつけて、そこを立去った。涙も乾きはてた遭遇であった。

馬車はそれから国泰寺の方へ出、住吉橋を越して己斐の方へ出たので、私は殆ど目抜の焼跡を一覧することが出来た。ギラギラと炎天の下に横たわっている銀色の虚無のひろがりの中に、路があり、川があり、橋があった。そして、赤むけの膨れ上った屍体がところどころに配置されていた。これは精密巧緻な方法で実現された新地獄に違いなく、ここではすべて人間的なものは抹殺され、たとえば屍体の表情にしたところで、何か模型的な機械的なものに置換えられているのであった。苦悶の一瞬足掻いて硬直したらしい肢体は一種の妖しいリズムを含んでいる。電線の乱れ落ちた線や、おびただしい破片で、虚無の中に痙攣的の図案が感じられる。だが、さっと転覆して焼けてしまったらしい電車や、巨大な胴を投出して転倒している馬を見ると、どうも、超現実派の画の世界ではないかと思えるのである。国泰寺の大きな楠も根こそぎ転覆していたし、墓石も散っていた。外郭だけ残っている浅野図書館は屍体収容所となっていた。路はまだ処々で煙り、死臭に満ちている。川を越すたびに、橋が墜ちていないのを意外に思った。（中略）

倒壊の跡のはてしなくつづく路を馬車は進んで行った。郊外に出ても崩れている家屋が並んでいたが、草津をすぎると漸くあたりも青々として災禍の色から解放されていた。そして青田の上をすいすいと蜻蛉の群が飛んでゆくのが目に沁みた。それから八幡村までの長い単調な道があった。八幡村へ着いたのは、日もとっぷり暮れた頃であった。そして翌日から、その土地での、悲惨な生活が始った。負傷者の恢復もはかどらなかったが、元気だったものも、食糧不足からだんだん衰弱して行った。火傷した女中の腕はひどく化膿し、蠅が群れて、とうとう蛆が湧くようになった。蛆はいくら消毒しても、後から後から湧いた。そして、彼女は一カ月あまりの後、死んで行った。

【选文注释】

①8月6日早晨,“我的一条命,是在厕所里捡到的。”原子弹爆炸后,我赤身裸体地跑出来,沿着一瞬间化为废墟的街道向河边逃去。在遍地火焰、旋风和死伤者的惨烈的地狱中,我找到了幸存的和死去的亲属,然后乘着马车继续逃往郊外。引用文叙述的是作者目睹沿途的一切悲惨场面。这些生动、逼真的记述都写在核爆炸之后不久,然而由于美国占领军的检查,一直扣着不让发表,直至两三年后才与读者见面。

②まぎれもないバンドを締めている:确实系着腰带。

③形見:遗物;纪念品。

【作者简介】

原民喜(1905—1951)小说家、诗人。生于广岛,毕业于庆应大学英文专业。20岁时在同人杂志上发表具有达达派性质的诗作,之后开始创作小说。一度参加革命的文学运动,后又脱离。30年代中期出版短篇集《焰》,并在《三田文学》上发表不少作品。广岛原子弹爆炸后,主要创作反核文学。代表作品还有《毁灭的序曲》《来自废墟》《镇魂歌》及绝笔之作《心愿之国》,全都是抒发由衷悲痛的作品。除了亲身经历过原子弹爆炸的作者和另一位女作家大田洋子的创作之外,日本公认的反核文学的优秀之作还有峠三吉的《原爆诗集》、阿川弘之的长篇小说《魔鬼的遗产》、井伏鳟二的《黑雨》等。

温馨提示:本作品提供日文版PDF电子书。
关注“华东理工大学出版社”官方微信,发送“ryxs”免费获取本作品电子书。

69 遥拜队长/遥拝隊長

井伏鳟二

【作品梗概】

在小部落大字笹山村里，居住着一个名叫冈崎悠一的原陆军中尉，今年 32 岁，家里只有他和母亲两个人。悠一在战争中因一次偶发事故精神失常，直至今日，他仍然在错觉支配下生活，以为战争仍在持续。每次发作时，看见青壮年男子，不论是谁，他就端起军官架势发号施令，命令别人冲锋、卧倒，成了个疯疯癫癫的妄想狂，有时，他又会来一通讴歌天皇、颂扬军国主义精神的训话，闹得人们啼笑皆非。悠一的父亲早亡，全靠母亲含辛茹苦把他带大，他们家曾被推选为模范家庭。悠一的入学，之后当兵提升都颇为顺利。在马来亚战场，悠一被任命为中尉队长，但是不知什么缘故，他受伤瘸了腿，发了疯，而这一切的原因通过其本人是根本无法了解到的。

和悠一家关系甚好的栋次郎的弟弟与十战败后拘押在西伯利亚，回日本途中在火车上偶然遇到原陆军曹长上田五郎，从他口中，与十得知悠一受伤发疯的原委。原来，当时身为队长的悠一在战场上动辄率领部下面朝东方向天皇礼拜，高呼“万岁”，然后，必定来一通训话，结果得到了“遥拜队长”的绰号。悠一所在的卡车部队中有一个上等兵友村，有一天，悠一听他说战争是浪费时，怒不可遏地打了友村，可就在这时，卡车突然启动，悠一和友村从卡车上掉下，悠一摔断了左脚，同时变得又痴又呆，而友村脑袋撞上钢筋水泥，掉到不知名的河中死了。

与十回到村里，有一天去上坟，悠一的病又发作了，他要来上供的包子，说这是天皇恩赐的御糕点，他让上坟者们吃，并下令他们朝东方遥拜。

【作品鉴赏】

短篇小说《遥拜队长》1950年发表于《展望》杂志，深受各方好评，成为日本战争题材文学中的一篇优秀作品。作者从一家妇女杂志社的记者处听到这一传闻，然后根据战争时期自己在马来亚服役的体验，经过精心构思虚构而成。

作者通过一个出身穷苦，靠村长推荐进入军人学校以后当上军官的主人公悠一在战争中盲目效忠以天皇为首的军国主义政权，在肉体和精神上受到重创后的滑稽表现，揭露了法西斯军队可鄙可憎的面目，反映了侵略战争给普通日本人思想造成的损害。今天看来，悠一的行动无论在战时还是战后都是愚昧可笑的，然而，他的命运又是极其可悲的。可以说，他和受他责打后丧生的友村一样，都是侵略战争的牺牲品。作者通过这个人物，尖刻地嘲笑了侵略战争及其思想的愚劣，又通过在列车上原陆军曹长上田五郎对与十的叙述，表现了人们对日本旧军队盛行的横蛮残暴作风的深恶痛绝。悠一煞有介事地愚弄部下绝不仅仅是可笑的行径，从这里，读者还能看到作者对无端受到战争和侵略军残害的可怜牺牲者表现的深切同情。

本作品集中体现了作者独特的艺术风格——生动、有趣，以现实主义手法细致入微地刻画人物，于无情的嘲笑之中透露出由衷的同情，于幽默风趣之中透露出深沉的悲哀。主人公悠一的形象，不难令人想到契诃夫笔下的普列希耶夫中士，让人印象深刻。

选文一①

岡崎悠一(三十二歳)は気が狂っている。普段は割り合いおとなしくしているが、それでも、いま尚お戦争が続いていると錯覚して、自分は以前の通り軍人だと思い違いしている。することなすこと或る点では戦争中の軍人と変るところがない。たとえば食事のときなど、お膳に向かって不意に威儀を正すかと思うと「一つ、軍人は忠節を尽すを、云云…」と、例の五箇条②の文の暗誦をはじめることがある。また、お袋③が煙草を買って来てやると、恩賜の煙草だと言って、感極まったような風で東の方に向かって遥拝の礼をすることがある。道を歩きながら、突如として、「歩調をとれえ④。」と、気合いを込めた号令をかけることがある。——これはみんな、誰も戦争中には軍人がするのを見慣れているので珍しくないが、今日では、ただふざけているように見えるだけである。（略）

発作中の彼は、たとえば通りすがりの人に、いきなり「おい、下士官を呼べえ。」と大声で怒鳴りつけることがある。下士官などいないので、まごまごしていると、「敏速にやれえ、何を愚図愚図するか。」と怒鳴り出す。また「突撃に進めえ。」と号令をかけることがある。「伏せえ」と号令をかけることがある。いろんな号令のうち、「突撃に進めえ。」の号令をかけられる人は割合いに幸運である。命令の通りに駆け出して、そのまま逃げて行ってしまうことが出来るからである。ところが「伏せえ。」の命令の場合には、号令をかけられたものが野良着ならばともかくも、よそ行きの羽織など着ていると迷惑である。その人が「伏せ」の姿勢になれば悠一は御機嫌だが、もし服従しないでいると「ばか野郎、敵前だぞ。伏せえ。」と喚いて、相手を溝のなかに突き落そうとする。そんな場合、たいていの人は逃げ出すのがおきまりだが、悠一はびっこだから追いかけて来ることだけは断念する。その代りに、逃げ出して行く当人は背後から「逃げると、ぶった斬るぞお。」という、怖い言葉を浴びせかけられることになる。

【选文注释】

①本段引自《遥拜队长》开头部分，叙述半痴呆的悠一平时和神经发作时的滑稽举动，作者以嘲笑和同情的笔调活脱脱地写出了一个日本旧军人的形象。

②五箇条：日本军国主义规定每个军人必须背诵的军人守则之类的东西，因有五条条文，故称之为“五个条”。

③お袋：母亲，娘。

④歩調をとれえ：正步走！“とれえ”是“とる”的命令形加上了延长音“え”，下面的“呼べえ”“進めえ”“やれえ”都是同一表达现象。

选文二①

川下の方へ友村上等兵を探しに行った兵隊は、裸になって川のほとりを歩いていた。濁り水の川で見透かしがきかないので、川のなかにはいってジグザグに川下の方へ歩いて行っているものもあった。友村上等兵はコンクリート橋の残骸に脳天を打ちつけたので、流れのなかに転がり落ちる前に気を失っていたかもわからない。もしそうだとすれば、水のなかで窒息死を免かれると衛生兵は云うのだが、とうとう当人を捜しあてることが出来なかった。戦争は贅沢だと云ったばっかりに、死ぬ直前に平手打ちを喰らわされて、故障車から転落する巻き添えまで喰らった。おまけに、頭をコンクリートに打ちつけて、名前も知らぬ濁り川に沈められ、散散な仕打ちを受けている。まるで何かの運命を瞬時の間に縮尺して見せてくれたようなものである。戦争は贅沢どころの騒ぎでない②。

【选文注释】

①本节引自作品中部，叙述上等兵友村因为说了句“战争是浪费”就挨了悠一队长的耳光并死于非命的悲惨下场，对此作者愤怒地责问道：“战争岂止于浪费呢！”表明了痛恨侵略战争和军内残暴行径的强烈正义感。

②…どころの騒ぎでない：岂止是……。表示远非这个程度，倒是相反之意。同“…どころではない”。

【作者简介】

井伏鱒二（1898—1993）生于广岛。青年时立志当画家，由早稻田大学中途退学。初期作品《鲤鱼》《山椒鱼》等受到水上泷太郎的肯定，从此开始作家生涯。20世纪20年代受西方现代派影响，曾为新兴艺术派成员。1938年以《约翰万次郎漂流记》获直木奖，它和《多甚古村》一起同为描写下层人民生活的作品，此时创作显示出现实主义倾向。战后主要作品还有《今日停诊》《流浪汉宇三郎》《站前旅馆》《珍品堂老板》《黑雨》及许多优秀随笔，显示了老作家圆熟的技巧。爱好垂钓、旅行。1960年当选为艺术院会员，1966年获得政府颁发的文化勋章。

70 二十四只眼睛/二十四の瞳

壶井荣

【作品梗概】

1928年春天，位于濑户内海边缘处离寒村很远的海角小学分校，来了一位年轻美貌的女教师，名叫大石久子，刚从师范学校毕业。大石穿着这个地方少见的西服，骑着自行车到学校。孩子们高兴地喧闹，叫她“大石、小石”，没多久，一年级十二名学生全都喜欢上了大石老师。可是村里的人，尤其是那些妇女们对老师的西服和自行车却颇为反感。老师带着孩子们把风暴卷到路上的石头送回海里，这一做法又引起村里人的不快，为了不让孩子们寂寞，老师和孩子们一起到海岸边唱童谣。一天，老师跌入淘气孩子们挖的陷坑中崴伤了脚，好些天没来学校上课，孩子们就步行八公里去探望他们日夜想念的老师。大石老师很高兴，留孩子们吃饭，还拄着拐杖和孩子们一起合影留念，这时，家长们才知道大石老师的可敬。老师因伤调到总校工作，不久，她和一位青年船员结了婚。过了几年，大部分孩子都到五公里外的总校来上五年级。“九·一八”“一二·八”事变后，日本社会上笼罩着一片阴云，有的老师被捕了，有些孩子停课了，警察跑来干预学校工作，敢于大胆直言的大石老师也被说成赤色分子。班里的男生都想去当兵，大石老师对此十分厌恶，在这十二名学生毕业的时候，她辞去了教师工作。大战前夕，长大的男孩被征去当兵，临别时，老师在他们耳边小声叮嘱：“你们要活着回来。”

然而，五个男生中活着回来的只有两人，而且有一个人还是双目失明的。战争期间，大石老师失去了母亲和女儿，丈夫也死在战场，她一人拖着两个儿子，生活在困苦之中。1946年，大石老师又要到分校去任教，她看上去苍老了。一年级学生中有位家长正是当年十二个学生中的一个，她带着老师去死去同学的墓地。一天，还活着的男女学生聚在一起开了个欢迎会安慰大石老师，会上，老师不禁泪流满面。

【作品鉴赏】

中篇小说《二十四只眼睛》1951年2月至11月连载于《新世纪》杂志，1954年12月由光文社出版单行本，发表后各界反应强烈，很快成为畅销书，被改编成影视剧上演，一度掀起了一股壶井荣热，据说当时日本首相鸠山等政府官员读后也曾感动得流泪。

小说写了一个小学老师和她的十二名学生从20年代末期到战争结束近二十年间的生活和命运，他们经历了各种磨难，结果，学生中有的战死，有的病死，有的终身残废，活着的大多带着心灵的创伤，大石老师也成了战争的受害者，年方40看上去却像一个50岁的老妇人。师生们的悲剧和不幸都是这场万恶的侵略战争造成的。作者怀着强烈的悲愤和正义感写成的这部作品，具有明显的反战思想，她在作品后记中写道："我一直想写一个快乐的故事，可是这次却又写了一个悲剧，我不能不反复强调战争会给人类带来不幸的事实。"本小说形象表现的日本这段黑暗历史舞台上普通人民的痛苦遭遇震动了绝大多数有过同样经历的同胞的心灵，是一部人所公认的杰作。

作品通过大石老师和十二名学生的师生真挚情谊，歌颂了全心全意热爱学生，在不合理的社会制度下竭力保护学生的大石老师的品质和孩子们尊敬、亲近老师的纯洁感情，作者自然描绘出的理想师生关系为读者展现了一个明亮、清纯的世界，它有力地说明，任何暴力都无法摧毁人类美好的、真正的爱。

本作品在艺术上有着自己的特色，作者以小豆岛美丽的自然风景为背景，自如地运用当地方言写人物对话，小说中常常出现的小学生歌曲增强了作品的抒情性，使读者产生怀念儿童时代的感情。文章感情充沛、格调优美、节奏匀整、气氛和谐，略带幽默感，又具有足以吸引包括广大儿童在内的大多数读者的通俗性，从这个意义上说，它亦是一部可面向成人的儿童文学作品。

选文[1]

ビールは磯吉の膝にこぼれた。それを手早く磯吉はのみほし、マスノにかえしながら、

「マアちゃんよ、そない[2]めくらめくらいうないや。うらァ、ちゃんと知っとるで[3]。みな気がねせん[4]と、写真の話でもめくらのことでも、大っぴらにしておくれ。」

思わず一座は目を見あわせて、そして笑った。ソンキにそういわれると、今さら写真にふれぬわけにもゆかなくなったように、写真ははじめて手から手へ渡っていった。ひとりひとりがめいめいに批評しながら小ツルの手に渡ったあと、小ツルは迷うことなくそれを磯吉にまわした。

「はい、一本松の写真！[5]」

酔いも手つだってか、いかにも見えそうなかっこうで写真に顔を向けている磯吉の姿に、となりの吉次は新しい発見でもしたような驚きでいった。

「ちっとは見えるんかいや、ソンキ[6]。」

磯吉は笑いだし、

「目玉がないんじゃで、キッチン[7]。それでもな、この写真は見えるんじゃ。な、ほら、まん中のこれが先生じゃろ。その前にうらと竹一と仁太が並んどる。先生の右のこれがマアちゃんで、こっちが富士子じゃ。マッちゃんが左の小指を一本にぎり残して、手をくんどる——それから——。」

磯吉は確信をもって、そのならんでいる級友のひとりひとりを人さし指でおさえてみせるのだったが、少しずつそれは、ずれたところをさしていた。相槌のうてない吉次にかわって大石先生は答えた。

「そう、そう、そうだわ。そうだ。」

あかるい声でいきをあわせている先生の頬を、涙の筋が走った。みんなしんとしたなかで、早苗はつと立ち上った。酔ったマスノはひとり手すりによりかかって歌っていた。

はるこうろうのはなのえん

めぐるさかずきかげさして⑧

じぶんの美声に聞きほれているかのようにマスノは目をつぶって歌った。それは、六年生のときの学芸会に、最後の番組として彼女が独唱し、それによって彼女の人気をあげた唱歌だった。早苗はいきなり、マスノの背にしがみついてむせび泣いた。

【选文注释】

①本段引自作品第十章《在一个晴朗的日子里》的结尾部分,是学生们在欢迎会上观看昔日和老师合影时的感人场面。引文中的中心人物是在战争中双目失明的矶吉,他虽然什么也看不见,但是童年时代的美好记忆仍然如此深刻地留在他的脑海中永远不会磨灭。这个结尾有力地深化了作品的主题。引文内人物对话中使用的方言和出现的歌曲贯穿整部作品,形成独特的风格。

②そない:四国方言,即“そんなに”。

③知っとるで:方言,即“知っておるよ”。

④気がねせん:即“気がしない”之意。

⑤一本松の写真:指孩子们当年探望伤脚的大石老师时在一棵松树下的合影照片。

⑥ソンキ:即矶吉,人名。

⑦キッチン:即吉次,人名。

⑧はる…かげさして:土井晚翠作词的名曲《荒城之月》的头两句,歌词大意是:春日城楼月下宴,观花在高堂,杯影人影相交错,美酒泛流光。

【作者简介】

壶井荣(1900—1967)生于香川县濑户内海的小豆岛。小时因家境贫穷,高小毕业后在村邮局、村公所工作,受壶井繁治和黑岛传治的影响爱好文学。1925 年到东京参加无产阶级文学运动。1938 年发表《萝卜叶》受到文坛注目,接着又以《历》获新潮文艺奖。主要作品还有《妻子的地位》《拍岸之浪》《杂居家族》和儿童文学作品《坡道》《没有母亲的孩子和没有孩子的母亲》等,多次获得文艺奖。

71 火鸟/火の鳥

伊藤整

【作品梗概】

混血儿生岛惠美的父亲是英国人，母亲是日本人。父亲回国后，惠美靠父亲的汇款，在母亲和比她年长10岁的姐姐的照料下长大成人。小时候，惠美对自己的红头发感到羞耻，可是自从进了女子学校，她开始懂得了自己天生丽质的价值。在女子大学，她因相貌娇美、外语流利成了引人注目的人物，学校演外语剧目的主角非她莫属。毕业后不久，惠美被剧作家兼演出家田岛有美看中，选入了田岛主办的蔷薇座剧团，她和该剧团的演出助理、剧本部的杉山相爱结婚。当时战争尚未结束，杉山编了些配合时局的戏领着剧团去中国前线慰问演出，已经怀孕六个月的惠美被杉山强行要求打了胎，从此，她得了恐惧症，听到小孩的哭声就要发作。她很痛苦，与杉山分手了。此后，田岛夫人因养病住到轻井泽，惠美就成了比她年长20岁的田岛先生的情人。战后，从田岛那儿学得演出技艺的惠美一跃成为话剧界有前途的新星，她接受了电影导演富士的访问，没与田岛商量就答应参加电影《火鸟》的拍摄。在宴席上，惠美认识了饰演男角的大学生长沼，他是个长得洁净的美男子，电影中有着接吻的镜头，可摄制结束后，惠美在辻堂海岸又和长沼接了吻，这使她十分难忘。惠美的舞台艺术得到了定评。后来，一个大剧场来邀请蔷薇座剧团公演，这是个千载难逢的良机。次日，长沼来邀请惠美参加大学生们的演出，谁知演出即将结束时，学生和前来逮捕共产党员的警察发生冲突，惠美也挨了警棍的殴打。这次事件之后，报界大肆渲染，田岛大为光火。就在蔷薇座预定到大剧场公演的第一天，惠美和从警察局释放出来的长沼躲到郊外的旅馆里同居了。惠美的失踪引起骚动，第五天，她被发现后被不由分说地带回剧团，观众满座了。这时，长沼又来劝惠美去参加与田岛对立的山岸剧团新生座，加上新摄制电影角色的问题，蔷薇座面临着分裂的危机。奇怪的是，和左派学生为了爱而同居的惠美却被观众当作有阶级觉悟的女演员大受青睐，惠美感到了"别人眼里的自己"和"自己眼里的自己"的矛盾，她对自己被卷入"社会秩序""组织"的危机深感恐惧，只有在长沼身边时，才感到自己是一个女人。

【作品鉴赏】

长篇小说《火鸟》自 1949 年 2 月至 1953 年 11 月间断发表于《人》等杂志，刊载完毕后即由光文社出版了单行本。

本作品采用女主人公惠美独白的形式及正叙、回忆的手法写成，通过一个女性"人生演员"的现实生活和精神方面的矛盾，鲜明地揭示了现代舞台艺术家的生活与艺术、艺术与良心上的分裂状况，作者力图表现受资本主义社会组织和秩序控制、愚弄的艺术家的心理活动，说明在庞大组织控制下，现代艺术家的良心和人性不易得到确保，艺术家单靠艺术无法自立，只有和大剧场、新闻报道界乃至警察署等艺术之外的力量联合起来，艺术家才可以表现自己的艺术。作者借惠美之口问道："人在哪儿？谁是自由人？"表达了作者对资本主义社会无视和压制人权、自由的抗议。因此，本作品的主题是战后日本文学的一个重大主题。本作品发表期间，作者又写了一篇《组织和人》的评论文章，专门阐述了自己对这一问题的见解。

早在 30 年代，作者就成了一位有名的新心理主义作家，本作品再次集中体现了作者的风格，它注重冷静地观察并描绘惠美作为舞台艺术家追求自我、企望按照自己愿望生活的精神世界，可以说，人物心理刻画是很成功的。评论家濑沼茂树说：《火鸟》是作者将文坛生活中得到的生活意识理论化、又在女演员及其生活中具体化了的作品。"小说的情节比较有趣,文笔生动有力。

选文①

一体こういう事全部の起りは何だろう。誰かが陰にいて、敬ちゃん②や私をあやつり、色色な事件にぶっつけ、傷つけて、その傷から思想という伝染病をうつしてひろげたようなものだ。そのあやつり手は、S大学の劇研のリーダアの江上かも知れない。私は一番外の皮、敬ちゃんはその内側の皮、そして真中にいるのはあの江上で、敬ちゃんも私も、彼に動かされて外の秩序にぶつかり、傷ついてはその病気に捲き込まれて行っているのではないか。

そのカラクリのもとを作っているのは江上だろうか。そんなら、年若い闘士の江上と、あの大都劇場のエビのような老人の草壁③とが、二つの対立している力の根元だろうか? でも私のスキャンダル④、私のこの変な人気だって、草壁がそそのかして作ったものではない。私は心のままに動いた。その動き、人間としての衝動に従ったことが、スキャンダル、宣伝、評判、人気となり、私はそれに抵抗して自分を守ることで、芸を作ったのだ。その約束って何だろう? 私のと敬ちゃんのとは、対立している全く別なものだ。

そして私は、おぼろに気がついた。二つの力が対立して、目に見えない秩序というその生命をふやし、人間の願いや真心を餌食にして広がり、増大しながら、たがいに相手を征服しようとしている。いま私の中でも、その二つが戦い、侵し合っている。私も敬ちゃんも、その秩序という、無限にひろがる巨大な組織の一分子にすぎない。そして草壁も、江上もその一分子でありながら、自分がやっている、自分が戦っている、と思っている。彼等も、その秩序の歯車の一つにすぎないのではないか。人間はどこにいるのだろう? 誰が自由な人間なのだろう。どこにも自由な人間なんて居ないようだ。

でも、その想像(そうぞう)に抵抗(ていこう)して、私(わたし)は考(かんが)えた。私(わたし)はまだ人間(にんげん)だ。私(わたし)の中(なか)にある、あの美青年(びせいねん)の敬(けい)ちゃんと触(ふ)れ合(あ)った喜(よろこ)びが、それが私(わたし)の女(おんな)で、それが私(わたし)の人間(にんげん)だ、と。

【选文注释】

①本段引自《火鸟》第七章《蔷薇座》"一"。惠美应长沼之邀参加了S大学的演出，但是末了警察袭击了学生，抓走长沼，殴打惠美，两人同居后又引起舆论大哗，引文是惠美对上述种种事件原因的分析，集中体现了本作品的主题。整部作品用第一人称叙述，类似引文的大段叙述人物心理活动的段落为数不少。

②敬ちゃん：即年纪小于惠美的大学生长沼敬。

③草壁：大都剧场的经理。

④スキャンダル：丑闻，丑名。

【作者简介】

伊藤整(いとうせい)(1905—1969)生于北海道。由东京商科大学辍学。当过中学、大学教师。1926年自费出版处女诗集。1929年创办《文艺评论》杂志，致力于爱尔兰作家乔伊斯的介绍，提倡"新心理主义"文学。1930年发表小说《感情细胞的断面》得到川端康成的肯定。主要作品有小说《幽鬼的街》《得能五郎的生活和意见》《鸣海仙吉》《泛滥》《发掘》，另有评论《新心理主义文学》《关于女性的十二章》《小说创作法》《日本文坛史》及译作《查特莱夫人的情人》等。曾任日本近代文学馆理事长。

72 金阁寺/金閣寺

きん かく じ

三島由纪夫

【作品梗概】

“我”出生在北陆地区的一个小寺庙中,从小就从父亲那儿得知了金阁寺的美,心中漫无边际地描绘着金阁寺的幻影。由于口吃的生理缺陷,“我”与外界的交往有了障碍,被人疏远的烦恼使“我”变得更富幻想性,产生了自己是在黑暗中张开双臂等待着什么的意识。父亲死后,“我”成了金阁寺(鹿苑寺)的徒弟。当时战争已近尾声,战局恶化,噩耗不断传来,大量的鲜血,使“我”更感到金阁寺富有美感。“我”每天都要去观赏它好几次,以致招来朋辈徒弟们的讪笑。

随着日本本土遭遇轰炸的临近,“我”觉得金阁寺也许会在空袭中烧毁,在等待的过程中,又想到倘若金阁寺化为灰烬,必定平添悲剧的美,相信自己与金阁寺在同一个世界之中,这一想法使“我”喜悦、陶醉并受到激励。

然而,金阁寺并未在战争中烧毁。战后,“我”进了大谷大学,觉得自己与金阁寺断了关系。“我”结识了一位叫柏木的同学,他因为严重的内翻足而陷于极度的孤独之中,他的宿命告诉“我”理解自己孤独的含意,同时柏木还教“我”学坏,使“我”产生了强奸妇女的念头,试图在实际中品味人生。不过两次尝试均因突然间出现的金阁寺的幻影而未遂。金阁寺的美阻碍了“我”与人生实际的联系,最终“我”粗暴地质问金阁寺:“为何要将我与人生阻隔?”为了脱离金阁寺对“我”的支配,也为了有朝一日去支配金阁寺,“我”决心放火烧掉它。有一天,"我"目击了长老的做爱,成为金阁寺住持接班人的希望也落空了。1950年7月1日的雾气腾腾的雨夜,一心想着要漂亮地打开自我精神世界与客观外界之间那把生锈的锁,"我"放火烧了金阁寺。在熊熊燃烧的烈焰前,"我"抽着烟,决心活下去。

【作品鉴赏】

长篇小说《金阁寺》1956年1月至10月在《新潮》杂志上连载,同年10月由新潮社出版单行本。本作品明显是以1950年7月2日金阁寺火灾为素材,罪犯林承贤为原型创作的,但是与现实的事件又有着本质的不同,是完全按作者的思想和美学意识重新构思的。小说以口吃青年沟口独白的形式写成,把一个被社会疏远的孤独青年从开始迷上金阁寺到下决心放火烧掉它的心理过程精细地叙述出来,通过作品中的鹤川、柏木、有为子、长老等人物,主人公的心理生动地显现出来。从第一章到第十章的高潮处,小说的结构十分工整严密,没有破绽。作者想要告诉读者的是被劫火焚烧的金阁寺的壮美幻想以及亲手毁灭自己钟情的美的行为意义。在这部作品中,幻影与现实交错,展现出一个精巧的文学世界。

本作品建立在牢固的现实性的基础上,最终反而写成了一部出色的观念性小说。在本小说创作之前,作者曾说过:"有一个事件,在小说创作中,可以认为按小说世界内部法则做,就会失去原有的真实。于是事件以原本的样子、无秩序的形式出现。这样,用缓慢的时间阅读小说,读者便可以按自身的精神经验去理解事件,经过再构思,读者自己便能赋予它新的真实。"(《小说家的休假》)从第一章富有暗示性的插曲到金阁寺的烧毁,作者按一定的速度叙述,靠文体来增强效果。由于金阁寺是美和永恒的象征,女人是人生的象征,因此,金阁寺导致人疏远人生的构思非同寻常。置身在无限的美之中的人怎么能向人生伸手呢?此外疏远和被疏远,对于化为永远的美的恐惧,所有的一切都和美与人生、艺术家与人生的悲剧相关。通过本作品的创作,作者在努力探索"成为艺术家固定观念的美学意识怎样才能在实践中得以通过"的课题。

本作品出版后，作者又说过："我终于完全利用自己的气质，尝试将其化为一种思想并放心归来，那是一种勉勉强强的成功。"(《十八岁与三十四岁的肖像画》)这部虽然难解，却是值得纪念的作品也是作者的会心之作，在三岛由纪夫的长篇小说中是"最富有艺术气息的作品"(矶田光一)，先后被译为英国、法国、德国、意大利、西班牙、丹麦、瑞典、荷兰、芬兰、挪威等国文字，是日本近代文学中被世界广泛知晓的名作，曾获得日本读卖文学奖。

选 文[1]

その時私は最後の別れを告げるつもりで金閣のほうを眺めたのである。

金閣は雨夜の闇におぼめいており、その輪郭は定かでなかった。それは黒々と、まるで夜がそこに結晶しているかのように立っていた。瞳を凝らしてみると、三階の究竟頂[2]にいたって俄かに細まるその構造や、法水院と潮音洞の細身の柱の林も辛うじて見えた。しかし嘗てあのように私を感動させた細部は、ひと色の闇の中に融け去っていた。

が、私の美の思い出が強まるにつれ、この暗黒は恣ままに幻を描くことのできる下地になった。この暗いうづくまった形態のうちに、私が美と考えたものの全貌がひそんでいた。思い出の力で、美の細部はひとつひとつ闇の中からきらめき出し、きらめきは伝播して、ついには昼とも夜ともつかぬふしぎな時の光りの下に、金閣は徐々にはっきりと目に見えるものになった。これほど完全に細緻な姿で、金閣がその隈々まできらめいて、私の眼前に立ち現れたことはない。私は盲人の視力をわがものにしたかのようだ。自ら発する光りで透明になった金閣は、外側からも、潮音洞の天人奏楽の天井画や、究竟頂の壁の古い金箔の名残をありありと見せた。金閣の織巧な外部は、その内部とまじわった。私の目は、その構造や主題の明瞭な輪郭を、主題を具体化しなゆく細部の丹念な繰り返しや装飾を、対比や対称の効果を、一望の下に収めることができた。、法水院と潮音洞と同じ広さの二層は、微妙な相違を示しながらも、一つの深い軒庇のかげに守られて、いわば一双のよく似た夢、一対のよく似た快楽の記念のように重なっていた。その一つだけでは忘却に紛れそうになるものを、上下からやさしくたしかめ合い、そのために夢は現実になり、快楽は建築になったのだった。しかしそれも、第三層の究竟頂の俄かにすぼまった形が戴かれていることで、一度確かめられた現実は崩潰して、あの暗いきらびやかな時代の、高邁な哲学に統括され、それに服するにいたるのである。そして柿葺の屋根の頂き高く、金銅の鳳凰が無明の長夜に接している。

【选文注释】

①本段引自作品第十章接近尾声的部分，描写主人公放火之前对金阁寺作最后的审视和告别。作者作为日本古典唯美倾向的继承者，在战后价值观颠倒、虚无主义盛行的社会中，努力去发现合适的美的素材，然后以古典式的词汇和冷峻的文体去人工构筑故事。本段引用文可看到其创作风格的一斑。

②究竟頂："究竟"在佛教用语中是无上、终极的意思。

【作者简介】

三島由紀夫(1925—1970)原名平冈公威。毕业于东京大学法学系。早在学习院时代就参加《文艺文化》同人杂志社，并发表过习作。接受日本浪漫派的影响，在川端康成的推荐下登上文坛。曾加盟《近代文学》。1952和1957年两次赴欧美旅行。主要作品有《鲜花盛开的森林》《假面的告白》《爱的饥渴》《禁色第一部》《潮骚》(获新潮社文学奖)、《小说家的休假》《白蚁之巢》(获岸田戏剧奖)、《鹿鸣馆》《春雪》《镜子之家》《丰饶的海》等。三岛文学才华横溢，政治意识属右翼，最后在自卫队剖腹自杀。他的文学与行动既充满人性，又非常残酷；既想把历史与美学分开又难以做到，其矛盾的情感和心理往往超越常理。

73 天平之甍/天平の甍

井上靖

【作品梗概】

圣武天皇的天平五年(733年)四月末,普照、荣睿、戒融和玄朗四位僧人搭乘第九次遣唐使船从难波津出发去唐朝留学,他们此行有一项重要的使命,为了在日本实行授戒制度,必须在下次遣唐使船来接他们之前的十余年间请到一位学德兼优的中国传戒法师。普照等人在海上漂泊三个多月,历尽艰辛于八月到达唐朝,受到欢迎。四个月后,一行人来到洛阳,见到了已在唐朝住了二十余年、现正在抄写经文的业行。入唐后的第二年,爱到处旅行的戒融外出化缘,天平八年,受唐玄宗的宠臣阿倍仲麻吕的照顾,普照等三人进入长安,当他们听说先期去日本的道璿虽然被招为授戒法师,却因众僧不够,仍无法实行戒法的消息后,深感责任重大,决定提早回国,这是他们到达长安的第七年。荣睿在扬州大明寺成功地请到了唐朝名僧鉴真去日本传戒。743年,一行人启程赴日,但连续五次失败,因生活艰难、颠沛流离,荣睿不幸去世。61岁的鉴真法师失明。然而,鉴真和普照他们的坚强信念没有动摇,普照一面埋头抄写业行留下的经文,一面等待渡海的时机。又过了十年,也就是普照等人离开日本二十周年时,鉴真一行二十四人和普照搭乘第十次遣唐使船只终于踏上了日本的国土。而业行和他费尽心血抄写的经卷文献却全都失踪了。这时日本佛教界的情况和二十年前已大不相同,根据诏勅鉴真被授予戒传律的权力,普照在兴福寺维摩堂的讨论中,驳倒了反对派的主张，赢得了声誉，在东大寺说开遮讲律疏。天平宝字二年(758年)，遣勃堂海使给普照带回唐朝赠送的一只雕甍，在唐招提寺开基之时，它被用在金房顶上。普照望着这屋脊，心中感慨万千。

【作品鉴赏】

长篇小说《天平之甍》1957年2月至6月连载于《中央公论》杂志，同年12月由中央公论社出版单行本。

这部历史小说根据名僧鉴真赴日本这一文化史上人所共知的事实，通过日本为引进和吸收中国先进文化而奔赴唐朝留学的僧人的群像，表现了唐代中日两国文化使者为文化交流舍生忘死，锲而不舍的崇高精神。本作品中几个留学僧人最后的结局各不相同，戒融外出化缘，不知下落；意志薄弱的玄朗还俗与唐女结婚未归，业行失踪，荣睿客死他乡，只有普照一人如愿回国。中国唐代僧人鉴真接到荣睿邀请，深明大义，毫不计较得失，从此和日本僧人同舟共济，为传播古老的中国文化献出了一切。这些为完成中日两国文化交流使命的先驱使者们不畏艰难、百折不挠的壮举和精神深深地感染了读者，其光辉形象令人难以忘怀。

作者在创作本作品之前，已写有短篇历史小说《漆胡樽》《异域的人》《楼兰》等，《天平之甍》无疑是在这些作品基础之上的一大提高，作者以尊重史实的严谨作风，对记载当时遣唐使、留学生和鉴真事迹史实的《唐大和尚东征传》《续日本传》《延历僧录》等文献进行了认真仔细的查考，用撰写史书的叙事文体写出了这段历史故事，作品没有死板、枯燥的感觉，相反，处处洋溢着作者主观上赋予的浪漫情趣。吉田精一说作者“那种有效地利用叙事诗人的素质来描绘雄伟历史场面的手腕和努力，是在别人身上看不到的。”这部名作在1958年获得文部大臣奖。

选文[1]

人人(ひとびと)は舳先(へさき)と帆柱(ほばしら)の方(ほう)へ視線(しせん)を注(そそ)いだが、勿論(もちろん)、そこには闇(やみ)

以外何ものをも見ることができなかった。併し、船頭の言葉で、一同はその時の恐怖を少しでも向こうへ押しやることができた。

翌日風波は幾分おさまったが、船はなお大きい波濤に揺られながら、早い潮の流れに乗って何処ともなく運ばれていた。舟人の話では日本と反対の方向へ渡るとか、渡れないとかいうことは考えなかった。どこでもよかった。無事に陸地の上に立つ日が来ることだけが望ましかった。

三日目に、船は蛇の群がっている海にはいった。その長いものは一丈余、小さいものでも五尺はあり、蛇は海面一面をうごめき泳いでいた。普照は三年前禅林寺で戒融に会った時、彼が蛇の海も見たと言ったことを思い出し、このようなところへ戒融もまた来たのであろうかと思った。

蛇の海を過ぎること三日、こんどは飛魚の海域にはいった。白銀色の魚は、いずれも水面を出る時にきらきらとその白い肌を光らせ、その輝きは船の行手の空間を、そこだけ異様な光で埋めた。魚はいずれも長さ一尺ばかりであった。こんな日が三日続いて、その後の五日間は大きな鳥の群が海を渡るのを毎日のように見た。鳥たちは、時時船の上に集まって来ては羽を休めた。その度に船はその鳥の重みで沈むかと思われた。追おうとすると、却って人間の方がその嘴で傷を受けた。

その後の二日ほどは、またまた強い風が吹き、船は潮に揺られながら漂流を続けた。乗員は殆ど全部板子②の上に横たわったままだった。

普照だけはやや元気で、毎日生米を少しずつ船内に配って歩いたりした。思託は一日中板子の上に倒れてはいたが、時時腹這いになると、思い出したことを小さい字で巻物の裏面に書きつけていた。それでなくてさえ船に弱い栄睿は、死んだように横たわって動かなかった。船酔と何度目かの渡海の失敗に依る落胆が、栄睿を口もきけなくさせていた。普照は、栄睿のこのような姿を何回見たことだろうと思った。

一番難渋したことは、水のないことであった。米を噛んでも喉が乾いているために飲み込むことできず、吐こうにも口から出ず、鹹水を飲むと忽ちにして腹がふくれ、誰もこれほどの苦しみを味わったことはないと言い合った。

そうした或日、海中に丈一丈ほどの金色の魚が泳いでいるのを見た。見付けたのは祥彦だった。何匹かの金色の魚はいずれも船から離れず、船の周囲を泳いでいた。この魚を見た翌日、風は全くおさまり、人人は船の行手遠くに島影を見た。

風が凪ぎ波が静かになると、鑑真は起き上がり、舳先近いところに座を占め、海の方に顔を向けて坐った。鑑真が起きると、他の僧たちも起き出して、その背後に坐った。遠く水平線を睨んでいる鑑真の顔は、普照にはやはり犯し難い凛としたものに見えた。普照は平生と少しも変わらなかった。ただ無口になっていた。

【选文注释】

①本段引自《天平之瓮》第三章，叙述鉴真和尚一行不畏失败，三年后再次东渡时的遭遇。风浪、晕船、饥渴、猛禽、海蛇，这一切形象地告诉读者，当年鉴真和普照等人经历了何等的苦难，鉴真坐在船头的神圣不可侵犯的模样又极好地说明了文化使者们百折不挠的坚强意志。作者对海蛇、禽、鱼的充满浪漫情趣的表述，为历史故事平添了生机。

②板子：日本式船只底部铺的木板。

【作者简介】

井上靖（1907—1991）生于北海道。先后入九州大学和京都大学学习法国文学和美学。学生时代就发表了诗和剧本。1936 年入每日新闻社工作。以《斗牛》一作获得芥川奖。1951 年辞去报社工作专心从事写作。主要作品有现代小说《猎枪》《黑蝶》《射程》《冰壁》等，以及历史小说《敦煌》《苍狼》《风涛》等。作品获得多种文艺奖，1976 年获文化勋章。多次访问过中国。

74 死者的奢华/死者(しLや)の奢(おご)り

大江健三郎

【作品梗概】

“我”是大学法文系的学生，有一天，“我”在大学的告示板上看到医学系征招打工者的消息，便立即去应聘。打工的具体内容是把浸泡在酒精中供解剖用的尸体从旧的水槽移到新的水槽中去。在现场工作的除了一位在这儿干了三十年的管理人之外，还有一位同样来应聘打工的女生。管理人以这项工作为豪，而女生则直截了当地告诉我说，她已经怀孕了。“浸泡在浓褐色液体里的死者们，胳膊肘纠缠着，脑袋顶撞着，满满地挤了一水池。有的浮在水面，也有的半沉水中。”尸体“保持着坚硬的不驯服的独立感”。这些尸体远比活人难弄，是一种具有重量感的物体，地上很滑，浓烈的气味执拗地刺激着鼻孔的黏膜，与死者的对话令人感到疲劳，但渐渐地也就适应了。我觉得尸体是“和地板、水池及天窗一样坚硬安定的‘物体’，这样想着，便感到体内有微微震颤的感动”。

下午，看到一具新来的少女尸体时，我被她那“绷紧的、洋溢着新鲜娇嫩的生命感”的生殖器吸引，“怀着一种深爱注视着”，还“坚硬地勃起”了。过来查看的医学部教授听说我是研究法国文学、专攻拉西努的学生，先生无奈，进而生气地问：“你不觉得难为情吗？”后来，那位英文系的打工女生滑倒在地上，她又累又惊恐，身体感到不适而被带到医务室去了。到了傍晚，工作总算结束了，可这时到来的副教授却说，旧的尸体教学不能使用，全部得拉到火葬场去烧掉。一整天的忙碌成了徒劳。一想到今天晚上要干完这些讨厌做却又不得不做的力气活，“涌到喉咙口的那股膨胀起来的厚重情感怎么也无法压抑下去”。

【作品鉴赏】

本短篇小说于1957年8月发表在《文学界》杂志上，本作品的主题与作者的前一部作品《奇妙的工作》一样，在于通过人的、不被强制的人的徒劳行为的描写，去追求一种“被监禁的状态、被闭锁的壁垒中的生存状态”（单行本《死者的奢华》后记）。在作者看来，浮在水槽里的尸体比起那些有生命的活人来不暧昧，具有更多的物体充实感，与他们相比，成天干着近似徒劳工作的人显得多么的可悲。这种与一般见解相反的表达方法是作者为了把握现实中的人的不安而常用的手法。同时，本作品也反映了作者对于野性的生命力的憧憬，这与尸体放置场所的阴暗氛围对照起来描写，具有一种艺术的美感。在这样令人不快的地方辛勤地白白做着无益工作的主人公成了现代人的象征。这一手法在本作品发表后，受到文学评论家的高度评价，因此巩固了作家的文坛地位。

作者在东京大学法文专业学习期间，便广泛地接触了世界各国的文学，读过不少萨特、加缪、福克纳、梅勒的作品，有一个时期，作者对萨特特别迷恋，他说：“我是在读了萨特之后突然选择文学专业、并写了关于他的文章而从法国文学系毕业的。我的青春的前半段是在萨特的影子下度过的。”（《欧洲的声音、我自己的声音》）萨特从来就没有把文学和哲学截然分开，而是用相互印证和阐发的方式来表达。大江健三郎看到日本战后日渐保守的社会和离群索居的借宿生活，使作家深感与自己同龄的青年都处在被人无形囚禁的状态之中，让人愤怒、狂躁，却又无法反抗，这种情况与萨特描绘的“大写的墙”的主题颇为接近。从本作品中流露的徒劳和荒诞的故事看，作家正是在一种否定的精神状态中与萨特产生共鸣，因而接受了萨特，因为“权利本不存在，是理所当然拥有的，徒劳无益。因为一切逃避都被大写的墙阻拦，逃避存在，依然存在。存在无所不包，人须臾不可

离”。(《萨特文集・小说卷导言》)

选文一[1]

死者たちは、濃褐色の液に浸って、腕を絡みあい、頭を押しつけあって、ぎっしり浮かび、また半ば沈みかかっている。彼らは淡い褐色の柔軟な皮膚に包まれて、堅固な、馴じみにくい独立感を持ち、おのおの自分の内部に向って凝縮しながら、しかし執拗に体をすりつけあっている。彼らの体は殆ど認めることができないほどかすかに浮腫を持ち、それが彼の瞼を硬く閉じた顔を豊かにしている。揮発性の臭気が激しく立ちのぼり、閉ざされた部屋の空気を濃密にする。あらゆる音の響きは、粘りつく空気にもといつかれて、重おもしくなり、量感に充ちる。

死者たちは、厚ぼったく重い声で囁きつづけ、それらの数かずの声は交りあって、聞きとりにくい。時どき、ひっそりして、彼らの全てが黙りこみ、それからただちに、ざわめきが回復する。ざわめきは苛立たしい緩慢さで盛上り、低まり、また急にひっそりする。死者たちの一人が、ゆっくり体を回転させ、肩から液の深みへ沈みこんで行く。硬直した腕だけが暫く液の表面から差し出されてい、それから再び彼は静かに浮かびあがって来る。

【选文注释】

①本节引自作品的开头,这就是学生打工的场所,即作者设定的“囚禁状态”和“封闭的高墙内的生存状况”,具有存在主义的否定性倾向,而这种否定,其实就是自由的显现。

选文二[1]

「受胎して、見っともない格好になって行く自分を見ている時の感情は分らない」

「そしゃ分らないと思うけど」と僕は当惑していた。

「妊娠するとね、厭らしい期待に日常が充満するのよ。おかげで、私の生活はぎっしり満ちていて重たいくらいね」

僕はポケットから広いハンカチーフを取りだして足を拭った。「手術②にすることだなあ」

「そうよ。だから手術料をかせいでいるの」と女子学生はいった。

「うんと貰えたら、一番良い部屋に入院するといいね」

「私の友達は、手術がすむとすぐ、自転車に乗って帰って来たそうだわ」

僕らは押しころした声で笑い、医学部の建物へ向って歩き始めた。

「私がもし、このままじっとしていたら、どうなると思う？」と女子学生がいった。「十箇月私が何もしないでいたら、それだけで私は、ひどい責任を負うのよ。私は自分が生きて行くことに、こんなに曖昧な気持なのに、新しくその上に別の曖昧さを生み出すことになる。人殺しと同じくらいに重大なことだわ。唯じっとして何もしないでいることで、そうなのよ」

【选文注释】

①本段引自作品中部，是两位男女打工者在工作中的对话。女生是为了挣打胎费用来搬尸体的，他们对于生命与死亡的感悟成为大江文学闪烁“异才”的起点。

②手術：指人流手术。

【作者简介】

大江健三郎(1935—)小说家。生于爱媛县。东大毕业后以《饲育》获得芥川奖，之后作为战后的代表作家活跃文坛。其主要代表作还有《个人的体验》《万延元年的足球》《广岛札记》《洪水淹没我的灵魂》《空翻》《燃烧的绿树》等。1994 年成为日本第二位荣获诺贝尔文学奖的作家。大江的创作热烈地憧憬外来文化，努力创造“冲突、并存、融合”的文化模式。作品中虽然有浓重的萨特、加缪等人的存在主义的影响，但技巧多于理念，并加以日本化。正如他在诺贝尔颁奖仪式后的致辞中所说，自己“重新发现了《源氏物语》”，要努力在创作中立足现实，又超越现实，将现实与象征融为一体。

75 恐慌/パニック

开高健

【作品梗概】

一个小城发生了百年未遇的鼠害，从1836年以来，已经整整一百二十年未发生过这种事了。那是因为去年春天，这个地区的矮竹子一下子开花结籽，到了秋天，以竹籽为食物的田鼠、赤鼠、姬鼠、沟鼠蜂拥而至，拨开密如网眼的竹根，掏成四通八达的坑道，筑起了自己的地下王国。老鼠虽然胆小怕事、神经脆弱，但一旦汇成浩浩荡荡的大军，其集团的力量是阴暗而巨大、同时也是疯狂和爆发性的，具有极大的破坏力，造成了令人恐慌的局面，而且，这种局面在不断地蔓延、泛滥。

官署山林科职员俊介对此早有预见，并及时地拿出治理预案，但科长端着上司的架子，根本不愿采纳俊介的合理建议，他漫不经心、主观、傲慢，既不同意放火烧小竹丛，也不积极放养黄鼠狼，只顾花天酒地作乐。一旦鼠患形成，又手足无措，反而耿耿于怀对灭鼠方案越级报向局长而向俊介泄私愤。官僚机构的腐败造成俊介的灭鼠方案再次付之东流，俊介遭到科长的反感，同事的轻蔑。科里的其他职员嫉贤妒能每天浑浑噩噩地糊弄手头的工作，晚上在小酒馆里哼唱“人生多无聊、活着为口饭”的小调来自我解嘲，排遣心中的郁闷，谁都不肯表示自己的意见。当山林科已无法应付鼠害的大量投诉时，俊介受命于危难之时，成立鼠害委员会，全面负责对付鼠害，他收购鼠的天敌黄鼠狼、蛇类，准备大量的1080剧毒鼠药，把夹鼠器分发到各村庄，悬赏发动人人参与灭鼠。但是，这些措施的效果并不明显，俊介又面临了新的责难和各方的压力。鼠害造成的恐慌让这一自然现象转化成心理现象，最终变成政治现象。遭到在野党攻击的局长被恐慌弄得失魂落魄，逼得狗急跳墙，竟自欺欺人地企图把老鼠大军的存在说成是人们虚构的幻影，并解散鼠害委员会。俊介悲愤万分，只能强作笑脸向那堆行尸走肉的官员低头。最后，数不清的老鼠竟然争先恐后地投湖自杀，令人难以置信。它让俊介啼笑皆非，带着孤寂自语："还得回到人群中去。"

【作品鉴赏】

本短篇小说1957年8月发表于《新日本文学》。它与《巨人与玩具》《裸体皇帝》一起，成为作家初期创作的代表作。当时，《裸体皇帝》仅以微弱优势击败大江健三郎而赢得1958年第三十八届芥川奖，两人几乎同时登上文坛，迎来了战后日本文学的"开高・大江"时代。

本作品以小城发生百年不遇的鼠害为情节，揭露了官僚机构的腐败，而真正致力于消除祸害的人却遭到排挤打击，针砭时弊、入木三分，可以帮助读者了解日本社会中黑暗的一面，反映了作者强烈的批判态度。当时伊藤整提出的"组织与个人"的社会现象颇受人们关注，而开高健正是把握了这一现代社会中的个人在组织中无能为力的现状，表现了作者对野性的生命力的憧憬和成为充满伪善的社会牺牲品的灵魂的愤懑、同情，并试图通过揭露和批判来达到拯救的目的。

作者对于老鼠习性的观察仔细，对于受超越个体力量的支配而始终保持集体行动的老鼠的细腻的描写方法，与横光利一初期的作品有相似之处。虽然写的是老鼠的世界，但不仅仅是老鼠，某种意义上说人类也同样，偶然发生意外事态时，受集体支配采取的行动往往招来意想不到的后果。在高度发达的城市中，不是人当组织的齿轮，而是人本身受到集团意志的盲目支配，惹出出乎意料的事态。

在艺术风格方面，开高建受到20世纪欧洲文学巨匠弗朗兹・卡夫卡的影响，比较注重心理描写，认为小说创作应有喜怒哀乐，要有理想和心理分析，要有寓意深刻的趣闻轶事和精辟隽永的警句，其文体干燥，内容新颖，完全排除自然主义文学那种靠感觉描绘人的做法，而是努力像把握物体那样去把握人类，因而深受好评。

选文[1]

しかし、夜明けちかくなってやっと湖についたとき、彼らは過去一年四ヵ月にわたって追いつ追われつして[2]いたエネルギーの行方をついに発見することができた。

湖を一周しかけた彼らはたちまち薄明のなかにひろがる狂気を見いだして車をとめた。農学者はユーレカ[3]の声をあげて自動車からとびおり、水ぎわへかけだしていった。そのあとから湖岸の砂地におりた俊介は自分が異様な生命現象に直面していることを知った。

無数のネズミが先を争って水にとびこんでいた。明け方の薄暗い灌木林や草むらや葦の茂みなど、いたるところからネズミは地下水がわくように走りだしてつぎからつぎへと水にとびこんでいった。水音と悲鳴で、湖岸はただならぬさわぎかたである。ネズミはぬれた砂地を走ってくるとそのまま水に入り、頭をあげ、ヒゲをたて、鳴きかわしながら必死になって沖へ泳いでいった。

奇怪な規律である。ただの一匹も集団からはずれた行動をとるものがないのだ。これはツンドラ地帯[4]でレミング[5]が移動の時にのこす記録とまったく一致している。飢えと狂気の衝動のために彼らは土と水の感触が判別できなくなったのだろうか。彼らの肺や足は陸棲動物のそれである。泳いだところでせいぜい時間にして一〇分から三〇分、距離にして八〇メートルから二五〇メートルくらいしかもたないのだ。しかも彼らは迂回することを知らず、一直線に泳ぐ。対岸をめざしているのではない。新しい土地を求めているのではない。ただ発作的に走っているだけだ。

俊介(しゅんすけ)は靴底(くつぞこ)を水(みず)に洗(あら)われ、寒(さむ)さにふるえながらこの光景(こうけい)を眺(なが)めていた。朝(あさ)もやにとざされた薄明(うすあかり)の沖(おき)からつぎつぎと消(き)えてゆく小動物(しょうどうぶつ)の悲鳴(ひめい)が聞(き)こえてきた。その声(こえ)から彼(かれ)の受(う)けたものは巨大(きょだい)で新鮮(しんせん)を無力感(むりょくかん)だった。一万町歩(いちまんちょうぶ)⑥の植栽林(しょくさいりん)を全滅(ぜんめつ)させ、六億円(ろくおくえん)にのぼる被害(ひがい)をのこし、子供(こども)を食(く)い殺(ころ)し、屋根(やね)を剥(は)いだ力(ちから)、ひとびとに中世(ちゅうせい)の恐怖(きょうふ)をよみがえらせ、貧困(ひんこん)で腐敗(ふはい)した政治(せいじ)への不満(ふまん)をめざめさせ、指導者(しどうしゃ)には偽善(ぎぜん)にみちた必死(ひっし)のトリックを考(かんが)えさせた、その力(ちから)がここではまったく不可解(ふかかい)に乱費(らんぴ)されているのだ。⑦

【选文注释】

①本段引自作品结尾部分，描写造成巨大危害、恐慌的老鼠大军集体自杀的情景。作者试图告诉读者，这种出人意料、令人苦笑的现代寓言式的结局与当今人类生活的政治没有多大的差别，人类本身的生活与老鼠群的生活也没有多大区别的，往往会受集体支配采取盲目的行动。

②追いつ追われつして：纠缠不休。“…つ…つ，”的形式表示并列，相当于“…たり…たり”。

③ユーレカ：我懂了；我知道了。

④ツンドラ地帯：冻土地带。

⑤レミング：(北极的)旅鼠。分布在挪威、瑞典等国，常常会突如其来地大量繁殖，然而成群结队、浩浩荡荡地狂奔至死。

⑥町歩：日本土地计量单位，一町步等于 99.15 公亩。

⑦此句意为：这股使人们重温中世纪恐怖、借贫困唤醒大众对腐败政治不满、逼迫权贵们集伪善之大成策划孤注一掷奸计的力量，竟这样不可思议地化为乌有了。

【作者简介】

開高健(かいこうたけし)(1930—1989)大阪人。毕业于大阪市立大学法学系，曾干过各种工作糊口。最早的习作发表于《近代文学》杂志，也从事过

文学翻译工作。本作品发表后确立作家地位，与大江健三郎一起一度成为媒体的宠儿。其主要作品还有《流亡记》《日本低档歌剧》《鲁滨孙末裔》《辉煌的黑暗》《行走的影子》《玉碎》(1979 年获川端康成文学奖）等。60 年代曾多次访问中国与欧洲诸国，会见过萨特。1965 年赴越南，冒着生命危险写作纪实文学，这方面的代表作品有《过去与未来的各国》《声音的猎人》《越南战记》等。

76 海与毒药/海と毒薬

远藤周作

【作品梗概】

“我”最近搬到东京世田谷区的西松原，因为患了结核病，每个月必须做人工气胸疗法，便就近请了一位名叫胜吕的医师。胜吕医师的医术高明，当一名街道医生实在有些委屈。他还是有着一段隐秘历史的人，一个偶然的机会，使“我”了解了他的这段历史。第二次世界大战期间，胜吕在九州一所大学里工作，曾参与过对美军俘虏进行活体解剖的令人发指的事件。“我”因故去九州时顺便到报社去调查了当时事件发生的始末。原来，在胜吕当年工作的那所大学，围绕着系主任的选举工作发生了权力之争，胜吕所在的教研室的教授因外科手术失败处于劣势，他急切地想弥补损失，“收复失地”，正在这时，西部军来大学医院商量进行美军战俘活体解剖的事，他们企图通过对八名美军战俘的解剖实验，弄清一个人失血多少才会死，用盐水代替血浆注入人体的极限以及治疗肺结核手术中人肺的最大切除量等问题。胜吕无法接受这项工作，却仍被指定参加解剖。胜吕的同事户田和护士都答应参加解剖，看上去，他们好像没有什么抵触感。手术开始了，解剖期间，胜吕始终受到良心的责备，一种要呕吐的不快感折磨着他。胜吕跑上楼顶，想朗诵他所记得的一首叙事诗，可是，只觉得口中干渴异常，怎么也发不出声来。

【作品鉴赏】

长篇小说《海与毒药》1957年6月至10月间断连载于《文学界》杂志。作品通过第二次世界大战末期日本九州医科大学用美军战俘做活体解剖实验的事件，无情地揭露了军国主义者的残忍和资产阶级所谓的医学道德的虚伪，表达了作者对侵略战争的谴责和厌恶的心情。小说发表后引起了各界很大的反响，并获得了新潮文学奖和每日出版文学奖。

作者以信仰天主教而闻名于日本文坛，他的作品多与宗教有关，一直在探求“天主教在日本是否可行”“日本人能够接受何种宗教”等问题。在本作品中，作者通过对活体解剖事件的描写，着意提出这样一些问题：那些战后统统成为被告的医务人员真是例外的失常者吗？是不是他们精神上、伦理上的空白导致犯罪的？如果他们是正常人，那么日本人到底是怎样的人？从作品中可以看到日本人的传统宗教意识和正统的基督教有着很大的不同。基督教（天主教）的上帝在西方人的心目中可以说是伦理的最高权威。而日本人则认为这种伦理的至高无上的仲裁者——上帝并不存在，因此，在普通日本人的心目中，没有基督徒那种对“罪恶”的认识，也不会为西方人的善与恶的对立而产生精神上的苦恼。作品中户田就是一个代表，他没有罪恶感，只有疲劳感。作者认为，日本人头脑中根深蒂固的宗教意识不是严厉的正统基督教，而是与之相异的佛教净土宗，因为净土宗鼓吹人可以带着各种罪恶得到弥陀的拯救并主张宽容。日本人一般不怕上帝的惩罚，只怕“别人的眼睛和社会的惩罚”。所以，佐伯彰一评论说：“作者要把这个事件作为一个问题，更深地追究它的含义，作品中描写的事件是耸人听闻的残忍故事，但是，它实际上又是一个伦理性的，进而是宗教性的寓言。”村松刚明确指出，远藤想要写的是“日本人的罪恶感，广义地说，就是日本人的社会观”。

作者擅长按人物的不同地位和经历细致入微地刻画人物心理，还运用电影中分切的手法把人物的性格写得有声有色。

作者大学时代研究法国文学，其艺术技巧有明显模仿西方文学的痕迹，写得通俗、清淡，且有西方小说中的幽默和滑稽感。

选　文[1]

だが戸田は勝呂がそこだけ白く光っている海[2]をじっと見詰めているのに気がついた。黒い波が押しよせては引く暗い音が、砂のようにもの憂く響いている。

「明日はまた、回診か」わざと欠伸をしながら、戸田はいかにも眠そうに呟いた。「ああ、しんど[3]。ほんまに[4]今日はしんどかったなあ」

勝呂は煙草の火を消して、こちらをふりむいた。彼はコンクリートの床に腰をおろし、両手で膝をだいたまま、うつむいた。

「どうなるやろなあ」と彼はひくい声で言った。「俺たちはどうなるやろ」

「どうもなりはせん。同じこっちゃ。なにも変らん」

「でも今日のこと、お前、苦しゅうはないのか」

「苦しい？　なんで苦しいんや」戸田は皮肉な調子で「なにも苦しむようなことないやないか」

勝呂は黙り込んだ。やがて彼は自分に言いきかせでもするように、弱弱しい声で、

「お前は強いなあ。俺あ…今日、手術室で眼をつむっておった。どう考えてよいんか、俺にはさっぱり今でも、わからん」

「なにが、苦しいんや」戸田は苦しいものが咽喉もとにこみあげてくるのを感じながら言った。（略）

「でも俺たち、いつか罰をうけるやろ」勝呂は急に体を近づけて囁いた。「え、そやないか。罰をうけても当たり前やけんど」

「罰って世間の罰か。世間の罰だけじゃ、なにも変らんぜ」戸田はまた大きな欠伸をみせながら「俺もお前もこんな時代のこんな医学部にいたから捕虜を解剖しただけや。俺たちを罰する連中かて同じ立場におかれたら、どうなったかわからんぜ。世間の罰など、まずまず、そんなもんや」

だが言いようのない疲労感をおぼえて戸田は口を噤んだ。勝

呂などに説明してもどうにもなるものではないという苦い諦めが胸に覆いかぶさってくる。「俺はもう下におりるぜ」

「そやろか。俺たちはいつまでも同じことやろか」

勝呂は一人、屋上に残って闇の中に白く光っている海を見つめた。何かをそこから探そうとした。

（羊の雲の過ぎるとき）（羊の雲の過ぎるとき）

彼は無理矢理にその詩を呟こうとした。

（蒸気の雲が飛ぶ毎に）（蒸気の雲が飛ぶ毎に）

だが彼にはそれができなかった。口の中は乾いていた。

（空よ。お前の散らすのは、白い、しいろい、綿の列⑤）

勝呂にはできなかった。できなかった…

【选文注释】

①本段引自《海与毒药》第三章“黎明前”结尾处，叙述了胜吕和户田对参与解剖事件的截然不同的感受。胜吕有罪恶感，他想起了立原道造的诗，试图通过自然抒情来排遣痛苦，而户田产生的只是疲劳感。作者就是这样来表现和探究日本人的宗教意识和罪恶感的。

②海：原作注写道：“海”是本作品的一条纬线，小说中多处重点都放在夜间的海上。这种失却了轮廓和形式美、极其可怕的夜和空间，要么一片沉静，要么动荡不停，整天与大地、空间和时间对峙。在准备解剖时，作者牢牢抓住“我”，使“我”梦见“被黑色的大海撕成碎片似的被冲走的自己的形象”而不寒而栗。作者让人们有意识地摈弃自己的“罪”的意识，到有着超越凡人的至高无上力量的大海去“找些什么”，其实就是找战胜“恶魔”的“神”。

③しんど：方言，相当于“疲れる”“くたびれる”。

④ほんまに：方言，同“ほんとうに”。

⑤这首诗意为：在绵羊般的云彩拂去的时候，每当带着水汽的云雾飞过，蓝天哟，你撒下的是一片洁白的棉絮。

【作者简介】

遠藤周作（1923—1996）生于东京。3岁时随家人移居中国大连，12岁时接受天主教洗礼。进入庆应大学后，对天主教文学大感兴趣。1950年赴法留学。1955年以《白种人》一作获得芥川奖。主要作品有论文《神灵们与上帝》《天主教作家问题》《堀辰雄论》，以及小说《黄种人》《留学》《沉默》《死海畔》《侍》，还有不少研究圣经的著述。为战后第三新人派作家。

77 点与线/点と線

松本清张

【作品梗概】

某省的科长助理佐山因贪污事件正受到内部侦察，然而，这时又传来了在九州博多附近寂静的海岸边佐山与酒馆女招待阿时服用氰酸钾殉情的消息。警方一开始还是将事件与贪污案一并考虑，予以高度重视，但死者并未留下遗言，怎么调查都只能认定是殉情。有一条最有价值的证言说：不知道佐山与阿时以前的关系如何，只是在他们自杀的前五天，有人曾目击两人坐上了开往福冈博多站的特快列车。

当地警署的刑警鸟饲重太郎与警视厅负责调查贪污案的三原纪一还是抱着疑问，他们认为目前尚不能将两人的死定为殉情自杀。他们开始自行调查。鸟饲注意到有人证明，佐山曾一个人在车内用餐，若是两人即将为爱而死，那么关系一定非同寻常，一起在车内用餐才显得自然。此外，三原对于有人说从东京站十三号月台偶然见到两人在十五号月台的目击证言首先感到怀疑，根据对列车时刻表的详细调查，发现一天之中从十三号月台看得见十五号月台的时间仅为四分钟。感到证言有诈的三原对目击者安田辰郎进行了调查。安田开了一个经营机械工具的公司，与阿时关系很好，同时与贪污案的核心人物佐山的上司、某省的一位部长石田也走得很近。三原直感这一殉情事件很可能就是安田实施的凶杀案，但是事件发生前后安田的不在场证明真是无懈可击，当时，他正在与九州南辕北辙的北海道。于是，三原纪一对照列车时刻表开始了日本列车的南北旅行，一开始认为不可能在现场的证明若用坐飞机作假定推理便立即可以推翻。于是三原又开始大量搜集物证并记录石田的证言，并追查安田。最终由病卧在床的安田妻子证实，罪犯正是安田。就在警方要实施逮捕的时候，两人又自杀了。同时，石田部长亦获荣升。

【作品鉴赏】

中篇小说《点与线》1957年2月至1958年1月，在《旅行》杂志上连载，是一部著名的社会派推理小说。考虑到发表刊物的性质，作者将列车时刻表作为推理的关键，以崭新的构思来创作这部小说。此外，将破案的题材设定为公司贪污案引起的刑事案，提出在复杂的案件中总是弱小者成为牺牲品的社会问题，这些都不同于以往完全靠悬念、破案来吸引读者的日本推理小说的写法，可以说是作者首次为日本推理小说的创作带来了社会性和现实性，在文学史上建立了功勋。

日本的推理小说最早在17世纪模仿我国的公安小说，后在西方影响下逐渐发展成“本格派”（正统派）和“变格派”（幻想、变态、恐怖）两派。社会派推理的作家们一改单纯破案的俗套，通过调查掌握的有关机密材料，把道貌岸然的政客和资本家的犯罪手法公布于众，揭露资本主义社会的阴暗面，富有时代特点和现实主义倾向，犯罪根源不再完全是恩怨、谋财，而是为了阴谋、为了政治而杀人灭口，触及战后的重大政治社会问题，从而为推理小说注入了新的内容，提高了思想性。社会派推理小说已成为现代日本文学的一个组成部分，成为广大读者喜闻乐见的文学形式。

本作品是作家自选的推理三部曲之一，同时被誉为世界十大推理小说之一，在揭露政界与财界相互间勾结营私舞弊方面颇见功力。在艺术技巧上，卷首设有伏笔，卷中有高潮，卷末有悬念。案情跌宕起伏，罪犯作案手法老到狡猾，警探破案铺垫充分、技术巧妙、推理严谨，在接近客观事实的描述中，使读者到最后才知晓隐藏很深的关键人物。作者的人生经历丰富，历经磨难，他深信自己作为一个社会人的觉悟与责任之重要，因此，本作品亦可看作是作者资质的产物。

选文[1]

しかし、安田は、佐山を殺す道具に、飽きの来たお時を使いましたが、安田の妻の亮子は「夫の手伝い」よりも、あんがい、お時を殺すほうに興味があったかもしれません。いくら自分が公認した夫の愛人であっても、女の敵意は変わりはありません。いや、肉体的に夫の妻を失格した彼女だからこそ、人一倍の嫉妬を、意識の下にかくしつづけていたのでしょう。その燐のような青白い炎が、機会をみつけて燃えあがったのです。佐山もさることながら、この事件の犠牲者は、お時です。安田自身も、石田部長に恩を売るために佐山を殺すのが本体か、うるさくなったお時を抹殺するのが本体か、しまいにはわからなくなったでしょう。

以上は、私の推理しだいと、あとの部分は、安田夫婦の遺書によったものです。

そうでした、安田辰郎と亮子は、私たちが逮捕に行く前は、鎌倉の家で死んでいましたよ、どっちも、青酸カリを飲んで。こんどは、偽装はありませんでした。

安田辰郎は、われわれが追いつめたことを知ったのでした。そして病勢が悪化した妻と自らの生命を断ちました。安田に遺書はなく、亮子だけに遺書がありました。

それによると、罪を意識して死んだとあります。はたしてそうでしょうか。私には、どうもタフな安田辰郎が自殺したとは思えません。死期遠くないことをさとった亮子が、またも何かの詐術をもって、夫を道づれにしたように思えます。亮子という女は、そんな女なのです。

しかし、実のところ、安田夫婦が死んで、ほっとしましたよ。なぜかといって、これには物的証拠がまったくといっていいほどないからです。情況証拠ばかりです。よく逮捕状が取れたと思ったくらいです。公判になったら、どうなるかわからない事件です。

証拠がないといえば、XX省の石田部長もそうです。彼はさすがに、汚職問題でその部をやめて他部に移りましたが、なんと移った新しい部が前よりはポストがいいです。そんなばかなことはないのですが、役所というものはふしぎなところですね。将来、局長になり、次官になり、あるいは代議士[2]ぐらいに打って出るかわかりません。かわいそうなのは、その下で忠勤をはげんで踏台にされた下僚どもです。上役に目をかけられていると思うと、どんなに利用されても感奮しますからね。「出世」したい気持はかなしいくらいです。そうそう、石田部長のため一役買い、安田辰郎の片棒をかついだ[3]佐々木喜太郎という事務官は、課長になりましたよ。これも、安田夫婦が死んでしまった今は、われわれはなんともできず見送るばかりです。

なんとも後味の悪い事件でした。

【选文注释】

①本段引自作品的结尾部分,是三原纪一写给鸟饲的报告。案件的结局耐人寻味,亮子协助丈夫杀人的真正动机、石田部长的调动等,均生动表现了作者创作的特点——重视表现人的思想、命运,体现了一种朴实的严肃文学的追求,可以说这是推理小说创作的一种拓展和超越。

②代議士:(众议院)议号。

③片棒をかついだ:合作。

【作者简介】

松本清張(1909—1992)生于小仓市。小学毕业。曾在印刷厂一边当工人一边自学成才,入朝日新闻社工作。二战后以《某“小仓日记”传》获芥川奖。1955年后转写推理小说,成为流行作家。其主要作品还有《眼壁》《零的焦点》《黑色的画集》《球形的荒野》《砂器》

《深层海流》《日本的黑雾》《昭和史发掘》，另有古代史、考古类作品《古代史疑》《私说风土记》等。创作题材广泛，具有社会性和现实批判性，同时为日本纯文学与大众文学的对立打上了休止符号。

78 砂女/砂の女

安部公房

【作品梗概】

八月里的某一天，教师仁木顺平在学校请假三天，到S站近郊的沙丘去采集沙地昆虫。当他看到在沙丘的深深的沙穴中新盖的房屋，准备拍照时，一位渔民模样的老人招呼他。老人以为仁木是县政府派来搞调查的人，当确知不是时，便要安排仁木当晚的住宿。他把仁木带到部落最外面的一户沙穴的家中，顺着高出屋顶三倍的沙崖边的绳梯垂直而下时，仁木毫无警觉，其实，这正是一个圈套。

沙穴里住着一位30岁左右的寡妇，在去年的一场大风中，她的丈夫和女儿死去了。第二天凌晨，仁木准备离去时，发现进洞时的绳梯不见了，自己被禁闭在地狱般的沙穴中，他被迫与女人每天一起与不停地、不知从哪里落下来腐蚀着房屋的沙子抗争，扒沙、清沙，单调无味。原来，这一切都是部落全体村民的意志，要帮寡妇家添个男劳力。这是仁木责问了寡妇后才明白的。

仁木千方百计地想要逃脱，他尝试了许多办法：装病、以女人为人质要挟、“非法监禁”要被逮捕的威胁、出去后过别的好生活的利诱，要向社会反映这里窘迫境况以求改善的许诺等，都无法打动女人，数次逃脱亦每每以失败告终。女人对仁木精心伺候，倾注热情，终于使仁木由满腔愤懑和焦躁不安转化成与她发生肉体关系，仁木的抵抗在水源断绝之后也终以屈服告终。然而，仁木并没有死心，又偷偷准备了长绳，在充分计划后终于在第四十六天返回地面。他迷了路，被人发现后慌不择路地陷入沙沼，村民将他救起，重新送回沙穴。

女人更加温顺地待他，仁木也变得格外谨慎，顺应沙穴中的生活，一心一意地期待着部落对他放松警惕，不知不觉之中，仁木渐渐改变了对自由的看法。十月，他做了一个捉乌鸦的装置——“希望”，“希望”没捕到乌鸦，却积满了水，仁木又开始研究蓄水装置。春天，女人被疑为宫外孕送到镇上的兽医处，女人走时，绳梯没有撤去，这时仁木觉得没有必要急着逃走，倒是蓄水装置的事应该告诉谁，逃亡在那以后再考虑也不迟。

第七年，按民法的规定，仁木顺平因失踪生死不明而被注销了户籍。

【作品鉴赏】

长篇小说《砂女》于1962年6月由新潮社出版。作为日本二战后前卫文学的优秀作品，该作品出版后获得好评，得到“读卖文学奖”，作者自己又将其改编成电影剧本，并被译成世界二十多种文字流传。

一般认为，这是一部描写在逃脱没有可能情况下凝视现实和自我、战胜闭塞发现生存可能性的现代题材的寓言性作品，具有在极端情况下追求人类自由的文明批评的要素。作品中既有隐喻、讥讽，又有幽默、滑稽，给人印象最为深刻的是：砂女象征的宿命性的寡妇的悲哀以及男子仁木所象征的合理判断的无用性。然而，一旦主人公沉到确认人类宿命形式的地步时，真正的自由问题又浮现出来，自我囚禁的尘封式索居——沙穴，既传达了人生境遇中某种精神焦虑和两难境地，又窥视了各种心理误区和人生沟通的疑难。如果说仁木一开始执意逃脱沙穴的行为是人在命运前的倔强和悲壮以及在大自然前的自尊和抗争，那么，最后的结局则又是人与生俱来的弱点和妥协。因此本作品的主题是极有意义的。

作为一部现代派文学的名作，引起了文学研究者对其形象寓意的多种探讨，这种探讨一般集中在以下几个方面：一、处境中的人：环境的设定揭示了人的处境。二、荒谬的意象：人存在的荒谬情况与正视荒谬的勇气。三、自由与超越:仁木从自欺到自由,从逃脱与超越的过程。随着研究的深入,存在文学与存在主义哲学之间的关系变得清晰起来,“人的境况、人的存在感受以及面对人的状况、人的存在状态而提出来的主张”(柳鸣九)即为存在主义文学的内涵,本作品是作家的代表作,其“境况、感受、主张”的存在文学的特征极为突出,其“变形”意象反映了人的“异化”,反映了人对存在的荒谬认识。作家在创作中借鉴了超现实主义的理论并汲取了卡夫卡、萨特等人的长处,使自己的作品更加丰富。如邹波所说:“安部作品中所蕴含的对人的存在的深刻思考为处于世纪末的人们指示了重新认识自身的路径、反思与超越的勇气,为日本文学以及世界文学留下值得珍视的财富(《前卫的存在》)”。

选文①

むろん彼だって、純粋な性関係などというものを夢想したりするほど、ロマンチックだったわけではない。そんなものは、おそらく、死に向って牙をむきだすにしか、必要のないものだ…枯れはじめた笹は、あわてて実を結ぶ…飢えた鼠は、移動しながら、血みどろな性交をくりかえす…あとは階段を降りるしかない、塔の頂上に住む王や支配者は、ひたすらハレムの建設②に情熱をかたむける…敵の攻撃を待つ兵士たちは、一刻もおしんで、オナニー③にふけりだす…

だが、幸い、人間はそうやたらと死の危険ばかりにさらされているわけではない。冬さえ、恐れる必要のなくなった人間は、季節的な発情からも自由になることが出来た。しかし、戦いが終れば、武器はかえって足手まといになる。秩序というやつがやって来て、自然のかわりに、牙や爪や性の管理権を手に入れた。そこで、性関係も、通勤列車の回数券のように、使用のたびに、かならずパンチを入れてもらわなければならないことになる。しかもその回数券がはたして本物であるかどうかの、確認がいる。ところが、その確認たるや、秩序のややこしさにそっくり対応した、おそろしく煩瑣なもので、あらゆる種類の証明書…契約書、免許証、身分証明書、使用許可書、権利書、認可証、登録書、携帯許可証、組合員証、表彰状、手形、借用証、一時許可証、承諾書、収入証明書、保管証、さては血統書にいたるまで…とにかく思いつくかぎりの紙片れを、総動員しなければならないありさまだ。④

【选文注释】

①本段引自作品“二十”，写主人公对“精神强奸”“性”的思考。仁木顺平进入沙穴世界之前是一位教师，这个职业象征着秩序带来的“固定”和“僵化”，他面对的是被现实所限定的刻板、乏味的处境。通过思考，主人公认识到自己被异化成制度化社会里各种证明、证书的附庸，开始对制度化社会所决定的一成不变的生活感到厌恶。

②ハレムの建設：建造后宫。“ハレム”指伊斯兰教国家中的闺阁、后宫，亦作“ハーレム”。

③オナニー：手淫。

④如萨特在《存在主义是一种人道主义》一文中所说：“人发现自己处在一个有组织的处境中，他是摆脱不掉的”，主人公的这段独白，生动地表现了他对现代社会固定僵化的处境的发自内心的厌恶感。

【作者简介】

安部公房(1924—1993)东京人。毕业于东京大学医学系。早期受里尔克的影响自费出版《无名诗集》，弃医从文后，以超现实主义手法写作，主要作品还有《闯入者》《墙——卡尔玛氏的犯罪》(获芥川奖)、《赤茧》(获战后文学奖)、《箱男》《他人的脸》《燃烧的地图》《饥饿同盟》《密会》等，另有戏剧创作《幽灵在这儿》《朋友们》《夏本武扬》等获奖作品。三岛由纪夫说：“安部公房的创造和深刻寓意，对日本现实产生了巨大冲击与恐怖……充分展示了他的文学天才。”而大江健三郎则说：“如果安部健在，(诺贝尔文学奖)这个殊荣非他莫属，而不会是我。”

79 越前竹偶/越前竹人形

水上勉

【作品梗概】

主人公玉枝是积雪深厚的越前(今福井县)芦原温泉的一名娼妓,她与曾担任过竹神部落区长的氏家喜左卫门是十年的老相好。喜左卫门去世后,玉枝前去扫墓,在墓地遇到了喜左卫门的儿子喜助,使他感到了母亲般的清纯的爱。喜助是一位竹工艺巧匠,由于身材瘦小受到村里人的嘲弄,十分孤独地度日。正因为如此,他对冒着风雪远道而来为父亲扫墓的玉枝难以忘怀,又曾听邻居家的与兵卫说玉枝的长相酷似他的母亲,因而深深地恋上了她。

玉枝在喜助22岁那年夏天嫁给了他,然而,喜助只把玉枝当作母性的存在,生怕损坏了自己憧憬的形象,始终拒绝玉枝的性要求,决不与她发生肉体关系。玉枝虽然可以理解喜助的心情,但燃烧的欲念难以压抑,十分痛苦。这时,玉枝岛原时代的熟客、丈夫的客户兼德人偶店的掌柜忠平趁机奸污了她,导致玉枝怀孕,将她推入不幸的深渊。玉枝的种种痛苦和忧虑幸好因为流产而未被别人知晓,但是,每天面对神佛般的丈夫喜助的神态,心理的负面压力陡增。两个月后,玉枝因为感冒而病倒卧床不起,临终前她深情地说:“请把我的坟墓放在你父亲的墓边吧,我是你父亲的太太。我想嫁给喜助做太太,可是,喜助却把我当作母亲,完全不认为我是太太。”

【作品鉴赏】

中篇小说《越前竹偶》分别连载于1963年四月、五月号的《文艺朝日》杂志，并于当年获得谷崎润一郎文学奖。

主人公玉枝对喜助来说是一位永远的具有古典美的女性，她的长相、眼神都像他的母亲，因此，一般认为本作品是一部反映作者怀念家乡福井风土、追求母性、通过玉枝这一形象来表达作者自己对母亲的思慕，塑造一种不朽的女性形象的创作。虽然爱欲强烈，但硬是压抑自己服从对竹工艺巧匠的纯爱故事，具有古典美和抒情性，作者给读者写出了永远不变的女性的悲哀。文豪谷崎润一郎谈到本作品时说："最近我还没有碰到过如此带着兴趣读完的作品""不知道作者是否意识到，作品中有读完古典后的一种余韵。情节的发展极其自然，或许是将玉枝比喻作竹子精灵的缘故吧，使人联想到与之毫无关联的竹取物语的世界。"

水上勉的创作擅长反映妇女及民间的疾苦，对于资本主义社会中女性的悲哀宿命，从不简单地处置。通过苦难的生活，他深刻地理解造成这些现象的社会与政治的原因，因此，他对生活在社会底层的竹偶师、樵夫、艺伎、花匠的命运寄于由衷的同情，无论是《雁寺》中的里子、《五番町夕雾楼》中的夕子、本作品中的玉枝还是《水仙》中的贵美子、《鸳鸯怨》中的阿新，都是饱受涂炭之苦的劳动人民，这些人物形象中充满着作者对现实的爱和憎，有着丰富的实感和艺术感染力。作者说过："我不喜欢高谈国家大事，可是我深切关怀那待在国家某个角落里、被国家命运所践踏的小人物的生涯。至今，我还那么强烈地关怀着。"

本作品还集中体现出作家的创作风格。水上勉的创作重视艺术技巧，故事情节安排巧妙，层次分明，故乡方言运用熟练，人物性格鲜明，富有生活气息，笔调有力，语言朴实，家乡若狭地区人的习性、气质、形象跃然纸上，颇富神韵。

选文①

「喜助はん。あては、もうじき死にますやろうな。死んでもよろしおすわ。あては長いこと、色街で人さんにうしろ指さされるような娼妓をつとめてきましたけども、ここへきてからは天国みたいなええ目にあわしてもらいましたえ。あての一生のうちで、いちばん幸福な日ィは、竹神ィきてからの二年間どしたわ…あれからもう二年になりますな。お父さんのお墓のよこの、椿が咲く日ィまで、あては生きていとおす。せやけど、もちますやろか。もう、どことのう死ぬ気がしますのえ。喜助はん。すまへんけど、あてをそれまで、ここに置いとくれやすや」

玉枝は力のない声で哀願するようにいうと、カマキリのように痩せた腕をしずかに枕もとにのばして、

「喜助はん。そこのタンスのな、二だんめの小ひきだしに、あての貯金通帳がおすのや。それ、あてが、娼妓しててためたお金どすのえ。そのお金で、あてのお墓をお父さんの傍に立てとくれやす。あては、お父さんの嫁さんになりますのえ。喜助はんの嫁さんにしてもらおと思てここへきましたけど、喜助はんは、あてのことお母はんやいうて、ちっとも嫁さんにしてくれはらしまへなんだ。せやけど、喜助はん。正直のとこ、あてはな、あんたが、あての子ォやもしれん、と思うことがおしたえ。死なはったお父さんとのあいだにでけた子ォやもしれんと思うような日ィもおしえた。喜助はん。あてをどうぞ、お父さんのお墓の傍に埋めとくれやす。たんせいした女竹の藪をみて眠とおす」

喜助は、玉枝のくぼんだ眼の底から、とめどもなくあふれてくる透明な涙をみた。妖精のように思われた美しい瞳の輝きはなくなっていた。玉枝は枯木のような病人の顔でしかない表情をして、かわいた紫いろの唇をうごかしているだけであった。しかし、喜助は膝をすりよせ、玉枝の耳にこういった。

「玉枝はん、わいをなんぼ恨んでもろても結構どす。わいは、

はじめから、玉枝はんをお母はんやと思うてました。蘆原の三丁町の『花見家』の奥の部屋で会うた日ィから、あんたの顔がお父のつくった竹人形にみえましたんや。わいがつくった竹人形は、みんな、玉枝はん、あんたどすがな。わいの人形が世間に知れたンも、みんなあんたのおかげどすがな。死んだらあかん。元気をだしとおくれやす。あんたが死んだら、わいは人形つくる気ィがしやしまへん。働く気ィがいっぺんでぬけてしまいます。弱気にならんと、はようなって、明るい顔をみせとくれやす。気ィを強うもって、安静にしてさえいたら、お医者はんはかならずなおるちゅうてはりますのんや。わいは、あんたの病気がなおるのやったら、なんでもします。なんでもします。わいのお母はんどすもんの。あんたはわいのお母はんや。何にも、遠慮はいらせん」

喜助は骨ばった玉枝の手をとった。すると玉枝は、

「喜助はん」と、眼をつぶって、

「あんた手ェにさわったンは、これがはじめてどうすなァ」

といった。耳のあたりに涙が光った条を曳いて流れた。

【选文注释】

①本段引自作品的结尾处，写玉枝临终前嘱托喜助将其坟安在公公坟旁。玉枝死后，喜助不再制作竹偶，像白痴一般度过余生，三年后因孤独和癫狂自缢而亡。对女性有着强烈自卑的瘦小男子喜助，对钟爱的女性变得十分积极，这一爱情体现了作者对于不朽女性形象和母性的追求。会话文中用了越前（福井）地区的方言，读来亲切感人。

【作者简介】

水上勉（1919—2004）原籍福井县。由立命馆大学国文专业中途退学。幼时因家庭贫困到寺庙当小和尚，后得到宇野浩二的推荐发表作品。从事过各种职业。推理小说《雾和影》、反映公害水俣病

的作品《海牙》都曾引起轰动。取材于僧侣生活的《雁寺》于 1961 年获得直木奖。其主要作品还有《饥饿海峡》《西阵之蝶》《越后筒石亲不如》(又译《鸳鸯怨》)、《水仙》《古何力作的生涯》《一休》(获谷崎润一郎奖)、《悲母观音》《士兵的马鬃》(均获吉川英治奖),长篇传记《宇野浩二传》(获菊池宽奖)。作品量多质优。

80 挪威的森林/ノルウェイの森(もり)

村上春树

【作品梗概】

“挪威的森林”(NORWEGIAN WOOD)是60年代甲壳虫乐队(The Beatles)的一支“静谧、忧伤又令人莫名沉醉”的乐曲。小说的主人公渡边的昔日的恋人直子对此曲百听不厌。十八年后,渡边在飞往德国汉堡的波音747飞机上听到这首乐曲,不禁生情动容,伤感地沉浸在往事的回忆之中。

渡边的第一个恋人直子俊俏标致、内向沉稳,是渡边高中时代同窗挚友木月的女友,后来,木月自杀了,直子在一年后与渡边邂逅并开始交往,渡边发现娴静腼腆的直子的美丽晶莹的眼睛里不时掠过难以捕捉的阴翳,相处时两人往往在落叶飘零的东京街头漫无目的地行走,到直子20岁生日的夜晚,两人发生了性关系,第二天直子便去向不明。几个月后直子来信说自己住进了深山的精神疗养院,渡边赶去探视,发现直子已有成熟女子的丰腴和娇美。渡边与直子海誓山盟,表示要永远等待直子。然而又一次偶然的相遇,渡边与低年级的女生小林绿子开始交往,绿子性格热情爽朗,“简直像迎着春天的晨曦蹦跳到世界上来的一头小鹿”。这一期间渡边的心情充满了苦涩和彷徨,一面念念不忘直子的病情和缠绵的柔情,同时又实在难以抗拒绿子大胆的表白和迷人的活力。不久,直子自杀的噩耗传来,各种痛楚和苦恼一齐压在渡边的心头。他从直子的同房病友玲子那儿得知,直子死前曾向她倾诉过对于渡边的一往情深。渡边的心中激起强烈的漩涡，沉溺在自责悔恨中不能自拔。他离开东京失魂落魄地过起了漂泊天涯的游子生活。最后，在玲子的好言规劝下，渡边表示要振作起来，找回自己对生活的热情，摸索今后的人生。

【作品鉴赏】

本长篇小说1987年由讲谈社出版单行本，至1996年已发行700万部。由此作品引发的村上作品热，至2000年在日本发行总量已超过1 500万部。作为一名独树一帜的作家，其作品在1990年代也受到了我国读者的普遍欢迎。

作者的创作全部采用现实主义的手法，其现实性还包括非现实的现实性，故事情节很多是日本青年身边最熟悉的事，作者在小说中总是恰如其分地道出人生每一阶段的苦恼，具有很强的现实性。作品中的“我”很少表现自己，从不强调自己的主张，从不训斥他人，也不随意进入他人的精神领地。主人公这种自然优雅、绅士加朋友般的姿态，使读者宽容和忘情地接受了他的孤独和真情，不知不觉地融入了书中独特的氛围，引发出心灵深处的共鸣和震颤。著名评论家奥野健男1989年撰文说，本作品“通篇没有矫揉造作之处”，或者说“没有为讨女孩子欢心而装腔作势的伪善笔法，使我感到心情愉快”。

本作品中的三位青年男女，共同经历着感情的追求和变异，爱欲的诱惑和折磨，他们的内心深处是最有代表性的动人的青春幽思，留下了令人难忘的伤感、苦涩和咏叹。当代的都市文学从题材和表现手法方面与以往的纯文学写法有了较大的改变，今天的日本青年已不像明治、大正、昭和前半段那样喜爱钻进象牙塔去发挥灵性，而是通过桀骜不驯和几近疯狂的物质享受来表现向往的渴求和强烈的自我潜意识，伴随着觉醒的自我意识的又往往是各种自我失落。作者写出现代科技带来丰富多彩的物质生活的同时，又把蕴藏其中的没有主体意识、缺少责任心的现代社会的孤独和冷漠凸现出来，可以说是对飞速发展的现代的一种反思和冷峻的批判。作者的文笔玲珑剔透、流畅传神、文采过人，且富有幽默感。

选文一①

十八年という歳月が過ぎ去ってしまった今でも、僕はあの草原の風景をはっきりと思いだすことができる。何日かつづいたやわらかな雨に夏のあいだのほこりをすっかり洗い流された山肌は深く鮮かな青みをたたえ、十月の風はすすきの穂をあちこちで揺らせ、細長い雲が凍りつくような青い天頂にぴたりとはりついていた。空は高く、じっと見ていると目が痛くなるほどだった。風は草原をわたり、彼女の髪をかすかに揺らせて雑木林に抜けていった。梢の葉がさらさらと音を立て、遠くの方で犬の鳴く声が聞こえた。まるで別の世界の入口から聞こえてくるような小さくかすんだ鳴き声だった。その他にはどんな物音もなかった。どんな物音も我々の耳には届かなかった。誰一人ともすれ違わなかった。まっ赤な鳥が二羽草原の中から何かに怯えたようにとびあがって雑木林の方に飛んでいくのを見かけただけだった。歩きながら直子は僕に井戸の話をしてくれた。

【选文注释】

①本节引自作品第一章的开头部分。37岁的"我"乘坐波音747飞机降落汉堡，在飞机上又听到甲壳虫乐队的《挪威的森林》的乐曲，不禁心灵震颤。引文中出现的草原宁静平和的风光也就是田原风光，对城里人来说，永远走不出故乡夕阳满树的村舍，永远无法排遣无尽的乡愁。在草原上与自己相伴的是清纯娴静的姑娘。作者就是这样在撩拨读者的故乡情结，为都市中生活得又闷又累的男儿们奏响了一曲放松神经的牧歌。作者曾打算写一部让全日本少男少女流干眼泪的青春小说，写得轻松些，写成"美丽动人的、能留在人们记忆里的漂亮小说"，这些打算从引用文中可见一斑。

选文二①

「死は生の対極にあるのではなく、我々の生のうちに潜んでいるのだ」

たしかにそれは真実であった。我々は生きることによって同時に死を育くんでいるのだ。しかしそれは我々が学ばねばならない真理の一部でしかなかった。直子の死が僕に教えたのはこういうことだった。どのような真理をもってしても愛するものを亡くした哀しみを癒すことはできないのだ。どのような誠実さも、どのような強さも、どのような優しさも、その哀しみ抜いて、そこから何かを学びとることしかできないし、そしてその学びとった何かも、次にやってくる予期せぬ哀しみに対しては何の役にも立たないのだ。僕はたった一人でその夜の波音を聴き、風の音に耳を澄ませながら、来る日も来る日もじっとそんなことを考えていた。ウィスキーを何本も空にし、パンをかじり、水筒の水を飲み、髪を砂だらけにしながら初秋の海岸をリュックを背負って西へ西へと歩いた。

【选文注释】

①本节引自作品第十一章,写“我”对死去的直子的怀念以及由此引发的对生与死的思考。作者为读者提供了当代日本青年把玩孤独、无奈的生活模式和人生态度。村上春树在《何以说是“我”的时代》的谈话中说:“本作品是‘现实主义小说,完完全全的现实主义’‘文章的风格固然是现实主义的,但总体上则不现实。’现实的是非现实,非现实的同时又是现实的,这就是本作品的特点。”

【作者简介】

村上春樹(1949—)出身于京都市一个国语教师的家庭。毕业于早稻田大学第一文学部戏剧专业。大学期间曾开过一家爵士酒吧。30岁后开始小说创作,从此发表作品不断。其主要作品还有《且听风吟》(1979,获22届“群像新人奖”和81届“芥川奖”)、《寻羊冒险记》(1982)、《萤》《烧仓房》(1983)、《舞! 舞! 舞!》(1988)、《奇鸟行状记》(1992—1995,获“读卖文学奖”)、《地下》(1997)等。多次赴欧美各国、中国、蒙古国采访讲学。